新世纪高等学校教材

学前教育专业系列教材

实用学前教育技能

SHIYONG XUEQIAN JIAOYU JINENG

张莅颖 主编

北京师范大学出版集团
BEIJING NORMAL UNIVERSITY PUBLISHING GROUP
北京师范大学出版社

图书在版编目（CIP）数据

实用学前教育技能/张莅颖主编. —北京：北京师范大学出版社，2015.3

新世纪高等学校教材·学前教育专业系列教材

ISBN 978-7-303-17571-0

Ⅰ.①实… Ⅱ.①张… Ⅲ.①学前教育—教学法—高等学校—教材 Ⅳ.①G612

中国版本图书馆 CIP 数据核字（2014）第 108392 号

营 销 中 心 电 话	010-58802181 58805532
北师大出版社高等教育分社网	http：//gaojiao.bnup.com
电 子 信 箱	gaojiao@bnupg.com

出版发行：北京师范大学出版社 www.bnup.com

北京新街口外大街 19 号

邮政编码：100875

印　　刷：北京易丰印捷科技股份有限公司

经　　销：全国新华书店

开　　本：170 mm×230 mm

印　　张：28.5

字　　数：580 千字

版　　次：2015 年 3 月第 1 版

印　　次：2015 年 3 月第 1 次印刷

定　　价：49.00 元

策划编辑：罗佩珍	责任编辑：邢自兴　王则灵
美术编辑：焦　丽	装帧设计：天泽润
责任校对：李　菡	责任印制：陈　涛

编 委 会

主　编　张莅颖

编　委　（排名不分先后）

常　超	曹　晔	岑艳秀	范　娟
龚　蓉	胡彦东	柳　虹	李伟光
刘　瑞	刘靖语	米炳灿	石佳文
孙立娜	石梦洁	唐雅妮	王春晓
王燕如	薛　磊	薛珮如	徐亚楠
岳　玲	阎学利	张立星	赵　娟
张红娟	周亚菲	张　霄	

前　言

本书主要可以用作高等学校学前教育专业的技能课教材，也可以供有志于从事幼儿园教师职业的社会人士自学。

所谓技能，是指通过练习能够获得的完成一定任务的动作系统。技能不同于知识，知识可以通过阅读或者语言的传授获得，而技能必须通过亲自操作并坚持练习，才能将动作固定下来。教育技能是教师完成教育活动所必备的动作系统，如清晰的语言表述、标准的板书等。

从上述有关教育技能的定义可以看出，教育技能与教学技能有着本质的区别。教学技能更多的是指教师在教学中使用的，能使学生更好地掌握所学内容的能力，教学技能可以通过语言传授获得，而教育技能只能通过亲自操作和练习获得。学前教育中的"教育技能"即是通过有目的有组织的反复练习，使人能够胜任学前教育工作的动作系统。在本书中，主要是指通过练习，能够具备幼儿园教师所需要的基本教育技能。

不同教育阶段的教师所需的教育技能各有侧重。教育部颁布的《教师教育课程标准（试行）》在"育人为本、实践取向、终身学习"的基本理念下，专门提出幼儿园职前教师教育要设置语言技能、音乐技能、舞蹈技能和美术技能课程，提高学生的教育实践能力。

本人在幼儿园从事管理工作多年，对幼儿园教师所需要的最基础的技能有较深的了解；在编写本书前，也调查了数十位幼儿园的园长，了解幼儿园教学对教师技能的要求。在此基础上，确定了实用语言技能、实用弹奏技能、实用声乐技能、实用舞蹈技能和实用美术技能作为本书的编写内容，供学前教育专业的在校学生学习和练习之用。

每章后面附有对该章内容的小结和关键术语，帮助读者对所学内容进行系统认识；也有练习题（思考题）可以回顾和复习；有的还提出了活动建议，促进读者对相关技能的运用。在使用中，任课教师可以根据学生的实际水平和教学时间自由选择教学内容，自学者也可以从中挑选适合自己水平的内容进行练习。

  本书所选内容均为全体编委共同议定，语言技能部分由河北大学赵娟、河北师范大学龚蓉老师执笔，弹奏技能部分由内蒙古集宁师范学院曹晔、常超、王燕如老师执笔，声乐技能部分由内蒙古集宁师范学院范娟、胡彦东、柳虹老师执笔，舞蹈技能部分由河北大学薛磊、保定市蒙养幼儿园张红娟老师执笔，美术技能部分由河北大学张立星、周亚菲老师执笔。

  由于本书篇幅有限、学生学习的学时有限，只能选取其中最主要、最基本的技能编写成册，希望能对有志于从事学前教育的读者有益，对学前教育事业有益。

张莅颖
2015 年 1 月

目　录

第一编　语言技能

第二编　弹奏技能

第三编　声乐技能

第五编　美术技能

第一编

语言技能

第一章　语言技能基础知识介绍

一、教师口语概述

口语就是口头交际使用的语言，是最早被人类普遍应用的语言形式。我们每天都要不可避免地跟人进行口语交际。但因为年龄和所扮演的社会角色不同，口语交际时采用的方式和方法也就不同。教师作为一个特殊的职业，所交往的对象主要是学生。正因为交往对象的特殊性，使得教师口语有着十分重要的作用和意义。口语能力，是教师最基本的教育能力之一。教师口语是教师"传道、授业、解惑"的主要工具，是各类学校教师、师范类院校学生必备的职业能力。教师要传授知识、传播文明、沟通思想、塑造学生美好的心灵，口语是最基本的工具和最主要的桥梁。一个合格的教师，不仅要具有教师职业道德，要有国家规定的学科专业知识水平和教育理论素养，而且还要具备必备的教师职业技能。大量事实说明，在掌握了一定的学科知识和具有一定的教育理论水平的条件下，教育、教学效果往往取决于教师口语表达的能力和技巧。

古往今来，许多教育家都十分重视教师口语能力的培养。我国古代教育家孔子开设过"语言"科。古代教育名著《学记》提出：教师语言要"约而达，微而臧，罕譬而喻"。毛泽东在论述教授法时指出："教师说话要通俗化，要明白，要有趣味，以姿势助说话。"马卡连柯也说过："未来的教师要养成善于与儿童说话的能力。他指出，教师的语言和声调必须专门训练"。当代教育家叶圣陶先生早在 20 世纪 50 年代就对有些教师不重视言语修养的问题提出过批评，认为"这是不能容忍的"。古今中外教育家的种种论述告诉我们，优秀教师的基本能力之一，就是必须善于清楚地、有说服力地运用言语来表达思想感情。

苏霍姆林斯基在《给教师的信（下）》中指出："教师的语言修养在极大程度上决定着学生在课堂上脑力劳动的效率。"众所周知，教师的教育和教学语言不同于一般的社会口语交际，必须有很强的逻辑性、条理性和系统性。在教师和学生双边互相促进、互相调节的思维传讯活动中，教师必须随时对学生的接受能力、接受效果进行分析，并将口语实施过程中来自学生反馈的信息作为调节教育、教学口语的重要参照系。因此，这种特殊语境中的教师职业口语，有其自身的特点和规律，需要分析、研究和总结，从中揭示出规律性的东西，并以此培训和提高未来教师和在职教师口语表达的技能、技巧。再者，教师运用口语开展教育、教学工作，是任何现代化教学手段不能完全代替的。口语表达能力是教师职业能力结构中最基本的能力。反映教师语言素养的口语表达技能训练，应是教师职业技能训练中首要的和最基本的训练。一个师范生具备了这样的观念和一定的口语表达技能，对提高人际交往的效果和工作效率，对其事业的成功和本身发展将起到十分重要的促进作用。

二、教师口语课程的地位

1991 年，国家教委下发的教办〔1991〕522 号文件《关于全国教育系统进一步加强语言文字规范化工作的通知》规定："各级各类师范院校都要开设普通话课程。"1993 年 5 月，为了加强对这门课规格要求的宏观指导，原国家教委师范司颁布了《师范院校"教师口语"课程标准（试行）》。该课程标准明确指出：

首先，教师口语是研究教师口语运用规律的一门应用语言学科，是在理论指导下，培养学生在教育、教学等工作中口语运用能力的实践性很强的课程，是培养师范类各专业学生教师职业技能的必修课。教师口语所涉及的内容属于应用语言学的范畴。

其次，就应用语言而言，教师口语是关于口语方面的应用而不是其他方面的语言应用。

再次，就口语而言，教师口语的教学目的是培养师范生即未来教师在教育、教学等工作中运用口语的能力，而不仅是培养一般的口语表达技能。

最后，就教师职业用语而言，这门课不是阐述教师职业用语的理论课程，而是一门实践性很强的教师口语训练课程。简而言之，教师口语是一门对师范院校的学生进行教师职业口语技能训练的课程，它对于担任该门课程教学工作的教师在能力和知识方面的要求较高。

三、幼儿园教师口语概述

近年来，随着经济和社会的发展，国家高度重视幼儿教师专业发展。幼儿教师专业发展水平得到了较大的提高。同时对幼儿教师口语素养和口语表达能力也提出了更高的要求。2011 年 12 月 12 日教育部颁布了《幼儿园教师专业标准（试行）》（以下简称《专业标准》），明确提出："为促进幼儿园教师专业发展，建设高素质的幼儿园教师队伍。幼儿园教师是履行幼儿园教育工作职责的专业人员，需要经过严格的培养和培训，具有良好的职业道德，掌握系统的专业知识和专业技能。"《专业标准》是国家对合格的幼儿园教师专业素质的基本要求，是幼儿园教师开展保教活动的基本规范，是引领幼儿园教师专业发展的基本准则，是幼儿园教师培养、准入、培训、考核等工作的重要依据。在要求教师专业能力中第十三条明确指出："教师使用符合幼儿年龄特点的语言进行早教工作，同时善于倾听，和蔼可亲，与幼儿进行有效沟通，与同事合作交流，分享经验和资源，共同发展。与家长进行有效沟通合作，共同促进幼儿发展。协助幼儿园与社区建立合作互助的良好关系。"开展幼儿园教师教育的院校要将《专业标准》作为幼儿园教师培养培训的主要依据；重视幼儿园教师职业特点，加强学前教育学科和专业建设；完善幼儿园教师培养培训方案，科学设置教师教育课程，改革教育教学方式。《国家中长期教育改革和发展规划纲要（2010～2020 年）》指出："严格执行幼儿教师资格标准，切实加强幼儿教师培养培训，提高幼儿教师队伍整体素质。"

《幼儿园教育指导纲要（试行）》中将幼儿语言的发展作为一个单独的领域提出来，加德纳在多元智能理论中将语言这种智力列在第一位。3～6 岁是幼儿语言学习的关键期，也正处于人生的启蒙阶段，要开发好幼儿的语言智力，幼儿教师必须为幼儿的语言发展创设条件，让自己成为幼儿语言学习模仿的榜样；此外，幼儿教师所面对的是识字很少的幼儿，无法向其他学校一样发挥书面语言和书写工具的无声语言传递作用，只有凭借较强的教师口语技能才能取得教育教学的成功。特殊的教育对象，对幼儿教师的教师口语技能提出了较高的要求。口语表达水平的高低，不仅关系到幼教师生的在校学习，也很大程度上将决定他们未来对工作、对社会的适应程度。幼儿教师应当根据自己工作对象的特殊性，注重幼儿语言的趣味性以及游戏性。

《3～6岁儿童学习与发展指南》中关于语言部分中提到："语言是交流和思维的工具。幼儿期是语言发展，特别是口语发展的重要时期。幼儿语言的发展贯穿于各个领域，也对其他领域的学习与发展有着重要的影响。幼儿在运用语言进行交流的同时，也在发展着人际交往能力、理解他人和判断交往情境的能力、组织自己思想的能力。通过语言获取信息，幼儿的学习逐步超越个体的直接感知。幼儿的语言能力是在交流和运用的过程中发展起来的。应为幼儿创设自由、宽松的语言交往环境，鼓励和支持幼儿与成人、同伴交流，让幼儿想说、敢说、喜欢说并能得到积极回应。"可以看出，与幼儿接触最为密切的幼儿园教师，在幼儿语言的学习和发展方面有着不可替代的作用。此外，《3～6岁儿童学习与发展指南》中关于语言部分中第一个部分倾听与表达，其中要求目标一："认真听并能听懂常用语言，"其中给老师的教育建议"对幼儿讲话时，注意结合情境使用丰富的语言，以便于幼儿理解。如：说话时注意语气、语调，让幼儿感受语气、语调的作用。如对幼儿的不合理要求以比较坚定的语气表示不同意；讲故事时，尽量把故事人物高兴、悲伤的心情用不同的语气、语调表现出来。根据幼儿的理解水平有意识地使用一些反映因果、假设、条件等关系的句子"。目标二："愿意讲话并能清楚地表达"。对老师提出具体的建议，"提出方言和少数民族地区应积极为幼儿创设用普通话交流的语言环境"。另外要"引导幼儿清楚地表达。和幼儿讲话时，成人自身的语言要清楚、简洁"。这都对幼儿园教师口语提出更高的要求，同时也体现了国家对幼儿园教师口语的重视程度。

四、幼儿园教师口语课程的开展现状

当前幼儿师范口语教育存在着重理论、轻实践，重知识、轻能力的问题。近二十年来幼儿教师口语教学一个比较明显的失误就是：不少院校开设该课程或多或少带有从"现代汉语"课程脱胎而来的痕迹，理论教授多，实际训练少，特色并不突显；另外，由于没有处理好普通话训练和教师职业语言训练两大内容的关系，课程目标摇摆不定。幼儿园教师口语多年来在很多学校一直被列为"考查"科目。有的学校将课程命名为"教师口语"，有的学校则命名为"普通话"和"教师口语"两种；有的学校没有高度重视该课程，只在前两年开设，每周仅安排1课时，不仅不能较好地完成教学任务，实现教学目标，而且在学生三、四年级时进行普通话测试时出现不合格的情况，甚至部分学生在即将走上实习岗位时还缺乏普通话或教师口语的学习和训练。这些现象反映出对该课程教学目标的认识及实施存在明显偏误。

五、幼儿园教师口语的内容

幼儿园教师口语是一个多元的综合体，要注重发声训练与语言训练相结合、语言技巧与外部表现相结合、语言与教育教学相结合、实践与理论相结合，应该按照《课程标准》的规定来编写，即包括普通话基础训练、一般口语交际训练和教师职业口语训练这三部分。其中在普通话基础训练中突出普通话语音训练，并结合普通话水平测试大纲，进行针对性的普通话测试训练。在一般口语应用训练中进行声音的调控训练、朗读训练、讲述训练、演讲训练、会话训练等以及口语的辅助训练（如心理、思维、态势语训练）。在教师职业口语训练中着重进行教育口语训练（如表扬语、批评语、启发语、沟通语、激励语训练）和教学口语训练（如导入语、讲解语、过渡语、结束语训练）。其中，普通话是训练的基础，贯穿课程始终，一般口语交际训练是普通话训练的继续和深化，也是教师职业口语训练的基础，教师职业口语是首要的职业基本技能，是一般口语交际训练的提高和扩展。这三个部分逐层深入，教师通过对幼师生进行口语能力的系统训练，教育学生增强语言规范意识，熟练运用教师职业口语进行教育教学活动，并能对幼儿的口语进行指导。

幼儿园教师口语课的主要目标就是培养学生掌握幼儿园教师职业口语的表达能力。具体能力应达到如下要求。

第一，普通话水平测试成绩不低于二级乙等。

第二，吐字发音清晰圆润饱满，语言顺畅，语调生动形象，符合幼儿认知心理，语言儿童化。

第三，示范正确，便于儿童模范；评价到位，用语活泼；应变灵活，富于艺术性。

幼儿园教师语言儿童化是职业口语能力培养中最重要的内容，也是幼儿园教师口语训练的难点。它要求教师要富于儿童的情趣，在语言的运用上要适合儿童的口味，用儿童独特的视角来观察问题，用儿童特有的心理和特有的思维进行分析，用儿童习用的词汇和句法进行表达，使他们易于接受、乐于接受。

小·结

本章首先讲述的是口语的含义及特点。其次讲述了教师口语课程的地位，从 1991 年，国家教委下发的教办〔1991〕522 号文件《关于全国教育系统进一步加强语言文字规范化工作的通知》，1993 年 5 月，为了加强对这门课规格要求的宏观指导，原国家教委师范司颁布了《师范院校"教师口语"课程标准（试行）》对教师口语课程地位做出了明确的规定与说明。在《3～6 岁儿童学习与发展指南》中除了对幼儿语言发展重要性和具体要求做了明确的规定之外，同时也对幼儿园教师口语方面提出了具体要求，这些都对幼儿园教师的口语提出了更高的要求，同时也肯定了幼儿园教师开展口语学习与训练的重要性。第三部分对幼儿园教师口语的内容作了简要的介绍。包括普通话训练、一般口语交际训练和教师口语训练三部分，这三个部分逐层深入，教师通过对幼师生进行口语能力的系统训练，教育学生增强语言规范意识，熟练运用教师职业口语进行教育教学活动，并能对幼儿的口语进行指导。

关键术语

教师口语   幼儿园教师口语

思考题

1. 幼儿教师口语学习的重要意义是什么？
2. 幼儿教师口语学习的内容有哪些？重点是什么？

第二章 幼儿教师口语基础训练

案例导入

方言引发的笑话

某幼儿园来了位新老师，是上海人，在上课时，由于普通话不好，闹了很多笑话。有一次上阅读课，老师拿来一张图片，让孩子们观察上面有哪些小动物在活动，问了这么一句话："看一看小图片上有什么?"结果说出来的话是："窥一窥'小肚皮'上有'三麻子'?"小朋友们听完纷纷撩起自己的衣服，认真寻找，一会儿，孩子们都抬起头，说："老师，我们肚子上没有三麻子。"

普通话是教师的职业用语，用普通话进行教学是教师合格的必备条件之一。在学校中，用普通话教学也是教师的基本义务。所以，从幼儿园阶段，就应该让孩子掌握规范的汉语发音，教师的模范作用是非常重要的。

第一节 学习普通话的重要性

普通话相信每个人都不陌生。"普通话"这个词最早出现在清末。它的定义在新中国成立以前存在很多不同的解释。1955 年 10 月召开的"全国文字改革会议"和"现代汉语规范问题学术会议"期间，汉民族共同语的名称正式定为"普通话"，并同时确定了它的定义。1955 年 10 月 26 日，《人民日报》发表题为《为促进汉字改革、推广普通话、实现汉语规范化而努力》的社论，文中提到："汉民族共同语，就是以北方话为基础方言、以北京语音为标准音的普通话。"1956 年 2 月 6 日，国务院发出关于推广普通话的指示，把普通话的定义增补为"以北京语音为标准音，以北方话为基础方言、以典范的现代白话文著作为语法规范。"这个定义从语音、词汇、语法三个方面明确规定了普通话的标准，使得普通话的定义更为科学、更为周密了。

"普通话"二字的含义是"普遍、共通"的意思。普通话"以北方话为基础方言"，指的是以广大北方话地区普遍通行的说法为准，同时也要从其他方言吸取所需要的词语。北方话词语中也有许多北方各地的土语，例如北京人把"丢面子"说成"跌份"，把"无职无业"说成"打漂儿"；北方不少地区将"聊天"称为"唠嗑"，将"肥皂"称为"胰子"等。所以是有选择地把北方方言加入普通话词汇中。普通话的词汇都是在日常生活和书面上经常会遇见的词。近年来，国家语委正在组织人力编写《现代汉语规范词典》，争取对普通话词汇进一步做出规范。

近些年来，随着我们国家经济的发展，与国外的交流逐渐增多。英语热已经从某种程度超过了学习汉语的热情。随着市场经济的发展，更是出现了一批利用一些谐音来吸引商家和顾客的广告语。为了尽快正音正字，国家推出了一系列活动以呼吁人们重新拾起对汉语的热情，如"汉字拼写大赛"等。

普通话是我们学习说话的最基本的要求，也是我们日常交往的必需。中国是一个多民族、多语言的国家，根据著名的语言学家周有光先生所讲："我国 56 个民族共有 80 多种彼此不同的语言和地区方言，而我们每一个人又不可能一辈子都生活在同一个地方，不去见识外面的世界，所以一旦我们身处异乡，便会遇到语言方面的障碍，不能与人沟通、交流。这时，如果我们都会说一种共同的语言——普通话，那么就不用再为语言不通而急得满头大汗、不知所措了。"从宏观而言，说普通话，可以增强民族与民族之间的沟通，有利于维护国家的统一和民族的团结，有利于促进社会的文明进步。普通话为我们创造了一条光明的道路，一个发展的空间，一个进行交流的工具。从微观而言，说普通话能使我们成为有文化有修养的现代文明人。能够方便我们的日常出行，减少一些由于语言不通而产生的误解。能够增进彼此的了解，提供交流的机会。普通话不仅是社交工具，更是一种文化载体。开展普通话应是一项长期而深入的工作。

在社会中学习和运用普通话如此重要，当然对于幼儿教育更是必不可少。首先，幼儿期是语言的关键期。这一时期的孩子喜欢模仿，学习说话的能力强。如果在这个时候幼儿学习了方言，那么在将来幼儿的发展过程中一定会受到方言的影响，从而影响孩子的交际和生活；其次，学说普通话有利于识字和理解，为幼儿今后入学学习书面语言、理解字义和文章做好铺垫。能够使幼儿对汉字的音、形、义形成统一联系，促进辨音能力形成，有利于幼儿的自主学习，使幼儿快乐学习。

为了能够使幼儿掌握正确读音，在初学说话时就能够得到正确的引导。因此要提高幼儿教师的普通话水平。正如俗话所说：要给学生一滴水，教师必须拥有一桶水。那么现在我国的幼儿教师的普通话水平如何呢？笔者做了一些调查，发现结果不尽如人意。大多数幼儿教师不讲普通话，有的因为认识不到位，大多幼儿教师就是本地的，他们与幼儿的语言及语言使用方法一样，不使用普通话也不会妨碍正常教育，因此根本不用学习普通话；有的因为教师年龄大，没有受过正规的普通话教育，只能道听途说，心有余而力不足。还有一部分教师学过普通话，但每当他们鼓足勇气说普通话时，就会受到周围人一些异样的眼光。介于这样的原因这些教师也只好不说，开始使用方言。只有这样才能和其他同事"打成一片"。

提高幼儿教师的普通话水平迫在眉睫，可以从以下几个方面着手解决。

首先，应从认识下手。只有拥有正确的认识才能够使人们真正对于普通话重视起来。多宣传普通话的意义和重要性，通过媒体传播和网络电视宣传，尤其是一些公益广告，达到人人重视普通话，人人利用普通话。加强对幼儿教师的普通话水平的考查，使教师意识到普通话对于幼儿的重要作用。同时能够和家长一起营造一个适合幼儿发展的语言环境。

其次，在正确认识的指导下，可以举办普通话培训班，由浅入深地讲普通话，教幼儿教师学普通话，使他们真正掌握普通话的发音、声调、语调，成为自身拥有的宝贵财富，以保证对幼儿进行教育的正确性、随机性、科学性。并颁发相应的普通话合格证书。

最后，要求幼儿教师消除心理障碍，坚持讲普通话，至少在幼儿园中时时刻刻都讲。只要幼儿教师持之以恒，加之推广普通话的浪潮，久而久之，人们也会习惯、认可的，就不会再有奇怪的眼光或一些私下的议论。而且，坚持讲普通话，不仅可以使自身水平得到锻炼提高，还可以为幼儿创造一个学普通话的良好氛围。幼儿接受这潜移默化的作用，教师再施以正确的引导、科学的传授，幼儿的普通话教育定会容易且有成效。

第二节 汉语发音规范化训练

现代汉语规范化包括两层含义：首先是语音本身的规范。普通话语音规范的标准虽然是以北京语音为标准音的。但是，其中也包含一些轻声和儿化音的成分。这些都是我们在使用这些易读错词语时应当注意的；其次是个人使用者的规范。因为受到一些个人的习惯或者受到方言的影响而读错字音。

一、语音的性质

语音是语言的物质存在形式。它同自然界其他声音一样源于物体的振动，因而它是一种物理现象，即它具有物理性质；同时它是由人的发音器官发出的，而人的发音器官是人的生理的组成部分，因而它又是一种生理现象，具有生理的性质；最为重要的是，语音所表达的意义是由使用该语言的全体社会成员约定俗成的，因而语音又是一种社会现象，具有社会性质。

语音的物理属性：作为一种物理现象，语音和其他声音一样，具有四种必要的元素（四要素）：音高、音强、时值、音质（也叫音色）。音高：指声音的高低。它决定于发音体振动的快慢，即频率。音强：指声音的强弱。它决定于发音体振动幅度的大小，即振幅。时值：指声音的长短。它决定于发音体振动时间的长短。音质（音色）：指声音的特色。

产生不同音色有三个条件：发音体的不同。如：敲锣打鼓；两人说同样一句话、发同样一个音能听出不同，主要是声带的长短、厚薄不同造成的。发音方法不同。如：小提琴拉和弹拨声音不同；b 与 p 的音色的不同。发音体共鸣器形状不同。如：二胡和京胡的不同；元音 a 与 i 的不同。

语音的生理属性：语音是由人的发音器官发出来的，发音器官以及它的活动情况决定语音的区别。

语音的社会属性：语言的意义靠语音表达，而语音和意义之间并无必然的联系，什么音表什么义、什么义用什么音表示，主要是社会公认就行。还表现在语音的系统上。各语言或方言都有各自的语音系统，从物理和生理的角度看是相同的语音现象，在不同的语音系统中却有可能有不同的作用。比如：n 和 l 这两个辅音，普通话分属两个不同的语音单位，而在南昌话、余干话中却属于同一个语音单位。

二、语音的构成

(一)汉语拼音字母表 (大小写对应)

Aa Bb Cc Dd Ee Ff Gg Hh Ii Jj Kk Ll Mm Nn Oo Pp Qq Rr Ss Tt Uu Vv Ww Xx Yy Zz

(二)元音和辅音

元音,也称母音,如 a、o、e、i、u 都是元音。发元音时,气流振动声带,通过口腔不受阻力。

辅音,也称子音,如 b、t、s、m、l 等都是辅音。发辅音时,气流通过口腔受到一定阻力。大部分辅音发音时,气流不振动声带,且发音不响亮。只有几个辅音发音时振动声带,且发音较响亮。不振动声带且发音响亮的有 b、p、d、t 等几个辅音。振动声带且发音较响亮的有 m、n、l、r 等。

(三)声母、韵母和声调

汉字的音节是由声母、韵母和声调三要素构成的。声母,一个汉字音节开头的辅音叫声母。汉语拼音的声母共 23 个。韵母,一个汉字音节中,除声母和声调外的部分叫韵母。在汉语拼音中有 38 个韵母,可分为四类:单韵母、复韵母、鼻韵母和特别韵母。er 在普通话里是一个比较特殊的韵母,它不同声母相拼,也不能同其他音素组合成复合韵母,可以自成音节。

1. 声母

b(玻)双唇闭合,挡住气流,然后双唇突然打开,让气流爆发出来,声带颤动。p(坡)发音部位与方法与 b 相同,但是气流较 b 强,声带颤动。m(摸)双唇闭合,把气堵住,发音时,气流从鼻腔透出成声,声带颤动。f(佛)上齿接触下唇,形成一条狭缝,让气流从狭缝中摩擦而出,声带颤动。d(的)舌尖抵住上齿龈,挡住气流,然后舌尖突然离开,吐出微弱的气流,声带颤动。t(特)发音部位与方法和 d 基本相同,不同的是送出的气流比较强。n(呢)舌尖顶住上齿龈,挡住气流,让气流通向鼻腔,从鼻孔出来,声带颤动。l(勒)舌尖顶住上齿龈,不顶满,让气流从舌头两边出来,声带颤动。g(哥)舌根抬起抵住软腭,挡住气流,然后突然打开,吐出微弱的气流,声带颤动。k(颗)发音部位与方法跟 g 大体相同,只是吐出的气流比较强。h(喝)舌根靠近软腭,形成一条狭缝,让气流从狭缝中摩擦而出,声带颤动。j

(机)舌前部抬起贴紧硬腭前端，然后再将舌稍稍离开，与硬腭形成一条狭缝，让气流从狭缝里挤出，声带颤动。q(七)发音部位、方法跟 j 大体相同，只是送出的气流较强。x(西)舌前部抬起靠近硬腭，形成一条狭缝，让气流从中摩擦而出，声带颤动。z(资)舌尖向前平伸，抵住上齿背，憋住气，然后舌尖稍稍离开，形成狭缝，让气流从中挤出，声带颤动。c(次)发音部位、方法跟 z 大体相同，只是吐出的气流较强。s(思)舌尖向前平伸，靠近上齿背，形成一条狭缝，让气流从中挤出来，声带颤动。zh(知)舌尖翘起，抵住硬腭前部(上牙床后面的部位)，然后舌尖稍稍离开，让气流从狭缝中挤出来，声带颤动。ch(吃)发音部位、方法跟 zh 大体相同，只是吐出的气流较强。sh(师)舌尖翘起，靠近硬腭前端，形成一条狭缝，让气流从中挤出来，声带颤动。r(日)发音部位、方法跟 sh 相同，但是发音时舌的两侧要卷起。

2. 韵母

(1)单韵母。

汉语拼音的单韵母共 7 个：a、o、e、ê、i、u、ü。

在发 a 时，口大开，舌尖微离下齿背，在口腔中处于一个不前不后适中的位置，舌面中部微微隆起，处于一个较低的位置，和硬腭后部相对。双唇不圆。发音时，声音振动，软腭上升。像这样，发音时舌尖在口腔中处于一个不前不后适中的位置，这种元音就叫作央元音；发音时舌面微微隆起，处于最低的位置(舌位最低)，这种元音就叫作低元音；发音时双唇不圆，这种元音就叫作不圆唇元音。因此，a 是央低不圆唇元音。

在发 i 时，口微开，两唇呈扁平形，上下齿相对，舌尖接触下齿背，使舌面前部高高隆起和硬腭前部相对，发音时，声带振动，软腭上升。像这样，发音时舌尖在口腔中处于靠前的位置，这种元音就叫作前元音；发音时舌面高高隆起，处于最高的位置(舌位最高)，这种元音就叫作高元音。因此，i 是前高不圆唇元音。

在发 o 时，上下唇自然拢圆，舌身后缩，舌面后部隆起，舌位半高半低，介于 a 和 i 之间。发音时声带振动，软腭上升。像这样，发音时舌身后缩，使舌尖在口腔中处于靠后的位置，这种元音就叫作后元音。综上所述，单元音按舌尖在口腔中的前后位置，可以分成前元音、央元音和后元音三类。像 o 这样，发音时舌位半高半低，介于最高和最低之间，这种元音就叫作中元音。像 o 这样，发音时双唇拢圆，这种元音就叫作圆唇元音。综上所述，单元音按嘴唇圆与否，可以分成圆唇元音和不圆唇元音两类。因此，o

是后中圆唇元音。

在发 e 时，口半闭，展唇，舌身后缩，舌面后部稍隆起和软腭相对，比 o 略高而偏前。发音时，声带振动，软腭上升。像这样，发音时舌位比中元音略高。（注意，是略高，而不是介于中元音和高元音之间），这种元音就叫作半高元音。e 是后半高不圆唇元音。

在发 ê 时，口自然打开，展唇，舌尖抵住上齿背，使舌面前部隆起和硬腭相对，舌位与 o 相同。发音时，声带振动，软腭上升。ê 是前中不圆唇元音。ê 单独表音时只有一个语气词"欸"，只出现在复韵母 ie、üe 中。

在发 u 时，两唇收缩成圆形，略向前突出，舌后缩，舌面后部高高隆起和软腭相对。发音时，声带振动，软腭上升。u 是后高圆唇元音。

在发 ü 时，两唇略圆，略向前突出，舌尖接触下齿背，使舌面前部高高隆起和硬腭前部相对，发音时，声带振动，软腭上升。ü 是前高圆唇元音。

（2）复韵母。

普通话共有 13 个复韵母：ai、ei、ao、ou、ia、ie、ua、uo、üe、iou、uai、uei。发复韵母音时，是把两个字母连起来，先发前一个字母音，接着迅速向后一个字母音过渡。

（3）鼻韵母。

鼻韵母共 16 个，其中 an、en、ian、uan、in、un、üan、ün 是前鼻韵母，它们的鼻韵尾是 n；ang、eng、ong、iang、ing、iong、uang、ueng 是后鼻韵母，它们的鼻韵尾是 ng。发鼻韵尾时的注意点：发 n 音时，舌尖抵住上牙龈。ng 不发音，气流从鼻腔出来。

（4）特别韵母。

共 2 个：er、-i。

在发 er 时，口自然打开，舌位不前不后不高不低，处于最自然状态，然后舌前、中部上抬，舌尖向后卷，和硬腭前端相对。发音时，声带振动，软腭上升。er 是一个卷舌元音。

在发 -i（前）时，口略开，展唇，舌尖和上齿背相对，保持适当距离。发音时，声带振动，软腭上升。-i（前）是舌尖前不圆唇元音。-i（前）这个韵母在普通话里只出现在 z、c、s 这三个声母的后面。

在发 -i（后）时，口略开，展唇，舌前端抬起和前硬腭相对。发音时，声带振动，软腭上升。-i（后）是舌尖后不圆唇元音。-i（后）这个韵母在普通话里只出现在 zh、ch、sh、r 这四个声母的后面。

3. 声调

声调是音节的高低升降形式，它主要是由音高决定的。音乐中的音阶也是由音高决定的，因此，声调可以用音阶来模拟，学习声调也可以借助于自己的音乐感。但要注意，声调的音高是相对的，不是绝对；声调的升降变化是滑动的，不像从一个音阶到另一个音阶那样跳跃式地移动。

描写声调的高低通常用五度标记法：立一竖标，中分5度，最低为1，最高为5。

普通话有四个声调：

阴平　念高平，用五度标记法来表示，就是从5到5，写作55。声带绷到最紧，始终无明显变化，保持音高。例如：青春光辉、春天花开、公司通知、新屋出租。

阳平　念高升（或说中升），起音比阴平稍低，然后升到高。用五度标记法表示，就是从3升到5，写作35。声带从不松不紧开始，逐步绷紧，直到最紧，声音从不低不高到最高。例如：人民银行、连年和平、农民犁田、圆形循环。

上（shǎng）声　念降升，起音半低，先降后升，用五度标记法表示，是从2降到1再升到4，写作214。声带从略微有些紧张开始，立刻松弛下来，稍稍延长，然后迅速绷紧，但没有绷到最紧。例如：彼此理解、理想美满、永远友好、管理很好。

去声　念高降（或称全降），起音高，接着往下滑，用五度标记法表示，是从5降到1，写作51。声带从紧开始到完全松弛为止，声音从高到低，音长是最短的。例如：下次注意、世界教育、报告胜利、创造利润。

(四)儿化

1. 儿化的作用

er自成的音节很少，常见的有"耳、而、儿、饵、尔、二、贰、迩"等。此外，er常附在其他音节后边，使这个音节发生变化，成为一个带卷舌动作的韵母，这就是儿化现象。儿化后的韵母称儿化韵。带儿化的韵母的音节，一般用两个汉字来表示。用汉语音字母写这些儿化音节，只需在原来的音节之后加上"r"。儿化在表达词语的语法意义和修辞色彩上都起着积极的作用。

区别词性：

盖（动词）——盖儿（名词）　个（量词）——个儿（名词）

区别词义：

信（信件）——信儿（消息）　末（最后）——末儿（细碎的或呈粉状的东西）

表示喜爱温婉的感情色彩：

小曲儿、来玩儿、大婶儿、慢慢儿走

表示细、小、轻、微的性状：

小鱼儿、门缝儿、一会儿、办事儿

2. 儿化韵的发音

（1）韵母为 ɑ、o、e、u 的音节，儿化后主要元音基本不变，后面直接加上表示卷舌动作的"r"：

好码儿 hǎomǎr　　山坡儿 shānpōr　　饭盒儿 fànhér　　水珠儿 shuǐzhūr

（2）韵母 iɑ、uɑ、ɑo、ou、uo 和 iɑo、iou 等，儿化后主要元音或韵尾基本不变，直接加"r"：

一下儿 yīxiàr　　鲜花儿 xiānhuār　　手稿儿 shǒugǎor　　封口儿 fēngkǒur

知了儿 zhīliǎor　　小牛儿 xiǎoniúr　　小说儿 xiǎoshuōr

（3）韵母 i、ü 儿化后在原韵母之后加上 er，i、ü 仍保留：

小米儿 xiǎomǐr　　　　　读作 xiǎomiěr

有趣儿 yǒuqùr　　　　　读作 yǒuquèr

（4）韵母－i（前、后）儿化后失去原韵母，加 er：

戏词儿 xìcír　　　　　　读作 xìcer

果汁儿 guǒzhīr　　　　　读作 guǒzher

（5）以 i 或 n 为韵尾的韵母，儿化后丢掉韵尾，主要元音后面加 r：

一块儿 yīkuàir　　　　　读作 yīkuàr

树根儿 shùgēnr　　　　　读作 shùgēr

饭馆儿 fànguǎnr　　　　　读作 fànguǎr

冰棍儿 bīnggùnr　　　　　读作 bīnggùr

（6）以 ng 为韵尾的韵母，儿化后丢掉韵尾 ng，主要元音鼻化，同时在鼻化元音后加上 r：

瓜瓤儿 guārángr　　　　　读作 guārár

板凳儿 bǎndèngr　　　　　读作 bǎndèr

（7）韵母 in 、ün 儿化后，丢掉韵尾 n，主要元音保留，后面加上 er；韵母 ing 儿化后，丢掉韵尾 ng，主要元音保留，后面另上鼻化的 er：

手印儿 shǒuyìnr　　　　　读作 shǒuyier

花裙儿 huāqúnr　　　　　读作 huāquer

花瓶儿 huāpíngr　　　　　读作 huāpier

第三节　案例展示

一、对比练习案例

声母对比词组练习

(一)b 和 p 的对比词组练习

被俘——佩服　　毕竟——僻静
背脊——配给　　备件——配件
火爆——火炮　　七遍——欺骗

(二)d 和 t 的对比词组练习

盗取——套取　　吊车——跳车
赌注——土著　　调动——跳动

(三)n 和 l 的对比词组练习

千年——牵连　　恼怒——老路
允诺——陨落　　难住——拦住
门内——门类　　南部——蓝布
蜗牛——涡流　　无奈——无赖

(四)g 和 k 的对比词组练习

骨干——苦干　　河谷——何苦
歌谱——科普　　工匠——空降
个体——客体　　感伤——砍伤

(五)f 和 h 的对比词组练习

开方——开荒　　防空——航空　　幅度——弧度
理发——理化　　复员——互援　　防止——黄纸
开发——开花　　初犯——出汗　　公费——工会
飞机——灰鸡　　仿佛——恍惚　　发现——花线
反复——欢呼　　粉尘——很沉　　伏案——湖岸

（六）j 和 q 的对比词组练习

经常——清偿　　手脚——手巧　　迹象——气象

激励——凄厉　　积压——欺压　　集权——齐全

居室——趋势　　简陋——浅陋　　咀嚼——取决

（七）平翘舌对比词组练习（z、c、s 与 zh、ch、sh）

三头——山头　　综和——中和　　冲刺——充斥

自立——智力　　栽花——摘花　　私人——诗人

散光——闪光　　俗语——熟语　　死命——使命

姿势——知识　　暂时——战时　　增收——征收

桑叶——商业　　食宿——实数　　推辞——推迟

二、辩证练习案例

（一）平翘舌音辨正

z—zh

自治　尊重　增长　做主　杂志　再植　资助

自重　罪状　宗旨　遵照　坐镇　作战　总之

zh—z

制造　转载　追踪　振作　正宗　准则　种子

知足　职责　沼泽　种族　装载　正在　主宰

c—ch

蚕虫　操场　财产　擦车　促成　采茶　残喘

草创　磁场　仓储　辞呈　操持　错处　彩绸

ch—c

炒菜　冲刺　尺寸　陈词　差错　纯粹　初次

船舱　场次　春蚕　除草　揣测　陈醋　储藏

s—sh

松树　宿舍　算术　损失　三山　似是　丧失

诉说　琐事　素食　随时　所属　私塾　散失

sh—s

收缩　神速　哨所　殊死　申诉　疏松　山色

深思　上司　胜似　输送　生死　世俗　绳索

(二)鼻音和边音辨正：鼻音 n，边音 l

n—l

| 农林 | 年轮 | 耐劳 | 哪里 | 脑力 | 奴隶 | 纳凉 |
| 奶酪 | 内涝 | 暖流 | 能力 | 凝练 | 逆流 | 年龄 |

l—n

| 岭南 | 辽宁 | 冷暖 | 留念 | 烂泥 | 连年 | 来年 |
| 理念 | 老娘 | 林农 | 落难 | 历年 | 流脑 | 遛鸟 |

(三)唇齿音和舌根音辨正：唇齿音 f，舌根音 h

f—h

| 凤凰 | 繁华 | 附和 | 防护 | 发挥 | 返回 | 妨害 |
| 放火 | 符号 | 愤恨 | 风寒 | 绯红 | 腐化 | 负荷 |

h—f

| 恢复 | 会费 | 活佛 | 荒废 | 划分 | 换防 | 豪放 |
| 合法 | 黄蜂 | 混纺 | 护法 | 焕发 | 和服 | 海防 |

三、绕口令案例展示

(一)声母

b—p：补破皮褥子不如不补破皮褥子(《补皮褥子》)。

b—p：吃葡萄不吐葡萄皮儿，不吃葡萄倒吐葡萄皮儿(《葡萄皮儿》)。

d：会炖我的炖冻豆腐，来炖我的炖冻豆腐，不会炖我的炖冻豆腐，就别炖我的炖冻豆腐。要是混充会炖我的炖冻豆腐，炖坏了我的炖冻豆腐，那就吃不成我的炖冻豆腐(《炖冻豆腐》)。

l：六十六岁刘老六，修了六十六座走马楼，楼上摆了六十六瓶苏合油，门前栽了六十六棵垂杨柳，柳上拴了六十六个大马猴。忽然一阵狂风起，吹倒了六十六座走马楼，打翻了六十六瓶苏合油，压倒了六十六棵垂杨柳，吓跑了六十六个大马猴，气死了六十六岁刘老六(《六十六岁刘老六》)。

d—t：大兔子，大肚子，大肚子的大兔子，要咬大兔子的大肚子(《大兔子和大肚子》)。

n—l：门口有四辆四轮大马车，你爱拉哪两辆来拉哪两辆(《四辆四轮大马车》)。

h：华华有两朵黄花，红红有两朵红花。华华要红花，红红要黄花。华华送给红红一朵黄花，红红送给华华一朵红花(《华华和红红》)。

j、q、x：七巷一个漆匠，西巷一个锡匠，七巷漆匠偷了西巷锡匠的锡，西巷锡匠偷了七巷漆匠的漆。(《漆匠和锡匠》)。

g—k：哥挎瓜筐过宽沟，赶快过沟看怪狗。光看怪狗瓜筐扣，瓜滚筐空哥怪狗(《哥挎瓜筐过宽沟》)。

h—f：一堆粪，一堆灰，灰混粪，粪混灰(《一堆粪》)。

z—zh：隔着窗户撕字纸，一次撕下横字纸，一次撕下竖字纸，是字纸撕字纸，不是字纸，不要胡乱撕一地纸(《撕字纸》)。

s—sh：三山撑四水，四水绕三山，三山四水春常在，四水三山四时春(《三山撑四水》)。

z、c、s—j、x司机买雌鸡，仔细看雌鸡，四只小雌鸡，叽叽好欢喜，司机笑嘻嘻(《司机买雌鸡》)。

zh、ch、sh：大车拉小车，小车拉小石头，石头掉下来，砸了小脚指头(《大车拉小车》)。

r：夏日无日日亦热，冬日有日日亦寒，春日日出天渐暖，晒衣晒被晒褥单，秋日天高复云淡，遥看红日坠西山(《说日》)。

sh、四声：石室诗士施史，嗜狮，誓食十狮，氏时时适市，氏视十狮，恃矢势，使是十狮逝世，氏拾是十狮尸，适石室，石室湿，氏使侍拭石室，石室拭，氏始试食十狮尸，食时，始识十狮尸实是十石狮尸，试释是事实(《施氏食狮史》)。

(二)韵母

a：门前有八匹大伊犁马，你爱拉哪匹马拉哪匹马(《伊犁马》)。

e：坡上立着一只鹅，坡下就是一条河。宽宽的河，肥肥的鹅，鹅要过河，河要渡鹅。不知是鹅过河，还是河渡鹅(《鹅》)。

i：一二三，三二一，一二三四五六七。七个阿姨来摘果，七个花篮儿手中提。七棵树上结七样儿，苹果、桃儿、石榴、柿子、李子、栗子、梨(《七棵树上结七样儿》)。

u：鼓上画只虎，破了拿布补。不知布补鼓，还是布补虎(《鼓上画只虎》)。

i—ü：这天天下雨，体育局穿绿雨衣的女小吕，去找穿绿运动衣的女老李。穿绿雨衣的女小吕，没找到穿绿运动衣的女老李，穿绿运动衣的女老李，也没见着穿绿雨衣的女小吕(《女小吕和女老李》)。

er：要说"尔"专说"尔"/马尔代夫，喀布尔/阿尔巴尼亚，扎伊尔/卡塔尔，尼泊尔/贝尔格莱德，安道尔/萨尔瓦多，伯尔尼/利伯维尔，班珠尔/厄瓜多尔，塞舌尔/哈密尔顿，尼日尔/圣彼埃尔，巴斯特尔/塞内加尔的达喀尔，阿尔及利亚的阿尔及尔。

－i(前)：一个大嫂子，一个大小子。大嫂子跟大小子比包饺子，看是大嫂子包的饺子好，还是大小子包的饺子好，再看大嫂子包的饺子少，还是大小子包的饺子少。大嫂子包的饺子又小又好又不少，大小子包的饺子又小又少又不好(《大嫂子和大小子》)。

－i(后)：知之为知之，不知为不知，不以不知为知之，不以知之为不知，唯此才能求真知(《知之为知之》)。

ai：买白菜，搭海带，不买海带就别买大白菜。买卖改，不搭卖，不买海带也能买到大白菜(《白菜和海带》)。

ei：贝贝飞纸飞机，菲菲要贝贝的纸飞机，贝贝不给菲菲自己的纸飞机，贝贝教菲菲自己做能飞的纸飞机(《贝贝和菲菲》)。

ai－ei：大妹和小妹，一起去收麦。大妹割大麦，小妹割小麦。大妹帮小妹挑小麦，小妹帮大妹挑大麦。大妹小妹收完麦，噼噼啪啪齐打麦(《大妹和小妹》)。

ao：隔着墙头扔草帽，也不知草帽套老头儿，也不知老头儿套草帽(《扔草帽》)。

ou：忽听门外人咬狗，拿起门来开开手；拾起狗来打砖头，又被砖头咬了手；从来不说颠倒话，口袋驮着骡子走(《忽听门外人咬狗》)。

an：出前门，往正南，有个面铺面冲南，门口挂着蓝布棉门帘。摘了它的蓝布棉门帘，棉铺面冲南，给他挂上蓝布棉门帘，面铺还是面冲南(《蓝布棉门帘》)。

en：小陈去卖针，小沈去卖盆。俩人挑着担，一起出了门。小陈喊卖针，小沈喊卖盆。也不知是谁卖针，也不知是谁卖盆(《小陈和小沈》)。

ang：海水长，长长长，长长长消(《海水长》)。

eng：郑政捧着盏台灯，彭澎扛着架屏风，彭澎让郑政扛屏风，郑政让彭澎捧台灯(《台灯和屏风》)。

ang－an：张康当董事长，詹丹当厂长，张康帮助詹丹，詹丹帮助张康(《张康和詹丹》)。

eng－en：陈庄程庄都有城，陈庄城通程庄城。陈庄城和程庄城，两庄城墙都有门。陈庄城进程庄人，陈庄人进程庄城。请问陈程两庄城，两庄城

门都进人,哪个城进陈庄人,程庄人进哪个城?(《陈庄城和程庄城》)

ang—eng:长城长,城墙长,长长长城长城墙,城墙长长城长长(《长城长》)。

ia:天上飘着一片霞,水上飘着一群鸭。霞是五彩霞,鸭是麻花鸭。麻花鸭游进五彩霞,五彩霞挽住麻花鸭。乐坏了鸭,拍碎了霞,分不清是鸭还是霞(《鸭和霞》)。

ie:姐姐借刀切茄子,去把儿去叶儿斜切丝,切好茄子烧茄子、炒茄子、蒸茄子,还有一碗焖茄子(《茄子》)。

iao:水上漂着一只表,表上落着一只鸟。鸟看表,表瞪鸟,鸟不认识表,表也不认识鸟(《鸟看表》)。

iou:一葫芦酒,九两六。一葫芦油,六两九。六两九的油,要换九两六的酒,九两六的酒,不换六两九的油(《酒换油》)。

ian:半边莲,莲半边,半边莲长在山涧边。半边天路过山涧边,发现这片半边莲。半边天拿来一把镰,割了半筐半边莲。半筐半边莲,送给边防连(《半边莲》)。

in:你也勤来我也勤,生产同心土变金。工人农民亲兄弟,心心相印团结紧(《土变金》)。

iang:杨家养了一只羊,蒋家修了一道墙。杨家的羊撞倒了蒋家的墙,蒋家的墙压死了杨家的羊。杨家要蒋家赔杨家的羊,蒋家要杨家赔蒋家的墙(《杨家养了一只羊》)。

ing:天上七颗星,树上七只鹰,梁上七个钉,台上七盏灯。拿扇扇了灯,用手拔了钉,举枪打了鹰,乌云盖了星(《天上七颗星》)。

ua:一个胖娃娃,画了三个大花活蛤蟆;三个胖娃娃,画不出一个大花活蛤蟆。画不出一个大花活蛤蟆的三个胖娃娃,真不如画了三个大花活蛤蟆的一个胖娃娃。(《画蛤蟆》)。

uo(o):狼打柴,狗烧火,猫儿上炕捏窝窝,雀儿飞来蒸饽饽(《狼打柴狗烧火》)。

uai:槐树槐,槐树槐,魁树底下搭戏台,人家的姑娘都来了,我家的姑娘还不来。说着说着就来了,骑着驴,打着伞,歪着脑袋上戏台(《槐树槐》)。

uei:威威、伟伟和卫卫。拿着水杯去接水。威威让伟伟,伟伟让卫卫,卫卫让威威,没人先接水。一二三,排好队,一个一个来接水(《接水》)。

uang:王庄卖筐,匡庄卖网,王庄卖筐不卖网,匡庄卖网不卖筐,你要买筐别去匡庄去王庄，你要买网别去王庄去匡庄（《王庄和匡庄》）。

　　ueng：老翁卖酒老翁买，老翁买酒老翁卖（《老翁和老翁》）。

　　ong：冲冲栽了十畦葱，松松栽了十棵松。冲冲说栽松不如栽葱，松松说栽葱不如栽松。是栽松不如栽葱，还是栽葱不如栽松？（《栽葱和栽松》）

　　uan—uang：那边划来一艘船，这边漂去一张床，船床河中互相撞，不知船撞床，还是床撞船（《船和床》）。

　　uan—an：大帆船，小帆船，竖起桅杆撑起帆。风吹帆，帆引船，帆船顺风转海湾（《帆船》）。

　　uen—en：孙伦打靶真叫准，半蹲射击特别神，本是半路出家人，摸爬滚打练成神（《孙伦打靶》）。

　　üe：真绝，真绝，真叫绝，皓月当空下大雪，麻雀游泳不飞跃，鹊巢鸠占鹊喜悦（《真绝》）。

　　ün：军车运来一堆裙，一色军用绿色裙。军训女生一大群，换下花裙换绿裙（《换裙子》）。

　　üan：圆圈圆，圈圆圈，圆圆娟娟画圆圈。娟娟画的圈连圈，圆圆画的圈套圈。娟娟圆圆比圆圈，看看谁的圆圈圆（《画圆圈》）。

　　iong：小涌勇敢学游泳，勇敢游泳是英雄（《学游泳》）。

📚 小·结

　　普通话是我们学习说话的最基本的要求，也是我们日常交往的必要工具。普通话为我们创造了一条光明的道路、一个发展的空间、一种交流的途径。从微观而言，说普通话能使我们成为有文化有修养的现代文明人。普通话不仅是社交工具，更是一种文化载体。推广普通话应是一项长期而深入的工作。本章主要着重介绍了普通话中声母、韵母的正确发音，以及四个声调的正确运用。这些内容的理论知识的学习固然重要，但是还需要在日常生活中不断地规范和强化，才能真正发挥普通话的重要性。

📖 关键术语

普通话教学　汉语规范化训练

思考题

在日常生活中如何才能说好普通话？

练习题

1. zh、ch、sh 和 z、c、s 对比辨音练习。

自愿—志愿　　　　自动—制动

鱼刺—鱼翅　　　　物资—物质

私人—诗人　　　　树立—肃立

仿造—仿照　　　　找到—早到

粗布—初步　　　　乱吵—乱草

姿势—知识　　　　山顶—三顶

新春—新村　　　　资助—支柱

2. iao 和 iou 的对比辨音练习。

交流　娇羞　料酒　校友　要求　丢掉　柳条　牛角　袖标　油条

3. 按普通话四声的调值念下面的音节。

一　姨　乙　艺

辉　回　毁　惠

风　冯　讽　奉

飞　肥　匪　费

通　同　桶　痛

迂　于　雨　遇

4. 儿化练习。

包干儿　冰棍儿　差点儿　大伙儿　兜儿　干活儿　个儿　光棍儿

好好儿　好玩儿　画儿　活儿　金鱼儿　空儿　老头儿　聊天儿

没事儿　面条儿　墨水儿　纳闷儿　闹着玩儿　年头儿　纽扣儿

球儿　圈儿　玩儿　玩意儿　馅儿　小孩儿　心眼儿　烟卷儿　沿儿

5. 综合练习。

(1)读单字。

镍　涩　习　宽　狗　迈　吻　驴　悴　区

坏　嘣　墨　慌　由　入　子　播　润　藏

瞥　救　闷　逛　学　付　均　抵　荫　俩

蝉　寸　嘭　领　心　涌　亏　罚　司　券
婶　初　砣　篇　却　捐　磷　郑　爷　哄
抓　病　秦　面　煮　患　饶　欧　纫　揣

（2）读词语。

送信儿　咖啡　扭搭　沙漠　哈尼族　按期
实用　贫困　喷嚏　昂扬　交流　平反
榫头　独特　蠢笨　肆虐　沉冤　月份
酌量　号召　萌芽　鲜花　奶嘴　判定
上座儿　搜寻　蛐蛐儿　接洽　仍然　拐弯
白菜　冠军　总得　熊猫　萝卜　策略

小·知识

朗读的技巧

1. 呼吸　学会自如地控制自己的呼吸非常重要，因为这样发出来的音坚实有力，音质优美，而且传送得较远。有的人在朗读时呼吸显得急促，甚至上气不接下气，这是因为他使用的是胸式呼吸，不能自如地控制自己的呼吸。朗读需要有较充足的气流，一般采用的是胸腹式呼吸法。它的特点是胸腔、腹腔都配合着呼吸进行收缩或扩张，尤其要注意横膈膜的运动。我们可以进行缓慢而均匀的呼吸训练，从中体会用腹肌控制呼吸的方法。

2. 发音　发音的关键是嗓子的运用。朗读者的嗓音应该是柔和、动听和富于表现力的。

首先，要注意保护自己的嗓子，不要长期高声喊叫，也不要由于饮食高温或过于辛辣而刺激嗓子；

其次，要注意提高自己对嗓音的控制和调节能力。声音的高低是由声带的松紧决定的，音量的大小则由发音时振动用力的大小来决定，朗读时不要自始至终高声大叫；

最后，还要注意调节共鸣，这是使音色柔和、响亮、动听的重要技巧。人们发声的时候，气流通过声门，振动声带发出音波，经过口腔或鼻腔的共鸣，形成不同的音色。改变口腔或鼻腔的条件，音色就会大不相同。例如舌位靠前，共鸣腔浅，可使声音清脆；舌位靠后，共鸣腔深，可使声音洪亮刚强。

3. 吐字　吐字的技巧不仅关系到音节的清晰度，而且关系到声音的圆润、饱满。要吐字清楚，首先，要熟练地掌握常用词语的标准音。朗读时，要熟悉每个音节声母、韵母、声调，按照它们的标准音来发音；其次，要力求克服发音含糊、吐词不清的毛病，发音含糊、吐词不清，一是在声母的成形阶段比较马虎，不大注意发音器官的准确部位，二是在韵母阶段不大注意口形和舌位，三是发音吐字速度太快，没有足够的时值。朗读跟平时说话不同，要使每个音节都让听众或考官听清楚，发音就要有一定力度和时值，每个音素都要到位。平时多练习绕口令就是为了练好吐字的基本功。

第三章　幼儿园教师教学口语训练

第一节　口语交际的基本理论

一、什么是口语交际

口语交际是一门语言科学。

口语交际是人们在特定的语言环境中根据不同的情境，运用有声语言，传递信息、交流思想和感情、进行人际沟通的一种言语活动。口语交际是人际沟通的重要手段。

口语交际所运用的语言是自然语言（民族语言），口语交际也用副语言，副语言是用来"助说话"的。交际双方的社会、文化、心理、年龄、性别、性格等多种因素会影响口语交际。口语交际中运用的民族语言和副语言所承载的文化内涵也会影响口语交际。口语交际是在特定的语言环境中进行的，各种语境因素会影响口语交际。

构成口语交际活动的要素主要有交际的目标、主体、对象、媒介和环境。

二、口语交际的特点

（一）口语交际的互动性

《义务教育语文课程标准（2011 年版）》指出"口语交际是听与说双方的互

动过程"。人们说话的原因就是为了交流思想，口语交际就是从生活的实际需要出发，为生活的需要服务。口语交际是听说双方思想交流的过程，是一种双边活动。听者对说者传达的语音信息和非语音信息做出言语或非言语的回应。如果没有任何回应，便等同于交际失败。听者与说者的角色在交际过程中是不断转换的，听者需要在适当的时候言语回应说者或者接过说者的话题发表自己的看法，从而使先前的说者变成了听者，整个口语交际的过程就是这样循环的。

如果说者不顾听者的感受，滔滔不绝、目中无人，并纠结于同一话题上，沉浸于自话自说之中，是无法得到成功的口语交际的；同样，如果听者在口语交际中漫不经心、袖手旁观，对说者不作出任何反馈，也是无法得到成功的口语交际的。只有听说双方在互动中相互合作、礼貌待人才能获得成功的口语交际活动。

(二)口语交际的情景性

任何口语交际的发生都是具备一定的情景的，有该口语交际活动的目的、环境氛围、对象和话题。交际的情景对听说双方的言谈举止有一定的影响，在"文化大革命"期间的话语，由于受当时时代因素的制约，具有鲜明的时代特点。比如中学生买钢笔，中学生说："关心群众生活——给我拿支钢笔。"售货员说："为人民服务——你买哪一种？"中学生："我们都来自五湖四海——多拿几支让我挑挑。"售货员："反对自由主义——不让挑，买哪支拿哪支。"中学生："我们的责任是向人民负责——你就多拿几种让我挑挑吧。"售货员："在路线问题上没有调和的余地——说不能挑就是不能挑。"中学生："凡是敌人反对的，我们就要拥护——为什么不让挑？"售货员："凡是敌人拥护的，我们就要反对——不为啥，不让挑就是不让挑。"中学生："社会主义工作方法——有这样卖东西的吗？"售货员："一切权利归农会——爱买不买。"……"文化大革命"时期的语言已经成为历史，那些带有政治标签的言语现在已经不合适了。我们现在口语交际经常出现的是符合现在社会背景的言语，如网络词语，什么太悲催了、什么大牛级别的人物、什么重口味等。

我们平时所说的"说话要看对象、讲场合"也是这个道理。同样的话题，情景不同，表达的方式可能不同。比如说跟别人打招呼，跟同学打招呼可以说"Hi"可以上去拍一下同学的肩膀甚至是吓同学一下给他一个惊喜；跟长辈打招呼可以说"叔叔好"，如果拍叔叔的肩膀便不合适了；家里来了客人，跟客人打招呼可以说"快请进，欢迎你们来我家做客"。

口语交际活动受时代社会背景、文化背景、时间地点、场合等情境因素的影响，说话得体与否主要看是否切合当时的语境。一个良好的口语交际活动需要听说双方都能够顺应当下的客观情景，利用情景为交际活动服务。

（三）口语交际的复合

口语交际是通过言语方式辅以非言语的因素来交流思想感情的活动。在理解对方传递的信息过程中，听音辨义固然重要，但"察言观色"也必不可少。[1] 在口语交际过程中，说者往往不会像写文章那样说出完整的句子，说者一般是现想现说，会省略很多句子的成分，但大多数听者仍能够理解说者的意思；同样，听者有时候即便一句话不说，但是伴随着肢体语言，仅仅一个眼神、一个动作、一个手势，说者也能知晓听者对自己所传递信息的态度。成人应该都有感触，在电话里跟老外说英文的难度与面对面与老外说英文的难度是不同的，因为在电话里与老外对话只有语音一种信息传递，而面对面的交流不仅有语音信息的传递而且还存在各种各样的肢体语言的传递。语言学研究的结果也表明：在交际过程中，言语信息实际上只占交际信息总量的 35%，其他非言语信息则占 65%，非言语信息越来越受到许多研究者、实践者的重视。

口语交际能力不只是言语与肢体语言的活动，它体现着一个人的综合素质，它是人格、形象、个性、气质、思想等多方面的结合体，也是语音、语法、思维等认知能力和目的、动机、情绪、价值观为一体的"复合体"。

三、口语交际应具备的能力

口语交际是一项综合性很强的活动，它是人与人沟通的桥梁，是相互表达情感的重要方式。但是，良好的口语交际能力不是一天两天能够养成的，这是一个长期积累的结果。口语交际的能力主要包含倾听能力、表达能力、语境适应能力等。

（一）倾听能力

倾听的能力包括语音辨识能力、语意理解能力、音义记忆力、话语品评力。语音辨识能力是指对说话人发出的声音的辨识能力。语意理解能力是对

---

[1]　杜玉萍：《口语交际的特质与教学策略》[M]，76 页，成都，四川师范大学出版社，2006。

听到的语音的准确理解的能力。这是倾听能力的核心。在倾听的过程中，倾听者不仅应听到说话者的语音，并且应该理解并适当记忆说话者所表达的语意。

倾听的时候应该做到全身心地听、态度积极地听、姿势正确地听。积极的听话态度能够提高倾听的效果，创造和谐的口语交际活动。正确的姿势也是口语交际活动中应注意的问题，交际过程中目光应该平视、态度和蔼，加以恰当的面部表情。

倾听不仅仅指安静地用耳朵接收对方的言语。当你倾听的时候，你有没有用眼睛去观察对方的举止，用心去体会对方的心情？真正的倾听，是要用耳朵、用眼睛、用心去听，用心去感受。必要的时候保持沉默，需要的时候给予说话者回应，不能随便打断对方的讲话，要有耐心地去倾听和感受对方的情绪、体会对方含蓄话语的意味、探求说话者言外之意，真正做一个善于倾听的人。

倾听是一种能力、一种素质，良好的倾听能力是人们获取知识的主要途径之一。懂得倾听的人才能够在听的过程中摸清大意，从他人言语中得到一个人内心的意图；认真倾听他人的言语，代表着你对他人的尊重。愿意倾听他人是一种有素质的表现，只有愿意倾听他人，才能获得他人的尊重，才能获得诉说的权利。

（二）表达能力

表达能力包括组织内部语言的能力、快速语言编码能力、运用语音语体的能力。（苏立康，2003）

组织内部语言这个过程可分为确定话题、产生"语点"、形成思路三个方面。其中，"语点"是压缩了的内潜的言语信息，有一定的"模糊性"和跳跃性。产生"语点"就是把与话题密切相关的压缩信息释放出来，组成比较明晰的语义体系，即想说的内容要领。

"语言编码"就是把扩展了的语义转换成相应的词语符号和句子结构，按照语法规律编排成即将说出的话语，即外部语言。

有声语言以声波的形式将语言传送到听者的耳朵，实现信息的传递。在这个过程中，语音是极其重要的。这个过程包括发音吐字、控制语调语速、变换语体、使用体态语等几个方面。

表达能力，通俗地讲，就是将自身以外的知识及资讯运用各种方式传达给听者。成功的表达者能够激发听者的兴趣、能够为听者提供有价值的数据，真正做到内容生动、言之有物才能让听者全身投入表达者的表达物之中。

作为一名现代教师，我们不仅应该具有新的思想和见解，还需要在儿童和同事面前很好地表达出来，让别人理解所说的内容。因此，一名"茶壶里煮饺子——有嘴道不出"的教师，不能称得上一名优秀的教师。所以说，表达能力是一名优秀教师应该具备的基本素质。

(三)语境适应能力

语境即言语环境，它包括语言因素和非语言因素。比如，上下文、时间、空间、情景、对话对象等。在口语交际活动中，对话双方受语言环境的影响，表现不同。在口语交际活动中，听说双方能否适应当下的语境，对口语交际活动是否成功具有至关重要的影响。听者需要密切关注说者的表现，包括说话的内容、语气、语调以及肢体语言并依此进行综合分析，以决定自己的应对方式。

适应语境的主要因素，需要适应表达者的身份与情感、适应交流对象的身份与特点、适应交际的背景、场景、风俗习惯与文化传统。

一位美国留学生在为中国学生做报告的时候说"我本人非常喜欢美国文化，我认为有钱就应该出国生活。"尽管这位留学生的话是发自内心的，但是在中国学生面前这样的表述，怎么会让我们欢迎呢？可见，表达主体的身份与情感是一个必须得到重视的因素。

幼儿园小朋友问老师："老师，天为什么会下雨呢?"老师回答说："由于江、河、湖、海受到太阳照射，水就变成了水蒸气。水蒸气上升聚集在一起变成小水滴，最后变成云。组成云的小水滴或小冰晶受到下边气流的顶托，上升的气流也在不断把水汽从下面输送到云里来。云里的小水滴、小冰晶在运动中相互碰撞，体积增大。当这些水滴大到上升气流托不住的时候，就会变成雨落下来。"幼儿园老师的回答是科学的，但是却不适合幼儿园小朋友的特点，单单是"水蒸气""顶托""气流"便会让孩子一头雾水了，更不用说理解这些事物之间的复杂关系。适应交流对象的身份与特点，是成功口语交际活动必需的一点。

适应风俗习惯和文化传统也是口语交际活动中应该注意的问题。如果跟回民谈论猪肉怎样做好吃的话题，显然是不合适的。

第二节 幼儿园教师口语的原则和方法

幼儿教师口语又可以称为幼儿教师职业口语，是幼儿教师在从事幼儿教育工作中所运用的口头语言。

幼儿教师在幼教工作中对幼儿的影响主要是通过"身教"和"言传"进行的。身教是幼儿教师通过日常的行为表现对幼儿进行潜移默化的影响；言传便是幼儿教师通过口语表达对幼儿的教育影响。古罗马教育家昆体良提出教育的目标是培养雄辩家。他在教育史上首次提出了双语教育，指出阅读学习首先要注意发音正确，然后才要求连贯；可要求其以最快速度朗读由许多音节组成的难字和难句，以使其发音更加清晰和流畅。

例如，在幼儿园大班教师讲解"4 的分法"的时候，老师指着鱼缸里的鱼说"这里有四个鱼，现在我要把这 4 个鱼从大鱼缸分到两个小鱼缸里。"该教师在表达鱼的数量的时候用的是"4 个"，是不恰当的。作为幼儿园教师，应该使自己的言语表达准确，以免给幼儿带来误导。

一、导入语的运用原则及方法

导入语是一节活动的开始，是吸引幼儿的有力工具，好的导入语像磁铁一样，可以把分散的思维一下子聚焦起来，激发儿童的兴趣，提高教学活动的质量。

（一）导入语的运用原则

1. 简洁性原则

导入语是活动的开始，犹如一个"引子"引起幼儿的兴趣。导入语不宜过长，过长的导入语会让幼儿沉浸入引导语中的故事情节，不利于开展正常的教学活动。

2. 趣味性原则

导入语的作用在于激发儿童的兴趣，引导幼儿进入正常的活动之中。只有让幼儿感兴趣的导入语才能激发儿童的注意力，否则不会引起幼儿的注意，且起不到导入的作用。

(二)常见的导入方法

幼儿园教师导入活动有很多方法，根据不同的活动内容，可以设计不同的导入方式。常用的导入语主要有如下几种。

1. 故事导入法

故事导入法是指教师运用讲故事的方法激发幼儿的兴趣，从而诱导幼儿进入事先设定好的活动之中。故事导入法是最常用的导入方法之一。

比如，在创意画"和美丽的动物结一次婚"活动课上，老师用故事的方式引导儿童大胆想象，老师讲了一个小男孩皮皮梦见自己与孔雀结婚生了一个神奇的宝宝，这个宝宝很像皮皮也很像孔雀。通过这个故事，引起幼儿的兴趣，鼓励幼儿大胆想象，从而让幼儿进行创意画创作。

再如，在给幼儿进行"认识单双数"活动课之前，老师给幼儿讲一个小朋友去两元店买东西的故事，通过故事让幼儿了解"两元店"，并引起幼儿对双数的兴趣。

2. 问题导入法

问题导入法也是教学活动经常使用的导入方法，是指先向幼儿提出问题，通过问题激发幼儿的思考，从而进入学习情境的导入方法。

绘本《猜猜我有多爱你》活动课的开始，老师给幼儿呈现兔妈妈与小兔子的图片，问小朋友"你们知道兔妈妈有多爱小兔子吗?"有的小朋友说"很爱很爱"，有的小朋友说"像我妈妈爱我那么多"，小朋友们展开了有趣的讨论。老师说"咱们带着这个问题听听这个故事，让我们看看兔妈妈有多爱小兔子，小兔子又有多爱兔妈妈，好吗?"教师通过问题激发幼儿的兴趣，并且在活动中寻找问题的答案，让活动更好地进行下去。

3. 情境导入法

情境导入法是教师根据具体的教学内容用自己的口头语言创设一种情境，为幼儿创设一种身临其境的体验导入方法。

冬天到了，树叶都落下来了，天气变得越来越冷了。北风呼呼地吹着，鹅毛大雪飘了下来，人们穿上了厚厚的棉衣，小朋友们都戴上了手套、帽子，围着围巾。世界一下子变成了白色，树枝变成白色的了，房顶也是白色的，马路边上也是白色的，就连老爷爷的眉毛上都有白色的雪片。

这样生动地导入语把幼儿带到了白雪皑皑的冬季，仿佛白雪就在身边。可以让幼儿更好地理解冬季，激发幼儿的兴趣和想象力。

4. 体验导入法

体验导入法是在进行活动之前，教师为幼儿提供亲身体验的机会，通过体验进入教学情境的导入方法。

在进行"磁铁具有吸引力"的科学活动之前，教师为幼儿准备了磁铁和小铁球、铁丝等工具，在教师讲解基本操作注意事项后，让幼儿自己拿磁铁去吸铁制品，让幼儿亲身体验磁铁的吸引力，从而引起幼儿的兴趣，成功导入教学活动。

在进行"声音大小的比较"活动课之前，教师为幼儿准备了豆子、铁罐，让幼儿随意将不同量的豆子装进铁罐里，并摇晃铁罐比较声音的大小。幼儿在亲身体验的过程中发现了乐趣，从而开始声音大小的比较活动课。

二、提问语的运用原则

孔子曰："不愤不启，不悱不发"，意思是说对孩子要善于启发诱导。启发诱导过程中，教师发挥着不可替代的作用。启发诱导有很多不同的方式，提问是其中最主要的方式，提问同时也是教师教育教学的重要手段。掌握提问语的运用原则，对教师有效提问、高质量提问有重要意义。

(一)启发性原则

恰当的课堂提问是教学的重要手段，教师提出的问题具有启发性，那就要求问题的答案不是填空式，教师说上句，幼儿回答下句即可；也不是判断式，幼儿无须思考便可回答是与否。教师发问不是简单地问幼儿"4 加 2 等于几？你连这个都不知道？""大熊猫是什么颜色的？你怎么涂成红色的了？有红色的大熊猫吗？"这样的提问仅仅是为了获得正确的答案而提问的，毫无启发的作用，幼儿在这样的提问中还会放松地思考吗？

(二)有效性原则

有的老师热衷于追求课堂上统一的热烈气氛，经常在活动开始的时候这样问："今天，我给大家带来了一个好听的故事，它是小白兔与大灰狼的故事，小朋友们喜欢听吗？""今天我教大家一首儿歌，大家喜欢吗？"教师提问的目的是获得幼儿齐声回答的效果，但是，这种回答是幼儿真实想法的反映吗？这样的提问有效吗？

(三)适宜性原则

教师提问应该把握好"四宜"：一是适宜的时机，在什么时候提问大有学问，教师应该在了解幼儿思维状态的前提下寻找到恰当的提问时机；二是适宜的数量，教师的提问应该掌握好适合的量，问什么问多少也是一个非常重要的技巧；三是适宜的难度，这是指教师提问问题的难度，不同年龄的孩子，思维能力有所区别，教师应提出孩子通过思考能够解决的问题，问题太难，孩子回答不了会变得消极，问题太易，孩子又会不屑一顾心不在焉；四是适宜的对象，孩子由于各种原因在发展的程度上必定有所区别，教师提出的问题也应该平等照顾到每一个孩子，同时根据难度选择适合的询问对象。①

幼儿教师提问语主要有描述性提问、启发性提问、扩展性提问、评价性提问和追加性提问等。教师应该在了解幼儿与教学内容前提下，选择适当的提问方式进行有效提问。

例如，在幼儿掌握"水果"与"蔬菜"的概念之后。

教师：小朋友，我们已经知道苹果、梨都是水果；那么小朋友再想一下还有别的水果吗？

幼儿：橘子。

教师：橘子属于水果，还是属于蔬菜呢？

幼儿：水果。

教师：对，橘子属于水果。那小朋友再想一下，我们还吃过什么水果吗？

幼儿：……

教师通过提问幼儿"吃过什么水果"，从幼儿实际生活出发引导幼儿思考平时吃过的水果，并进行了归纳，使幼儿对水果的理解更加深刻。

在活动中，幼儿教师切忌准备不够充分的提问、与活动无关的提问、带有自我情绪的提问、模棱两可的提问、偏离儿童生活经验的提问。

三、讲解语的运用原则

讲解是教学活动中最主要的环节，讲解语也称为讲授语，是教师系统完整地阐释教学内容的用语。

如果说导入语是一个段落的话，那么讲解语就是一个篇章。尽管近年来的教学改革一直强调幼儿的自主性和探索性，但是"讲"仍旧是一种不可或缺

---

① 李志行：《幼儿教师口语教程》，86 页，北京，中国戏剧出版社，2007。

的手段，正确的讲解方式能够有效促进幼儿对内容的理解。

好的讲解语不仅能够让幼儿理解活动内容而且能够吸引幼儿的注意力，激发幼儿对知识的兴趣。

(一)准确、清晰的原则

教师在讲解问题的时候，一定要做到准确、清晰。幼儿由于其年龄小，身心发展尚未完全，需要得到教师准确清晰的讲解。如果教师为幼儿呈现的讲解词不达意、层次混乱，会给幼儿"这个问题很复杂、很难"的感觉，并且无法打开幼儿心中的问号，容易误导幼儿。准确清晰是教师讲解必备的素质。如果对于某个问题，教师不够熟悉的话，可以跟幼儿解释清楚，待教师查清楚后再对幼儿进行准确清晰的讲解。

(二)生动、活泼的原则

幼儿教师在对幼儿进行讲解的时候，不能像面试官面试那样"板着面孔"说教。教师在讲解过程中应当追求语调上的抑扬顿挫和明显的面部表情，用亲和风趣的语言，让幼儿在教师的讲解中身临其境，理解教师的讲解。

教师根据讲解内容，时而微笑，时而皱眉，时而挥舞着手臂，时而悄声细语，时而大声欢呼，带着饱满的情感为幼儿讲解，让幼儿充分理解讲解的内容。

四、应变语的运用原则

教师在教学过程中难免会遇到自己意想不到的问题，尤其是面对一群四五岁的孩子，当教师遇到事先没有准备的意外情况时，应该使用什么样的语言从容面对呢？这便是应变语的技巧。应变语是指教师在教学活动中及时处理突发事件、调整师生关系所运用的教学用语。教师应该充分准备好应对教学活动中可能出现的问题，并计划好应对策略，在此基础上，合理运用应变语，从容面对突发的问题。

(一)处变不惊的原则

课堂上的突发事件是考验教师心理素质和处理问题的能力。幼儿由于年龄原因，在课堂上的突发问题相对较多，教师应该理解幼儿并非故意制造问题，而是受其身心发展规律的影响。当遇到特殊问题时，教师应该沉着、镇定，控制好自己的情绪，心平气和地寻找应对方法，机智灵活的应对突发问题。

(二)因势利导的原则

幼儿的思维活跃，其兴趣点较多，教师应该充分利用幼儿的兴趣，进行教学活动。例如，在教师组织进行分享阅读的活动期间，教室里飞进一只蜻蜓，孩子们的小眼睛都跟随着蜻蜓的身影转来转去。有一个孩子突然很兴奋地说："快看，蜻蜓，蜻蜓，抓住它！"这是一个很好的教育时机。教师可以捉住蜻蜓，给孩子们看，然后引导孩子了解蜻蜓的特点，最终定位在蜻蜓属于益虫，应该放生的点上。让幼儿亲自放飞蜻蜓，让幼儿在这个活动中了解益虫，培养爱心。

这样的方法比"强压"着小朋友继续进行分享阅读来得有意思，幼儿在自身感兴趣的话题上获得了知识。如果教师忽略孩子们的兴趣，便失去了一次良好的教育时机，也达不到这样的效果。

五、结束语的运用原则

结束语是在教学活动即将结束时，教师针对活动学习内容进行总结、扩展所运用的教学用语。好的结束语会留给幼儿深入思考的空间，让幼儿对下次的内容有所期待。

有的教师在零零散散讲完一节活动之后，说"小朋友们，咱们就到这里，女孩子去喝水，男孩子先坐椅子"或者"小朋友们听完这个故事，高兴吗？"这样的结束语是没有太大意义的，结束语的运用并不是一件很容易的事情，在设计结束语时，我们应该注意以下三个原则。

(一)简洁性原则

结束语是在教学活动结束的时候用来收束的话，教师应该根据教学活动的内容，抓住中心环节，切中要害，画龙点睛。幼儿的注意力是有限的，教师切不可在活动即将结束的时候运用拖沓冗长的结束语。

(二)趣味性原则

教学活动的结束语采用儿童感兴趣的方式，可以提高儿童的学习兴趣。比如利用游戏的方式结束一节活动课。

(三)鼓励性原则

好的活动结束语往往能升华主题，教师可以选择有鼓励性、激励性的语言给幼儿鼓励，让儿童在活动即将结束的时刻仍然对活动内容感兴趣，激发儿童"想知道、想学"的欲望。

第三节　幼儿园教师交际口语技能训练

一、与同事相处时交际口语的使用

幼儿教师身处幼儿园之中，需要与别的教师有各种各样的接触，在与同事沟通的时候，应该把握两点：平等、客观。教师应该平等看待自己的同事，无论她是保育员还是主班教师，都应该平等对待，自卑与自大都是不可取的。幼儿园教师在与同事相处中应该把握主动性原则，当别人需要帮助的时候，主动帮助别人并不期待回报；懂得欣赏同事身上的优点；遇到他人产生矛盾时，应站在客观公平的立场上分析问题；当自己与别人发生矛盾时应该主动进行自我反省，并找机会解释清楚；不在别人背后说坏话、不猜疑、不抱怨同事。

幼儿园教师在与园长的谈话时应该把握谈话时机并注意谈话方法。幼儿园园长是全园的代表，其工作非常烦琐，所以幼儿园教师在与园长谈话的时候应该把握好谈话时机，选择恰当的时机谈话，不能影响园长的工作。在谈话过程中，应该专注听园长的讲话，明确园长的意思，甚至可以确认自己领会的意思是否正确，不能似是而非。

幼儿园教师在教学研讨的讲话中应认真倾听，明确主题；立论鲜明，条理明晰；语言简练，语气平和；多用征询语气，巧妙表达意见。

二、与家长沟通时交际口语的使用

幼儿园教师与家长几乎每天都需要交流，接送孩子的时候、家访的时候、家长会上的谈话等。掌握恰当地沟通技巧，有助于教师与家长进行良好的沟通。

首先，教师应该分析谈话对象，寻求共同话题。幼儿园教师与家长之间的共同话题便是幼儿，教师在与家长谈话之前应该想好交谈的话题，争取与家长间的共同话题，否则，沟通无法进行。

其次，教师应该肯定幼儿长处，取得家长的信任。有的幼儿园教师见到家长之后，不说幼儿的优点，直接说孩子哪里哪里不好，今天又犯了一个什么样的错误。以幼儿的缺点和错误作为沟通的开端是不利于教师与家长的沟通的。每个孩子都有自己的优缺点，如果教师每次见了家长都只提缺点不提优点的话，家长会想"在教师眼里孩子是不是没有优点？""是不是教师不喜欢我们家孩子？""是不是我们家孩子太差了呢？"教师如果以幼儿的优点或者良好表现作为与家长沟通的开端，那么便很容易取得家长的信任，使沟通顺利进行。

最后，教师在与家长谈话中，应做到态度不卑不亢，维护教师形象。

三、与社区沟通时交际口语的使用

幼儿园与社区的合作越来越多了，在与社区沟通的时候，需要给社区工作人员留下一个好印象，以便今后更好地合作。教师在与社区沟通时，应做到用语礼貌，主动介绍自己；用语得体，说话通俗；目的明确，符合事实。

第四节　案例展示

案例一①

"老师唱歌跑调"

教师：小朋友们好，今天我们学唱一首歌《白帆》。

（教师打开钢琴刚要唱，忽然一名幼儿小声说："老师唱歌跑调"）

教师：小朋友，说什么？大声点，没关系的。

幼儿：他说你唱歌跑调。（幼儿哈哈大笑）

（老师也和孩子们一起笑了）

教师：现在老师把《白帆》这首歌给大家唱一遍。（边弹琴边唱歌）

教师：老师跑调了吗？

幼儿：没有。

幼儿：他瞎说。

教师：你怎么说老师唱歌跑调呢？

---

① 李志行：《幼儿教师口语教程》，67页，北京，中国戏剧出版社，2007。

幼儿：我瞎说的，我不愿意唱歌。

幼儿：老师，他唱歌跑调，一句也不会唱。

教师：没关系的，说不定老师小时候唱歌也跑调呢！（老师和孩子们一起笑）

教师：小朋友们，我们现在就一起来学唱歌。

评述：这位教师面对幼儿的恶作剧进行了"冷处理"，没有对幼儿的话生气，而是先唱了一遍歌，让幼儿评价是否跑调，然后仔细询问幼儿说教师跑调的原因。当教师知道幼儿因为自己唱歌跑调不愿意唱歌之后，并没有对幼儿进行批评，而是用"自己小时候可能也跑调"鼓励幼儿。这样的处理方式不仅成功处理了突发事件，而且展现了教师的机智，鼓励了幼儿对音乐的信心，同时在幼儿面前树立了教师的威信。

案例二

好听的声音

教师：老师今天会给大家提供好玩的，你们想不想玩？

幼儿：想。

教师：也会有好吃的东西，所以小朋友们的小眼睛要跟着老师哦。我们听听这是什么声音？（老师播放声音）

幼儿：笑。

教师：哦，是笑声，那这是大人还是小宝宝的声音啊？

幼儿：小宝宝。

教师：哦，对了，这是小宝宝的声音。小宝宝在睡梦里笑出声来了，现在呢，妈妈要请一个小动物叫醒小宝宝，咱们听一下是哪个小动物叫醒的小宝宝，仔细听哦。（教师播放声音）

幼儿：公鸡，大公鸡。

教师：哦，是大公鸡啊，大公鸡怎么叫啊？

幼儿：喔喔喔。

教师：叫叫看（教师与幼儿一起模仿大公鸡的叫声），还有什么小动物会叫啊？

幼儿：小狗。

教师：哦，小狗，小狗是怎么叫的呀？

幼儿：汪汪汪。

教师：哦，汪汪汪。还有什么小动物会叫？

幼儿：小猫，还有老虎。

教师：哦，一个一个叫哦，小猫怎么叫啊？

幼儿：喵喵喵。

……

教师：还有一种小动物，是在草地上的，走起路来是一蹦一跳的。

幼儿：小白兔。

教师：小白兔会叫吗？

幼儿：不会，是山羊。

教师：山羊怎么叫啊？

幼儿：咩咩咩……

教师：哦，山羊是这样叫啊，咩咩咩（教师跟幼儿一起学山羊叫）。这次妈妈是请谁叫小宝宝啊？（播放声音）

幼儿：大公鸡。

教师：听听宝宝起床后在干什么。（播放声音）

幼儿：小便。

教师：小朋友想想除了小便会有这个声音，什么活动还会发出这种声音？

幼儿：刷牙、洗脸。

教师：宝宝洗脸吃饭后干什么啊？小朋友们想一下干什么啊？

幼儿：去幼儿园。

教师：对了，去幼儿园对吗？那马路上会有什么声音啊？

幼儿：汽车的声音"嘀嘀嘀嘀"。

教师：哦，汽车发出"嘀嘀嘀嘀"的声音。那还有什么别的声音呢？

幼儿：摩托车的声音。

教师：摩托车什么样的声音啊？

幼儿：呜呜呜……

……

最后，教师用品尝糖果结束本次活动课。

评述：这位教师从幼儿的一日生活出发，启发诱导幼儿回忆每天从起床开始听到的声音，将教育活动与幼儿生活经验结合起来，符合幼儿的发展规律。教师在活动中所用的鼓励性语言与启示性语言给了幼儿充分展示的机会。教师通过播放各种不同的声音并让幼儿模仿声音，让幼儿体验探索声音的乐趣，乐于表达自己的经验和感受。

老师通过"老师今天会给大家提供好玩的，你们想不想玩？"导入活动，激发幼儿的活动兴趣；在活动即将结束的时候，教师用品尝糖果升华了本次活动，加上3岁幼儿对糖果的喜爱，激发了幼儿对美好声音的乐趣的感受，并且激发了幼儿对生活中声音的热爱。

案例三

与家长沟通的小技巧

冬天，幼儿园离园前几分钟。媛媛的奶奶拉着媛媛冲进班里对着正在整理桌椅的老师大喊："你怎么当的老师？我孙女裤子尿湿半天了，你都没给换，天气这么冷，冻坏了孩子你负责吗？你负得起这个责吗？"媛媛的奶奶看起来非常生气。老师看见了，着急地问："啊，尿裤子了？孩子没事吧？您先别急……""别急，是你你不急吗？什么都别说了，我要投诉你工作不认真！"媛媛奶奶的叫嚷引来了很多家长的观望。

如果你是那位在班教师，你会怎样与媛媛奶奶沟通？

有的教师可能会觉得委屈，下午游戏活动的时候媛媛还没有尿裤子，班里这么多孩子，她尿裤子了也没有跟老师说一声，没有及时注意到也不能全怪老师。委屈之下听到家长这样埋怨、不理解自己，便冲动地说："那你去投诉吧，反正我没有什么错。"

有的教师会不停地跟家长解释"媛媛没有告诉我她尿裤子了""下午她的裤子还是干的"…… 可是家长这个时候可能根本听不进教师的解释。

让我们来看一下这位教师是如何处理的：

见媛媛奶奶很生气的样子，于是老师抱起媛媛说："媛媛，你平时在幼儿园里是个很棒的小朋友，经常帮助别的小朋友是不是？老师和小朋友都很喜欢你，是不是啊？"媛媛看着老师不停地点头，高兴地笑了。奶奶看见媛媛笑了，便停止了叫嚷。老师抱着媛媛来到休息室，奶奶也跟在后面。到了休息室，老师请奶奶坐下，并为奶奶倒了一杯温水。老师见奶奶情绪稳定了些说："实在对不起，是我太粗心，没有注意到孩子的裤子湿了。您有没有问孩子什么时候湿的呢？"奶奶："我这倒没问，我看到裤子湿了就……"老师接着说："恩，我理解您的心情。午睡我帮媛媛脱裤子的时候，裤子还是干的，起床后上厕所，她不会系裤子，我帮她系的时候也是干的；下午游戏活动上厕所之后，我帮全班小朋友整理衣裤，那会还是干的。应该是离园的时候尿湿的吧，是不是媛媛？"媛媛点头。奶奶最后说："是我不好意思啊，没弄清楚，错怪你了"教师："是我的工作做得不够周到，我能理解您的心情，以后我会更加注意的，请您放心，今后有什么意见或者建议，也请您随时跟我们说。"最后奶奶很满意地离开了幼儿园。

评述： 这位教师在遇到家长不理解的情况下，及时控制了自己的情绪，并把幼儿放在第一位，待家长心情稳定后向家长说明了具体的情况，取得了家长的理解。教师在与家长谈话的过程中不卑不亢，既维护了教师的形象又获得了家长的理解和配合。

小结

口语交际对幼儿园教师来说是至关重要的，同一句话，不同教师的表达方式可能不同，对孩子的影响便有所不同，为什么不选择一种双方都能够接受的方式表达呢？遵循口语交际的基本原则、注意自身口语交际方式，有助于形成良好的师幼关系，同时对同事乃至亲人间良好关系的形成具有促进作用。

关键术语

教师口语交际特点　口语交际的原则和方法

思考题

1. 教师口语交际应该具备哪些特点？
2. 教师在进行课堂导入时有哪些注意事项？

第四章　幼儿园教师故事讲述训练

第一节　讲故事前的准备工作

讲好故事并不是一件简单的事情，它要求教师不但具有较强的口语表达能力、艺术表演能力以及对幼儿心理的掌握能力，还要求教师在讲故事前做好如下准备工作。

一、准备幼儿

准备幼儿是指教师应当了解本班幼儿的语言发展水平、已有的知识储备、理解能力、表达能力等。根据皮亚杰认知发展理论的观点，儿童习得新事物是以原有的经验为基础的，通过同化与顺应两种形式，对原有认知结构进行调整，不断发展认知结构的过程。然而，良好的教学应当走在发展的前面，根据维果茨基的"最近发展区"理论，教师不但要看到幼儿的现有水平，还要看到处于形成状态的，正在发展的过程。因此，教师在讲故事前，首先需要了解本班幼儿的原有经验、认知发展水平，以此为基础，选择适合幼儿发展的故事。

二、准备故事

教师应当对所要讲的故事非常熟悉。讲故事并不像读故事，照着故事书念那么简单。讲故事是一个非常有挑战性的过程，需要教师在熟悉故事的基础上，运用语言、神态、肢体动作等方式讲给幼儿听，与其说是讲故事不如说是在表演故事。因此，教师必须认真准备故事，包括故事内容、故事情节、故事人物、故事场景等，只有在熟悉的基础上才能讲出好的故事。

三、准备丰富的故事教学活动

丰富的教学活动的设计是达成教学目标的关键。在故事教学中，可以采用多种形式如环境布置、情景游戏、角色扮演等活动来提高讲故事的水平。

准备活动一般在呈现故事内容前进行。准备活动主要是教具材料的准备。这些材料包括：搜集与故事相关的资料，如图片、视频等，使故事内容更加丰富；选择适当的材料布置环境，如墙纸、故事人物造型等，烘托氛围，便于幼儿融入故事的情境中；选择适当的表演材料，如手偶、头饰等，便于幼儿再现故事情节等。这些材料的选择与运用能有效地增强幼儿对故事的理解和喜爱，提高他们听故事、讲故事的兴趣。

在讲故事前，教师根据故事的内容，让幼儿参与布置教室的环境，使幼儿对即将听到的故事产生兴趣。在讲故事时，教师可以通过看图说话，使幼儿了解故事的内容；通过排列图片，发展观察能力和思维能力。具有创新、手脑结合的活动才有趣味性和挑战性，幼儿会更喜欢。例如，请幼儿戴上手偶或头饰，根据老师的讲述做出相应的动作；根据故事内容进行角色扮演等。这些活动的真正目的是激发幼儿的兴趣，调动他们参与的积极性，引发其思考，同时降低听的难度，提高故事的可听性。故事讲完后，教师根据幼儿的理解情况，可以设计一些表达或表演活动。如，可让幼儿复述故事、改编故事、续编故事以及表演故事等。这些活动不但有利于提高幼儿的语言表达能力，而且有利于训练幼儿的记忆力、思维推理能力及想象能力。当幼儿看图复述故事"卡壳"时，教师应给与一定的提示或引导，以降低活动的难度，激发幼儿的创造性思维。需要注意的是，这些活动应尽量分组进行，这样使更多的幼儿有参与复述的机会。此外，幼儿是喜欢模仿的，特别喜欢模仿从录像中看到的故事情节。因此，教师应当提供给幼儿模仿表演的机会，幼儿通过表演，情景再现了故事的内容，对故事的理解也就更深刻了，而他们也会从表演中获得一种成就感。

第二节 故事的选择

选择故事时应当注意：故事内容要与教学主题相联系；故事要符合幼儿的年龄特点；故事要体现中国的传统文化；故事内容要与时俱进，具有时代性；故事要有教育意义；故事本身能激发幼儿兴趣，调动幼儿积极性。

一、故事内容要与教学主题相联系

也就是说，教师应根据本单元的教学主题选择相关的故事，这样，不但有助于幼儿回忆所学知识，降低故事的难度，又能扩大幼儿的知识面。例如，本单元的教学主题是情绪控制，那么可选择的故事有《我好伤心》《我好难过》等。

二、故事要符合幼儿的年龄特点

选择故事时，教师不但要选择与主题相关、线索清晰的故事，而且还要考虑所选择的故事，幼儿是否能够接受，是否适合幼儿当前的发展，也就是说选择的故事还要考虑幼儿的年龄特点。随着年龄的增长，幼儿的语言水平以及理解能力是逐步增长的。因此，对于低龄幼儿来说，教师应当选择内容简单、重复率高、朗朗上口的小故事，这有助于幼儿的理解并有利于掌握简短的词汇。而对于大班幼儿，其语言和认知能力都有了一定的发展，应当选择一些情节丰富、重复性较少的故事，这有利于幼儿习得丰富的语言，并发展其想象力。从故事的长度来看，选择讲的故事不宜太长，因为听故事也是个脑力活，需要幼儿集中注意力听讲，而幼儿能集中注意力的时间有限，故事太长会使他们疲倦。因此，教师应当把握好故事的长度。

三、故事要体现中国的传统文化

随着时代的不断发展，曾经深深影响数代中国人的传统文化在渐渐地消失，如何保护这些宝贵的文化遗产，并将它们继承和发扬下去，是我们每个中国人的使命，尤其是肩负培养和教育下一代的教师。因此，教师在选择幼儿故事时，应当注重故事的内容要具有历史文化性，给幼儿讲解经典故事，潜移默化地使幼儿了解中国的文化。因此，教师不但要有精深的专业知识，还应当有广博的基础知识，要博览群书，还要对中国的传统文化有较深入的学习，对经典的儿童故事有足够的了解。如通过《黄香温席》《子路借米》等故事，让幼儿接受中国传统的孝敬父母的教育；通过《卧薪尝胆》《铁杵磨针》等故事，让幼儿接受坚毅人格的教育；而《大闹天宫》《曹冲称象》《哪吒闹海》等故事，则能使幼儿初步了解中国的古典文学。

四、故事要与时俱进，具有时代性

即选择的故事要具有时代的特点。儿童也属于社会人，他们的成长也离不开社会，因此，必然要学习和认识其所处的时代的特点。学习传统经典故事，可以使幼儿不忘本，有利于继承并弘扬中华优秀的传统文化，但随着时代的发展，社会的进步，也必然会出现新的有教育意义的故事。如《和机器人下棋》《强强乘火箭》等，是计算机、科技、网络发展的产物。

五、故事要有教育意义

也就是说故事本身要有一定的教育意义，并对幼儿产生良好的影响。如《谁给猫儿系铃铛》这个故事，使孩子逐渐懂得了做事不能骄傲，也不能马虎；《不讲卫生的小熊》则告诉幼儿讲卫生的重要性；《雷锋的故事》告诉幼儿要热心帮助别人，助人为乐。有些故事虽然也有教育性，但还有一些负面的影响。如《是谁嗯嗯在我的头上》，通过小鼹鼠寻找谁在它头上"嗯嗯"的过程，使幼儿了解到各种动物大便的样子，但在小鼹鼠找到"嗯嗯"的主人——大狗后，爬到大狗的头上，拉了"嗯嗯"，则有报复他人的嫌疑。故事具有教育意义，是故事选择的一项重要标准，教师应当慎重选择故事。故事是幼儿最喜欢的，教师应当利用幼儿对故事的喜爱，抓住教育的机会，通过故事来教育幼儿会达到事半功倍的效果。

六、故事本身能激发幼儿的兴趣，调动幼儿的积极性

在符合上述条件的故事中，教师应当首先选择对话多、情节生动、角色分配丰富的故事。无论是成人还是幼儿都非常喜欢情节突出的故事，这样的

故事不但能增强儿童的兴趣，而且能激发他们思考。角色丰富、情节生动的故事对于讲故事的人来说也是一种极大的挑战和锻炼，并且有利于多名幼儿参与到故事表演中来。

总之，故事的选择是关键，要符合儿童兴趣和年龄特征，并具有一定的教育意义，是故事选择的最终目的。

第三节 掌握讲故事的技巧

学会了如何选择故事后，还应当知道怎样把故事生动形象地讲出来，这就需要教师掌握讲故事的技巧，下面就来介绍一下怎样讲好故事。

一、根据幼儿发展水平选择合适的故事

教师要给幼儿讲故事一定要先选好故事，故事的选择如前面所写，最重要的是故事要具有教育性，同时要适合孩子的智力发展水平。因为不同年龄的幼儿智力发展不同，因此所需要的故事内容和形式也不同。选择的故事不宜过长，讲故事的时间一般控制在 20 分钟内为好。一般来说，给小班的幼儿讲些故事短小、形象生动的故事，如《公园里的花》《猪太太生宝宝》的故事。中班幼儿语言和思维有了一定的发展，就可以讲些神话、童话、民间故事和其他英雄人物故事，如《盘古开天辟地》《三个和尚》等。而情节较曲折的故事和成语、谚语故事，适合给大班的幼儿讲，如《母鸡萝丝去散步》《守株待兔》等，这样孩子会很感兴趣而且还能学到很多历史知识和道理。

二、讲故事时要适当增加肢体语言

肢体语言在给孩子讲故事时是不可缺少的。因为幼儿是以形象思维、感性认识为主的，所以教师应当借助手势、表情、动作、眼神等身体语言来讲故事，以增加故事的形象性和趣味性。例如孙悟空特有的抓耳挠腮的动作，猪八戒挺着大肚扛着铁耙的动作等，这些经典动作的加入可以帮助幼儿了解人物的形象，利于理解故事情节，增强印象，并给他们一种亲切感，因而更能受到他们的欢迎。

三、要善于运用声音来塑造人物形象

教师不但需要运用肢体动作来刻画故事中的人物形象，还要根据故事中不同人物的个性特征、情景变化等，来选择恰当的语音、语速、语调、语气等，这样可以增强故事的感染力，活跃幼儿的兴趣。如：表现哪吒说话时，可以用顽皮、不屑的语调，节奏稍微快一点。让幼儿一听，噢，这就是顽皮勇敢的小哪吒。表现沙和尚说话时，可以用平缓的语调，语速慢一些，体现他憨厚老实的本性。在《小红帽》的故事里，小红帽善良可爱，外婆温和慈祥，大灰狼狡猾凶恶。因此在讲述时，小红帽的声音应当是快乐而甜美的，外婆是缓慢而温柔的，而大灰狼的声音应该是虚伪、假惺惺、凶恶的。此外，刻画人物还要根据人物的心理和所处的状态：如傲慢的人一般都瞧不起人，语调有些上扬；生病的人非常虚弱，说话有气无力；处在危急时刻的人说话比较急切；害羞的人说话声音要小一些而且很扭捏等。

四、灵活使用故事教学中的组织方法

在故事教学中，可以采用多种方法来提高讲故事的水平，其具体方法有提问法、讨论法、中断法。

(一)提问法

提问法是故事教学中最常用的一种方法。

提问法主要在以下几种情形中运用。

一是在故事教学开始前，教师通过提问，引导幼儿回忆已有经历，引出作品，为讲述故事内容做铺垫。例如，在讲述《小猴过生日》的故事时，教师可以这样提问幼儿："我们每位小朋友都有属于自己的生日，那么你们的生日是怎么过的呢？请小朋友们说一说吧。"引起幼儿对过生日场景的回忆，从而自然过渡到所讲的故事《小猴过生日》中来。

二是在故事讲述时，教师通过提问的方法，帮助幼儿回忆故事内容，从而更深入地理解故事。例如，《小蝌蚪找妈妈》故事中讲到小蝌蚪遇到乌龟后，乌龟告诉它们妈妈是什么样子的，这时教师可以问幼儿、"刚才小蝌蚪还遇到了谁？它对小蝌蚪说了什么话呢？"引导幼儿回忆鱼妈妈的话，进一步认识小蝌蚪的妈妈即青蛙，是有腿的。也可以通过提问帮助幼儿领悟故事的

主题，如在讲完《小熊和小鹿》故事后，教师可以问幼儿："小熊这样做对吗？为什么？"教师还可以采用提问的方式引导幼儿说出对故事人物的喜好，以判断他们的道德意识。如讲完《灰姑娘》后，教师可以问幼儿："故事中有三位小女孩，你喜欢哪个呢？为什么？"等等。

三是在幼儿复述或改编故事时，教师通过适时的提问，帮助幼儿回忆故事的主要内容，使幼儿将故事的主要情节讲述出来。在改编故事中，教师还可以采用创造性提问的方法，以启发幼儿的想象。例如，在《狐狸和乌鸦》的故事中，教师可以这样提问："乌鸦的肉怎么掉下去的？如果不听狐狸的甜言蜜语，它的肉会不会掉呢？"但是教师一定要注意创造性提问适合于中班或大班的幼儿。

在使用提问法时，教师要注意以下两点：

第一，教师在教学中的提问不应过多，尤其不要过多地运用回忆性的提问。因为，讲故事也是为教育目标服务的，使幼儿理解故事的内容，提高语言表达能力，以及获得一定的教育影响才是讲故事的主要目的。如果总是采用回忆性提问法，很容易使幼儿厌烦，从而失去听故事的兴趣。因此在故事教学中，教师要尽量少用回忆性提问。要善于将回忆性提问与创造性提问、启发性提问结合起来，使教学活动生动、活泼，激发幼儿的热情。

第二，教师应当适时提问并掌握提问的技巧。一般说来，教师在讲述到故事的关键环节时尽量不要提问。如果遇到某个幼儿不认真听讲，也不要采用回忆性提问使其复述前面内容的形式，而是要采取注视、暗示、声调转化等形式，来提醒幼儿注意听讲。因为此时回忆性提问会破坏故事的完整性，降低其他幼儿听故事的兴趣。教师在运用提问法时要注意问题的顺序和个数，回忆性问题一般控制在 3 个以内，体验性问题和创造性问题也不可超过4 个。问题太多，就会降低幼儿听的兴趣。

(二)讨论法

讨论法也是常见的故事教学中的使用方法，讨论法需要幼儿具有一定的独立思考能力，因此在中班和大班经常使用。教师一般在幼儿基本理解故事的主要内容后，运用讨论法来调动幼儿的积极性，并进一步深入理解故事内涵。通过讨论，幼儿开动脑筋，发挥想象力，设身处地为故事主人公出主意、想办法。例如，童话故事《老虎来了》，教师在讲完故事前半部分后可以引导幼儿讨论："老虎来了，会发生什么事情？那些小动物们怎么办？"续编故事可以培养幼儿的思维能力、想象能力以及语言表达能力。例如，在《弟弟的梦》这个故事中，教师可以引导幼儿："猜一猜弟弟做了什么样甜蜜的美梦？和旁边的小朋友一起讨论一下。试一试把你猜到的讲成一个故事让小朋友听一听。"

教师在运用讨论法时要注意以下两点：

第一，讨论后教师要注意归纳和总结。以《龟兔赛跑》为例，在幼儿讨论完乌龟为什么会赢，兔子为什么会输之后，教师要进行归纳总结：乌龟的坚持不懈使它赢得了比赛；而兔子的骄傲轻敌使它输了比赛，所以小朋友们做事一定要谦虚谨慎，不能马虎大意。

第二，讨论要面向所有幼儿。教育对每个孩子都应当是平等的。教师尤其要关注那些平时不爱说话的幼儿，鼓励他们积极参与讨论，并将内心的想法大胆地讲出来。

(三)中断法

中断法一般用于中、长篇故事的讲述中。幼儿可以集中注意力的时间是有限的，如果教师讲述较长的故事时，没有停顿，而是滔滔不绝，一口气讲完，幼儿很容易忘记前面的内容，也会很容易失去听的兴趣。因此教师应该在情节转折或扣人心弦处有意停顿，起到说书人"要知后事如何，且听下节分析"的作用。这样就吊了幼儿的胃口，幼儿很想知道后面发生了什么。如果每次中断时巧妙的设置提问，让幼儿猜想，又可以发展幼儿的想象能力和思维能力。教师在讲述短篇故事时，也可以采用这种方法来引导幼儿进行积极的思考、丰富的联想。例如，《白雪公主》中有这样一段话：王后听说白雪公主还活着，气得直咬牙齿："哼，哼，谁比我美丽，我就得害死谁！"教师在读王后的话时，应该在第二个"我"后面停顿一下，并做出急呼吸的动作，更形象的表现王后气急败坏，凶狠恶毒的样子。因此，教师在故事教学中巧妙地运用中断法，可以起到画龙点睛的作用。

五、利用辅助手段提高讲述效果

(一)环境创设与背景音乐的引入

环境创设的目的是使幼儿融入故事的情境中，犹如身临其境，因此更能够体会故事中人物的心理。引入背景音乐的目的是提高幼儿的兴趣，增强故事的可听性。背景音乐要根据故事情节和内容来选择，不可生硬的加上。如在讲述温馨和谐的画面时，音乐应当是舒缓的；在讲述紧张刺激的环节时，音乐应当是激进兴奋的；在讲述伤心的事情时，音乐应当低沉悲伤些；讲述大海的时候有海浪声等。这些音乐的使用，可以很好地表达故事的情感，有利于幼儿情绪情感的培养。

（二）参与故事角色的表演与互动

幼儿时期的孩子，他们对想象与现实往往分不清楚，因此，经常把自己当成故事中的人物。因此，教师应当充分利用幼儿的这一思维特点，让幼儿开动脑筋，帮助故事中的人物出主意、想办法。例如，小白兔被大灰狼抓住后怎样才能逃跑呢？鲨鱼笑笑能想到什么办法救小鱼们呢？在《龟兔赛跑》故事讲述中，可以让幼儿们扮演乌龟、兔子、山羊、狮子等动物。

（三）使用头饰、图片、手偶等

头饰可以很形象地将故事的主人翁表现出来，也是故事讲述中经常使用的教具。看图说话则可以培养幼儿的观察能力、理解能力以及语言表达能力等。而手偶则可以锻炼幼儿的手指灵活性，并且使故事活起来。

（四）结合区域活动，深化故事内容

幼儿园每个班都有自己的区角活动，例如阅读区、建构区、美工区、表演区等，教师应当充分利用这些区角活动，让幼儿自己去搭建故事里的房子、画出故事里的场景、表演故事里的人物等。这样幼儿通过动作感知、情感体验，使得故事活起来，使故事感情内化为幼儿的情感。

（五）设置多种比赛形式，激发幼儿参与意识

幼儿也有好胜心，而且他们非常乐于参加各种形式的比赛活动，如果教师讲故事后，设置这类比赛活动则可以很好地激发幼儿的参与意识，提高参与活动的热情。比赛竞争等活动能激活幼儿潜在的能力，能激起幼儿的进取心。当然在比赛时要加入一些奖励措施，以鼓励幼儿们多多参与。

第四节　案例展示

小班故事活动案例

讲故事《猪太太生宝宝》

1. 故事引入

在故事的引入过程，教师应当能够激发幼儿的兴趣。可以采取如下方法。

（1）以猜谜儿歌的形式引入——"耳朵大，眼睛小，鼻子翘，身体胖，呼噜噜，爱睡觉"请你猜猜它是谁？

（2）故事的主人公——猪太太、猪先生出场。可以由两名幼儿按着角色的装扮扮演猪太太和猪先生。猜一猜，他俩谁是猪太太？谁是猪先生？（幼儿根据猪太太粉色、肚子大及猪先生黑色、戴领带来判断）

（3）猪太太、猪先生分别介绍自己："我是猪太太，我快要生宝宝了""我是猪先生，我要当爸爸了"。

（4）教师巧设问题，引起幼儿兴趣。例如，可以这样引出故事：猪太太要生宝宝了，你认为猪太太会生出什么样的宝宝？为什么？今天老师要讲一个《猪太太生宝宝》的故事。

2. 讲述故事前半部分内容

（1）教师在讲述猪太太与猪先生在讨论孩子像谁的对话时，应当表现出自豪而坚定的语气，而且均要表现出猪太太与猪先生对未来孩子憧憬时的幸福表情。

（2）当讲完"猪太太和猪先生每天都会为快要出世的猪宝宝的模样争来争去"后，教师可以进行一次回忆性提问：猪太太和猪先生争什么呀？猪太太希望生什么样的孩子？那么猪先生呢？为什么？（引得幼儿学说猪太太和猪先生的话）

（3）当讲到"终于，猪太太到医院去生猪宝宝了"时，教师巧设疑问："那么猪太太生的宝宝到底是什么样子呢？"再次引发幼儿的思考与兴趣。

3. 讲述故事后半部分内容

（1）教师应当分析猪先生的心理，猪先生去医院接太太和孩子时，应当是怀着兴奋和期待的心情的。因此，在讲述猪先生的话时，应当是高兴和急切的，而且包含着期待与希望；猪太太则是幸福和满意的。

（2）当讲到"医生推了一辆小车子，上面睡了一排可爱的小猪娃娃"时，"一排"的语调应当高一些，表现出惊讶的样子。然后应当适时停顿一下，"那么这一排小猪娃娃是什么样的呢？"吊起幼儿的胃口，引发幼儿思考。然后，再继续讲下去："那是三只小黑猪，四只小粉猪，还有五只小花猪。"教师需注意重点突出"三""黑""四""粉""五""花"。

（3）猪先生一看傻眼啦，问猪太太："这些都是我们的孩子？"这句话语调上扬，要表现出猪先生看到孩子后吃惊的表情。

4. 故事结束

教师讲完后，可以问幼儿：猪太太生的小猪到底是什么样的呢？（若不清楚，可以排列猪宝宝，让大家数一数）有几只小白猪，几只小黑猪，几只小花猪？为什么有的猪宝宝像妈妈又白又漂亮，有的猪宝宝像爸爸又黑又英俊，而有的猪宝宝又像爸爸又像妈妈是花的呢？

幼儿各抒己见后，教师进行总结：因为它们是亲亲的一家人，都是爸爸、妈妈生的孩子，所以有的会像爸爸，有的像妈妈，有的像爸爸又像妈妈。

附故事

《猪太太生宝宝》

猪太太快要当妈妈了。她经常和猪爸爸一起讨论孩子们会是什么样子的。猪太太说："宝宝生下来一定会像我，是漂亮的小粉猪。"猪先生摇着头说："不，宝宝一定会像我，是小黑猪。"猪太太和猪先生每天都会为快要出世的猪宝宝的模样争来争去。终于，猪太太到医院去生猪宝宝了。

猪先生到医院去接猪太太和孩子。他想到自己当了爸爸，就开心地笑着，说："哈哈，我当爸爸啦！我的孩子一定是小黑猪，长得一定和我一模一样！"猪先生在病房里看到了猪太太，着急地问："你生的是小黑猪还是小粉猪？"猪太太笑眯眯地看着猪先生，没有回答。猪先生又问："亲爱的太太，你快告诉我呀！"猪太太笑着说："我不说了，你自己看吧。"医生推了一辆小车子，上面睡了一排可爱的小猪娃娃，那是三只小黑猪，四只小粉猪，还有五只小花猪。猪先生一看傻眼啦，问猪太太："这些都是我们的孩子？"猪太太满心欢喜地说："当然，他们都是我们的孩子。你瞧，他们多可爱啊！"

中班故事活动案例

讲故事《爱笑的鲨鱼》

1. 准备工作

（1）环境布置准备：教师与幼儿共同布置海洋主题的环境，使幼儿认识鲨鱼、天使鱼、海星、刺鲀、水母、章鱼、鲶鱼等海洋动物。

（2）背景音乐准备：海浪声、欢快的音乐、急促紧张的音乐。

（3）图片准备：准备与故事相关的图片。

2. 故事导入

根据环境及情景的设置，导入故事内容。

（1）图片展示：天使鱼、刺鲀、海星依次出现，并伴有海浪声。

（2）"瞧！海底有谁？它们长得怎样？你们记住它们的名字了吗？"（使幼儿回忆以前所学的内容，并为讲故事做铺垫。）"现在老师要给大家讲一个非常非常有意思的故事，它们就在这个故事里，猜猜发生了什么了？"

3. 讲述故事前半部分内容

（1）"在遥远的、深深的、波涛汹涌的大海里，住着一条名叫笑笑的鲨鱼……"播放海浪声，并出示鲨鱼的图片。教师语气应当平和，且有些欢快。当讲到"可是，每当笑笑向鱼儿们微笑时，它们都会迅速躲开。"教师语气应当有些低沉，以表现鲨鱼笑笑不受欢迎时的低落感。

（2）当教师讲笑笑向其他动物打招呼"嗨！你愿意和我做朋友吗"时，应当是热情和兴奋，满怀希望的。而天使鱼、海星、刺鲀见到笑笑后的表情应当是害怕、惊慌的，同时教师要表现出以上动物见到鲨鱼笑笑后的动作。

当讲述到"笑笑咧着嘴对水母微笑、对章鱼微笑、对鲶鱼微笑"时，教师可以暂停一下，问幼儿："那么它们又怎样了呢？为什么？"幼儿讨论后，教师可以稍微总结一下："是呀！笑笑是鲨鱼，只要一笑就张开大嘴露出尖尖的牙齿，真令人害怕，所以它一个朋友也没有。"

（3）"鲨鱼笑笑想：'每个人都害怕我这又大又白的牙齿。'它呜呜地哭了起来，再也不喜欢微笑了。"此时，笑笑应当是非常低落和伤心的，教师应当根据笑笑的遭遇，结合它此时的心理，将笑笑的委屈与转变表现出来。

4. 讲述故事后半部分内容

（1）播放急促紧张的背景音乐，增加危机感和紧迫感，增强故事的感染力。

（2）讲完"鲨鱼笑笑远远地看着，但是总觉有点儿不对劲儿"后停顿一下，教师做思考状。后面一句，语速加快。鱼儿们的呼救声要表现出慌张和请求。"鲨鱼笑笑绕着渔网转了一圈又一圈。……"此时教师的表情应当是焦急的，语速稍快些。

（3）"'啊——啊——啊——'渔夫吓得大声尖叫，双手一松，重重的渔网落进了海浪里。"教师的表情是惊慌的，动作是迅速的，以表现出渔夫见到笑笑后惊慌失措的样子。而"饶了我吧，我放了它们"，教师应当表现出渔夫哀求的语气。

（4）最后播放欢快的背景音乐，以轻松、愉快的心情讲述后面故事内容。

附故事

《爱笑的鲨鱼》

——根据［英国］露丝·盖乐薇《爱笑的鲨鱼》原著改编

在遥远的、深深的、波涛汹涌的大海里，住着一条名叫笑笑的鲨鱼，它是大海里最爱笑、最阳光、最有趣、最喜欢交朋友的鱼，也是个头最大、牙齿最多的鱼。

每天，鲨鱼笑笑都能看见漂亮的鱼儿们，伴着朵朵浪花，在大海里下潜、摇摆、猛冲。鲨鱼笑笑也想跟它们一起游泳。可是，每当笑笑向鱼儿们微笑时，它们都会迅速躲开。

笑笑问天使鱼："嗨！你愿意和我做朋友吗？"天使鱼吓得浑身发抖，以最快的速度逃走了。

海星正在扭动、旋转、跳舞、跳跃。"太好玩了！"鲨鱼笑笑咯咯地笑着说，"嗨！你愿意和我做朋友吗？"可是海星看见它后，在海底翻着跟头，像轮子似的拼命地向远处滚去。

笑笑问刺鲀："嗨！你愿意和我做朋友吗？"刺鲀却把自己吹成了一个大刺球，狠狠地扎了鲨鱼笑笑的鼻子一下。

笑笑咧着嘴对水母微笑、对章鱼微笑、对鲶鱼微笑。可是它们都跑了，跑得远远的。鲨鱼笑笑想："每个人都害怕我这又大又白的牙齿。"它呜呜地哭了起来，再也不喜欢微笑了。

哗啦！哗啦！鱼儿们摇头摆尾，打着水花，跳着舞蹈。不过这会儿它们的动作要比平常快好多。鲨鱼笑笑远远地看着，但是总觉有点儿不对劲儿。鱼儿们全都被网住了！"救命啊！"鱼儿们大叫起来，"鲨鱼笑笑快来帮帮我们吧！"

鲨鱼笑笑绕着渔网转了一圈又一圈。它能做什么呢？怎么样才能帮上忙呢？鲨鱼笑笑唯一能做的就是"笑"！

鲨鱼笑笑张大嘴，对着渔夫笑起来。"啊——啊——啊——"渔夫吓得大声尖叫，双手一松，重重的渔网落进了海浪里。渔夫喊道："饶了我吧，我放了它们！"

"奥耶！"鱼儿们欢呼起来，"我们得救啦！谢谢你，鲨鱼笑笑！"

从那以后，在遥远的、深深的、波涛汹涌的大海里，我们都能看到：鲨鱼笑笑和它的朋友们一起，下潜、猛冲、拍水花，当然还有笑！

大班故事活动案例

讲故事《鸭妈妈找蛋》

1. 准备工作

鸭妈妈、母鸡、老山羊、老黄牛的头饰或者手偶，供幼儿模仿表演使用。

2. 故事导入

教师头戴鸭妈妈的头饰，学鸭妈妈走路。引出故事的主人公——鸭妈妈。以"小朋友们，这是什么?""这是鸭妈妈，听说她下的蛋特别漂亮，但是它有一个很不好的毛病，想知道是什么吗？那就跟着老师一起来看看吧"引出故事来。

3. 讲述故事

(1)"哎呀，多可爱的鸭蛋！"教师展示鸭蛋图片，并用夸赞的语气说。"啊！那是我生的蛋。"此时，教师的神态应当是骄傲的，在讲到"可是鸭妈妈有个毛病"时，语调应该高一些，以提醒幼儿注意，还可以稍微停顿一下。

(2)讲述鸭妈妈找蛋时，表情应当是焦急的，语速稍微快些，以体现鸭妈妈焦急的心态。当讲到"牛大伯，您看见我的蛋吗？您捡过我的蛋吗?"的"牛大伯"后老师可以停顿一下，提问幼儿"鸭妈妈说了什么呢?"使幼儿回忆前面，鸭妈妈说的话——"您看见我的蛋吗？您捡过我的蛋吗?"培养幼儿的记忆力和语言表达能力。"你老是丢三落四的，可不好。"此时，"老是"的语调稍高些，以突出鸭妈妈丢三落四的毛病。

(3)"我忙得很哪！又要游水、又要捉小鱼小虾，还要下蛋，一忙就忘了蛋生在哪儿啦?"此时，教师的语速快些，以体现鸭妈妈的忙碌。

在"你说你忙，那我呢? 耕地、拉车、磨面，可不像你丢三落四的，你呀，做事不用脑子。"中强调一下"丢三落四"。

(4)在故事最后，鸭妈妈回想的过程，教师的语速要放慢些，以体现出回忆的样子。在"噢! 想起来了……"中，教师要有恍然大悟的表情。最后"今天我……我还没生蛋呢!"要有难为情的表情。

4. 复述表演故事

幼儿复述故事或者改编故事或者鼓励幼儿分角色表演故事。

附故事

《鸭妈妈找蛋》

鸭妈妈生鸭蛋，那鸭蛋就像姑娘的脸蛋，谁见了都说:"哎呀，多可爱的鸭蛋!"鸭妈妈听了，乐得"嘎嘎"地一直叫:"啊! 那是我生的蛋。"可是鸭妈妈有个毛病，她走到哪儿要生蛋就生在哪儿，所以她常常找不着自己的蛋。

有一天傍晚，鸭妈妈又忘了在哪儿生蛋了，在院子里跑来跑去，怎么也找不着! 就问母鸡:"鸡大姐，您看见我的蛋吗? 您捡过我的蛋吗?""我没看见。"

鸭妈妈赶紧跑出院子，正碰上老山羊带着小山羊回家，鸭妈妈忙问老山羊:"羊大叔，您看见我的蛋吗? 您捡过我的蛋吗?""我没捡过你的蛋，你到池塘边看看吧!"

鸭妈妈蹦到池塘边，找了好一阵子，还是没找着，回到院子里，碰到老黄牛回家了，就问:"牛大伯，您看见我的蛋吗? 您捡过我的蛋吗?""啊! 我可没看见你的蛋，也没捡过你的蛋，你老是丢三落四的，可不好。"

鸭妈妈叹了口气说:"我忙得很哪! 又要游水、又要捉小鱼小虾，还要下蛋，一忙就忘了蛋生在哪儿啦?""你说你忙，那我呢? 耕地、拉车、磨面，可不像你丢三落四的，你呀，做事不用脑子。"

鸭妈妈拍了拍脑袋说:"噢，不是我不用脑子，而是我的脑子有毛病。""别着急，好好想想，你今天都到过哪些地方?"鸭妈妈低下头，从大清早出屋想起:池塘边? 没生过蛋;草地里? 也没生过蛋;树林里? 根本没去过。噢! 想起来了……她挺难为情地低着头说:"今天我……我还没生蛋呢!"

小·结

本章主要讲述了幼儿园教师应当如何讲故事。其中包括讲故事前的准备工作、选择故事、掌握讲故事的技巧以及案例展示。

讲故事前的准备工作有：准备幼儿；准备故事；准备丰富的教育教学活动。

选择故事时应注意：选择的故事内容要与教学主题相联系；故事要符合幼儿的年龄特点；故事要体现中国的传统文化；故事内容要与时俱进，具有时代性；故事要有教育意义；故事本身能激发幼儿兴趣，调动幼儿积极性。

掌握讲故事的技巧包括：根据幼儿发展水平选择合适的故事内容；讲故事时要适当增加肢体语言；要善于运用声音来塑造人物形象；灵活使用故事教学中的组织方法；利用辅助手段提高讲述效果。

案例展示主要选择了适合小班、中班和大班三个年龄段的故事，进行讲解分析。教师在讲故事时需要注意了解幼儿的发展状态、创设良好的故事情境、选择恰当的故事内容、掌握适宜的讲故事技巧，这样讲的故事才能生动有趣，幼儿才会喜欢，才能达到预期的效果。

关键术语

幼儿园教师　讲故事　技巧

思考题

1. 讲故事前的准备工作有哪些？
2. 选择故事时应当注意几点？
3. 讲故事的技巧有哪些？
4. 故事讲述中运用提问法应该注意什么？

建议的活动

请学生给小、中、大年龄班幼儿各准备一个故事，并说明选择理由。利用实习机会，讲给孩子听。讲完后可根据幼儿的反应及目标的达成程度，对所讲的故事进行评析，继续改进。

第二编

弹奏技能

第五章　弹奏技能基础知识介绍

幼儿歌曲弹奏是学前教育专业学生以及幼儿教师必备的一项专业技能。作为艺术领域活动之一的幼儿歌曲弹奏教学，为未来幼儿教师充分的理解和尊重幼儿的艺术表现，培养幼儿在艺术领域发现美、欣赏美、表现美、创造美等方面奠定了基础。

幼儿园教师要具备将乐理知识、钢琴技能、键盘和声理论、声乐技巧等知识综合运用的能力，我们设置这一技能课程目的是使学生具备伴奏编配的能力和自弹自唱能力，还要具有感染力的演唱和创编歌曲的能力。

本部分主要培养学生幼儿歌曲伴奏的技能，培养目标有三。

第一，要根据歌曲的旋律选择伴奏音型。

第二，要根据幼儿对音乐的感受和欣赏特点，选择不同的音色、快慢和强弱。

第三，要结合歌曲的风格类型，如：轻快活泼的、优美抒情的、朝气蓬勃的等，选择伴奏音型。把握以上要点是提高学前教育学生以及幼儿教师伴奏能力必不可少的重要内容，同时也有助于激发幼儿对音乐、对艺术的欣赏能力，丰富幼儿对音乐的感受和创造能力。

为了突出教材的实用性，我们选择的练习曲大部分是配有歌词的幼儿歌曲，以便于学生毕业后在工作中应用。本部分也简单地介绍了一些幼儿歌曲演唱的方法和技巧，要求学生加入自己对歌曲的理解，注重情感表达和表情表现，这样演唱出来的歌曲才能够吸引幼儿的注意力，带动幼儿共同参与，共同演唱和表演，提高幼儿的艺术表现力和创造力。

在学生弹奏熟练之后，可以将歌曲的"弹"和"唱"结合起来，自弹自唱协调配合，用熟练的弹唱技能弹唱出悦耳动听的歌曲来吸引孩子的注意力，让幼儿能积极主动地接受教师的授课内容，对老师产生一种亲切感和信赖感，愿意表达自己的内心感受，愿意展示自己，最终使幼儿的想象力和创造力得到充分的发挥。

本编根据《幼儿园教育指导纲要（试行）》和《3～6 岁儿童学习与发展指南》的要求，把钢琴知识、相关乐理知识和弹唱知识加以整合，形成整体的音乐知识体系，并在教学内容中，注重理论与实践的结合，具有丰富的理论性、较强的实践性、较多的趣味性、广泛的普及性，力求使各层次的学生都能接受和理解，最终提高他们热爱儿童、热爱幼教事业的良好职业素质和综合素养。

第六章　钢琴基础知识

第一节　认识钢琴

一、认识钢琴

钢琴(英文:piano)是源自西洋古典音乐中的一种键盘乐器,它由键盘、踏板、调音钉、琴槌、制音器、琴胆、响板等部分组成。普遍用于独奏、重奏、伴奏等演出。对于学习弹钢琴的人来说,掌握钢琴的键盘尤为重要。从直观上看,钢琴的键盘是由黑键和白键共计 88 个键所组成。其中黑键 36 个,白键 52 个。如果仔细观察黑键和白键就会很容易发现二者的分布和排列呈现的规律性。即:黑键是两个一组和三个一组。如图 6-1:

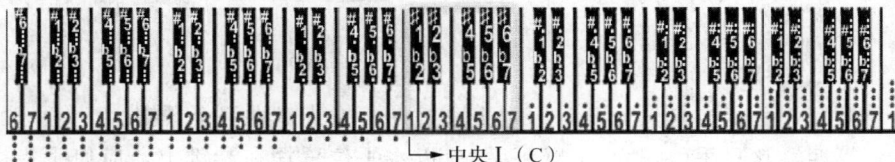

图 6-1

弹奏者通过按下键盘上的琴键,牵动钢琴里面包着绒毡的小木槌,继而敲击钢丝弦发出声音。钢琴因其独特的音响、宽广的音域、绝美的音色,被誉为"乐器之王"。

二、键盘练习

根据黑键和白键的分布规律，在钢琴上快速弹奏出所有唱名是"do"和"sol"的音。

第二节　钢琴弹奏的基本姿势与手形

弹奏钢琴的正确姿势要在自然、放松的基础上取得坐势、脚支点、手支点三个重力支点的平衡、协调。以求最终服务于手在弹奏时力量运用的准确和力度色彩变化的敏锐，有利于演奏技巧的发挥和艺术表现的自如。

一、手形的基本要点

第一，手指自然弯曲，同手掌一起构成一个半圆，呈空握球状。

第二，掌骨关节（通常称第三关节）及所有手指关节都应凸起（如图 6-2）。应避免和纠正最易出现的手指第一关节和第三关节（指掌关节）塌陷呈凹状（如图 6-3）。

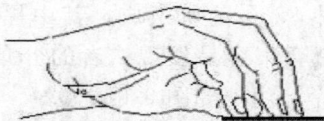

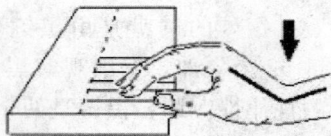

图 6-2　　　　　　　　　　　　图 6-3

第三，手指应自然分开，原则上刚好一个指头对准一个琴键。

第四，整只手（从整个前臂到手）应以水平位置摆在琴键上，应使手指摆正，与琴键排列平行、大指应同样放在琴键上面。

第五，手指触键的基本位置应取在白键与黑键距离的约三分之一处。当触按黑键时，整只手应向黑键位置前移，手指应弹奏在黑键前端位置。

二、指法标记

用阿拉伯数字"12345"分别表示 5 个手指，通常记写在音符的上方或下方，一般只标在重要的音符或有特殊要求的地方。

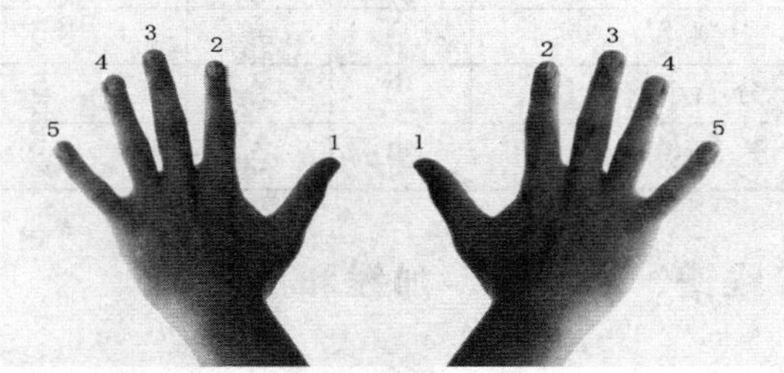

图 6-4

三、触键练习

可利用儿歌口诀学习。

小榔头

五个小榔头，落在琴上头。

右手：do re mi fa sol,　　sol fa mi re do

弯曲站结实，快落有劲头。

左手：do si la sol fa,　　fa sol la si do

第三节　演奏知识入门

一、认识音符

儿歌口诀：

圆圈爸爸唱四拍，呜———

勺子妈妈唱两拍，匡—

蝌蚪自己唱一拍，咚

之后的八分音符、十六分音符以此类推，每往下一个就减少一半。

表 6-1　音符表

名　称	音符	时值	简谱记法
全音符	𝅝		5 — — —
二分音符	𝅗𝅥	$\frac{1}{2}$	5 —
四分音符	♩	$\frac{1}{4}$	5
八分音符	♪	$\frac{1}{8}$	5̲
十六分音符	♬	$\frac{1}{16}$	5̳
三十二分音符	♬	$\frac{1}{32}$	5̴
六十四分音符	♬	$\frac{1}{64}$	5̴

二、认识五线谱、四个间、加线和加间

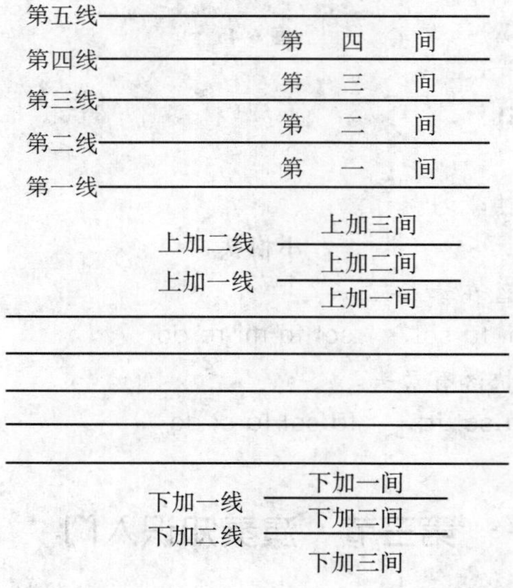

第五线————————————————————
　　　　　　　　　第　四　　间
第四线————————————————————
　　　　　　　　　第　三　　间
第三线————————————————————
　　　　　　　　　第　二　　间
第二线————————————————————
　　　　　　　　　第　一　　间
第一线————————————————————

上加二线　　　　上加三间
上加一线　　　　上加二间
　　　　　　　　上加一间

下加一线　　　　下加一间
下加二线　　　　下加二间
　　　　　　　　下加三间

图 6-5

三、认识谱号、谱表

(一)高音谱号、谱表

高音谱号与五线谱结合就产生了高音谱表。

(二)低音谱号、谱表

低音谱号与五线谱结合就产生了低音谱表。

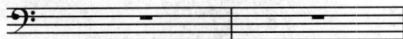

四、认识小节、小节线、段落线、终止线

| 小节 | 小节 | 小节 | 小节 |

小节线　　　　段落线　　　　小节线　　　终止线

五、中央 C

五线谱上，高音谱表里的下加一线为中央 C。

六、拍号

$\frac{4}{4}$　　四分音符为一拍，每小节四拍。

$\frac{2}{4}$　　四分音符为一拍，每小节二拍。

$\frac{3}{4}$　　四分音符为一拍，每小节三拍。

$\frac{6}{8}$　　八分音符为一拍，每小节六拍。

$\frac{3}{8}$　　八分音符为一拍，每小节三拍。

$\frac{9}{8}$　　八分音符为一拍，每小节九拍。

小·结

本章主要了解钢琴的基础知识，钢琴弹奏的基本姿势与手形，认识了五线谱、谱号、谱表以及各种音符。掌握不同音符的不同时值。按要求做正确的触键练习。

关键术语

钢琴　键盘　踏板　调音钉　琴槌　制音器　琴胆　响板　音符及其音值　五线谱及其结构　高音谱号　低音谱号　小节　小节线　段落线　终止线　中央 C

练习题

1. 手指触键练习，继续在五线谱上巩固识别右手 do re mi fa sol 的位置，以及左手 do re mi fa sol 的位置。

2. 在五线谱上书写高音谱号、低音谱号、全音符、二分音符、四分音符、八分音符、十六分音符、三十二分音符以及所学拍号。

第七章 左右手弹奏训练、双手配合弹奏训练、C大调音阶弹奏训练

第一节 左右手弹奏训练

一、右手弹奏练习

(一)右手手指练习,学弹 do, re, mi, fa, sol

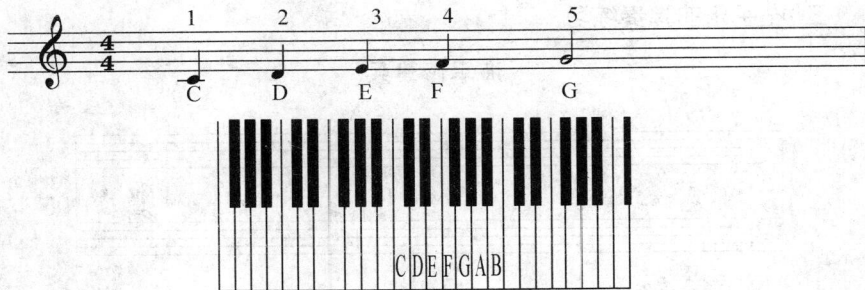

图 7-1

注:谱例中的数字为指法标记。

（二）右手乐曲弹奏练习

玛丽有只小羔羊

二、左手弹奏练习

（一）左手手指练习，弹奏 do，re，mi，fa，sol

（二）左手乐曲弹奏练习

海军修建兵

第二节　双手配合弹奏训练、C大调音阶弹奏训练

一、学看大谱表

学看谱表与键盘对照表，双手同时练习弹奏 do，re，mi，fa，sol、la，si，do。

（一）大谱表与钢琴键盘对照表

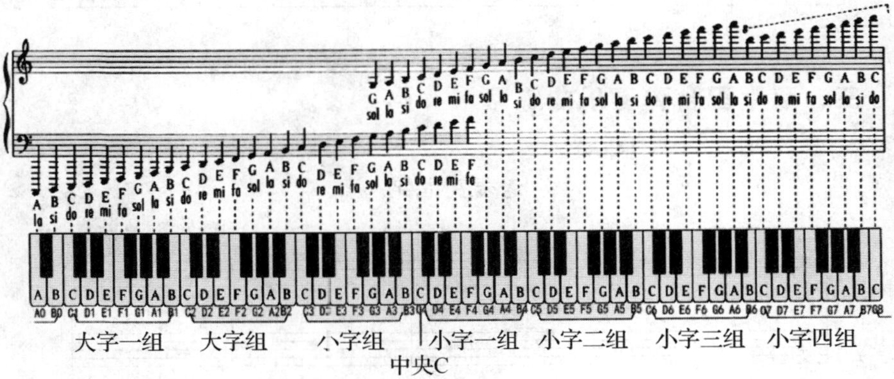

图 7-2

（二）双手同时弹奏练习

二、C大调音阶弹奏

(一)认识C大调音阶

音名：C D E F G A B C
唱名：do re mi fa sol la si do

(二)C大调音阶练习曲

三、双手配合弹奏乐曲练习

老麦克唐纳

小结

通过练习，加强了左右手弹奏的触键技巧，本章我们还通过对几首有趣幼儿歌曲的弹奏学习，掌握了C大调音阶的弹奏。

关键术语

C大调　音阶

练习题

1. 右手巩固练习弹奏do，re，mi，fa，sol。

2. 左手巩固练习弹奏do，re，mi，fa，sol。

3. 继续巩固弹奏幼儿歌曲《海军修建兵》。

4. 巩固练习C大调音阶练习曲。

5. 背谱弹奏《老麦克唐纳》，练习时注意：

(1)高音谱号和低音谱号的视谱；

(2)音符时值长短的区分和弹奏；

(3)左右手的配合以及指法。

第八章 伴奏音型基本理论及弹奏训练

第一节 大调正三和弦及属七和弦的连接

一、大调式的音级名称及标记

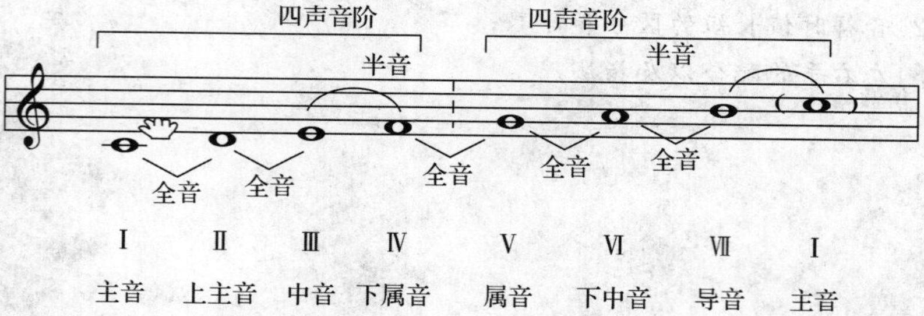

图 8-1

二、正三和弦

在自然大调中最常用的三和弦共有三个，称为正三和弦。即在Ⅰ级上的主三和弦；Ⅳ级上的下属三和弦；Ⅴ级上的属三和弦。主功能用字母 T 表示，下属功能用字母 S 表示，属功能用字母 D 表示。在自然大调中，它们是大三和弦；在自然小调中，它们又都是小三和弦，其他各级三和弦称为副三和弦。

功能：Ⅰ级三和弦称为主和弦，是调式中各和弦的中心，具有稳定的功能；Ⅳ级三和弦称为下属和弦。下属和弦位于主和弦下方纯五度，从下属方向支持主和弦，具有不稳定的功能。Ⅴ级三和弦称为属和弦，属和弦与主和弦的关系最近，对于主和弦的和声倾向性最强烈，给主和弦的支持最大，具有更不稳定的功能。

三、属七和弦

属七和弦，又称大小七和弦，它在大三和弦上方叠加了一个小三度的音程，从根音至七音是小七度音程。由于这种和弦常将根音建立在属音上，因此又可以称其为属七和弦。

功能：在不同的调式中，属七和弦性质是不同的。属七和弦具体来说便是在该调式中的Ⅴ音（属音）上构成的七和弦。自然大调、和声大调、和声小调、旋律小调中，属七和弦的性质是大小七和弦，在自然小调、旋律大调里则是小七和弦。本调属七和弦的特征是降七级和弦，可以完成下属音功能的转调。属七和弦具有不和谐性，可以强调属音，气氛略微紧张，多用于狂欢节音乐。

四、C大调正三和弦和属七和弦（转位）的连接

五、键盘练习

1. I — V — I
2. I — IV — I
3. I — IV — V — I
4. I — IV — V₇ — I

第二节　常用基本伴奏音型

一、基本伴奏音型

(一)柱式和弦

所有的和弦音符同时发生，并以一定的节奏重复，在五线谱书写时看上去如同一根根的柱，这样的和弦结构叫柱式和弦。（如图 8-2 所示）

图 8-2

(二)半分解和弦

半分解和弦是将和弦音部分分解，如单音＋双音、双音＋双音等。（如图 8-2 所示）

(三)分解和弦

分解和弦是将和弦音分解成一个个单音进行演奏。（如图 8-2 所示）

(四)琶音

一串和弦音从低到高或从高到低依次连续奏出，可视为分解和弦的一种。

二、伴奏音型的选择

　　首先，在拿到乐谱后，应对歌曲的题材风格、音乐形象进行了解与分析。不同体裁的歌曲具有不同的音乐特征，不同的音乐形象对伴奏音型设计的要求也大不相同。一首有较高艺术价值的歌曲是歌词与旋律相结合的完美统一体，因此对歌曲体裁风格、内容形象的分析包含对歌词与旋律两个方面的分析。歌词是音乐内容最直接的表达，它的含义、表达方式与旋律的调性与调式、速度与节拍、旋律线与节奏息息相关，而旋律又是歌曲作品的核心，因此要在对歌词理解的基础上，对旋律的风格特点、进行方式、节奏特性有一定的认识，才能形成对伴奏的粗略构思和伴奏音型的初步设计。

　　其次，在此分析的基础上，还要对歌曲的曲式结构有明确的了解。只有对曲式结构有了明确的分析，才能对各部分伴奏音型的设计做出合理的运用，伴奏音型的转换与对比才有了理论的依据。

　　再次，和声的配置，在对歌曲的内容形象与旋律调性分析的基础上，选择合理且有表现力的和声，是即兴伴奏的关键，更是设计伴奏音型的基础，展开即兴伴奏的前提。

　　最后，是设计伴奏音型。伴奏音型的选择很大程度上直接体现着歌曲的音乐形象，而音型的形式又多样，因此要根据自身的钢琴演奏水平，创造性地设计能突出歌曲音乐形象的伴奏音型。伴奏音型的设计应多几种方案，并试弹比较，在不断的尝试中完成这一艺术创作过程。确定了伴奏音型后，还可以从伴奏织体的层次上做一些更细微的加工。

三、基本伴奏音型练习

(一)柱式和弦

I_6

(二)半分解和弦

I   IV V_7 I

(三)分解和弦

I   IV V_7 I

(四)琶音

小·结

本章以正三和弦和属七和弦为主，分别讲解了几种常用的实用伴奏音型，虽然单纯套用某种基本音型有时显得刻板，但在最初的入门阶段仍不失为一种行之有效的办法。学生需通过大量练习和实践才能达到掌握运用的程度。

关键术语

正三和弦　属七和弦　柱式和弦　半分解和弦　分解和弦 琶音

练习题

1. 练习弹奏 C 大调正三和弦和属七和弦（转位）的连接。

2. 在 C 大调上分别进行柱式和弦、半分解和弦、分解和弦以及琶音伴奏音型弹奏练习。

第九章 C大调幼儿歌曲弹唱训练

第一节 四二拍幼儿歌曲弹唱训练

一、乐理贴士

(一)八分音符

儿歌口诀:辫子妹妹唱半拍,嗒。

$\flat$ = 半拍

(二)附点音符

附点:一个圆圆的小点"·",延长前面音符时值的一半。比如,附点二分音符时值是三拍,附点四分音符时值是一拍半。

♩. = ♩ + ♪ = 一拍半

(三)四二拍

以四分音符为一拍,每小节有两拍的一种常见单拍子。强弱关系为一强一弱的循环规律。

二、弹奏训练

C大调左手柱式和弦伴奏音型练习

I   IV   V   V₇   I

三、幼儿歌曲弹唱练习

练习（一）

国旗国旗真美丽

国　旗　国　旗　真　美　丽，

金　星　金　星　照　大　地。

我　愿　变　朵　小　红　云，

飞　上　蓝　天　　亲　亲　您。

练习提示：

《国旗国旗真美丽》是一首 $\frac{2}{4}$ 拍、四乐句的一段体儿童歌曲。歌曲的旋律流畅、亲切。歌词简洁，多为一字一音，简单易唱。抒发了孩子们赞美与喜爱国旗的真挚情感。通过感受和体验歌曲所表达的情感，让孩子们在音乐中，在歌唱里来感受、体验和表达对国旗的赞美和喜爱之情；培养学生审美情趣，丰富情感体验。

练习（二）

洋娃娃和小熊跳舞

练习提示：

学会歌曲，能够欢快、愉悦的演唱，培养学生乐观活泼的情感；学会歌唱表演，培养学生动作的协调性，能跟着音乐有表情的进行律动；初步训练学生创编歌词的能力，发挥学生的想象与创造能力。

第二节　四四拍幼儿歌曲弹唱训练

一、乐理贴士

（一）认识休止符

全休止　　　　二分休止　　　　四分休止　　　　八分休止　　　　十六分休止

图 9-1

（二）前十六与后十六节奏型

图 9-2

（三）反复记号

1.

分两种情况演奏：如果只出现此反复记号的后半部分，那么就要从头反复至结束；如果此反复记号全部出现，则只重复反复记号里面的旋律。

2. D. C. 记号

意大利语：da capo，从头反复。当出现 Fine 记号时则反复至 Fine 记号结束。

3. D. S. 记号

意大利语：dal segno，从记号处重复。记号为"※"，从该记号处重复。

4. 反复跳跃记号

反复跳越记号是段落反复记号的一种补充，一般有 1，2 两端，弹奏时从头到 1 结束，再从头弹跳过 1 弹 2，然后结束。

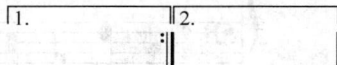

85

（俗称一房子，二房子）

(四)四四拍

四四拍：四四拍会把长音(时值较长的音)放在 1 或 3 拍上，因为长音本身就能表现比较强化曲调的感觉，因此四四拍的强弱规律是强弱次强弱。

(五)扩指与缩指

1. 扩指

又叫手指的伸展，把手横向张开，如：1 指对应"mi"，3 指对应"si"，1 指到 3 指有 3 个手指，而"mi"和"si"之间有 5 个白键。

2. 缩指

又叫手指的收缩，把手横向紧缩，如：1 指对应"do"，5 指对应"mi"，1 指到 5 指有 5 个手指，而"do"和"mi"之间有 3 个白键。

二、弹奏训练

(一)C 大调左手半分解和弦伴奏音型练习

(二)C 大调左手分解和弦伴奏音型练习

三、幼儿歌曲弹唱练习

练习(一)

数鸭子

门前大桥下　游过一群鸭。

快来快来数一数　二四六七八，　咕嘎　咕嘎　真呀真多呀，

数不清到底　多少鸭，　数不清到底　多少鸭。

练习提示：

这是一首具有说唱风格的形象生动、活泼有趣的童谣创作歌曲，$\frac{4}{4}$拍。歌词描述了小朋友看到鸭群游过大桥、兴奋地数鸭子的情形。歌曲说唱结合，表现出儿童活泼可爱的天性，童趣盎然。反映了富裕了的农民的幸福生活。

练习（二）

小红帽

我独自走在　郊外的小路上，我把糕点带给外婆　尝一尝。

他家住在又　远又僻静的地方，我要当心附近是否　有大灰狼，

当太阳下山冈，　我要赶回家，　同妈妈一同进入　甜蜜梦乡。

练习提示：

这是一首巴西的儿童歌曲。C大调，是六个乐句构成的一段体。歌词以第一人称叙述了孩子所熟悉的"小红帽"的故事，歌曲旋律流畅，给人印象深刻，音乐形象既有统一又有对比。

第三节 四三拍幼儿歌曲弹唱训练

一、乐理贴士

(一)附点二分音符

在二分音符右侧加一个小圆点，即附点二分音符。附点二分音符的时值是三拍。如图：

图 9-3

(二)四三拍

以四分音符为一拍，每小节有三拍的一种常见单拍子。

强弱关系：

$$\frac{3}{4} \quad X \quad X \quad X \mid X \quad X \quad X$$

强 弱 弱 强 弱 弱

图 9-4

二、弹奏训练

C大调左手琶音伴奏音型练习

Ⅰ Ⅳ Ⅴ Ⅰ Ⅴ₇ Ⅰ

三、幼儿歌曲弹唱练习

雪绒花

罗杰斯 曲

雪绒花, 雪绒花,

每天清晨迎接我,

小而白, 纯又美,

总很高兴遇见我。

雪似的花朵深情开放，

愿永远鲜艳芬芳，

雪绒花，雪绒花，

为我祖国祝福吧。

练习提示：

《雪绒花》是美国电影《音乐之声》中的一首插曲，歌曲格调优雅恬静，情绪没有较大起伏，歌曲通过对雪绒花的赞美，抒发了对大自然的热爱，寄托了主人公对亲人、对祖国深深的怀念和祝福之情。

小·结

本章通过对三种不同节拍的幼儿歌曲弹唱训练，进一步学习了每一种节拍的强弱关系，以及如何对不同风格的乐曲选择适当的伴奏音型，同时训练学生初步的自弹自唱的能力。

关键术语

八分音符　附点音符　四二拍　休止符　前十六与后十六节奏型　反复记号　四四拍　扩指缩指　附点二分音符　四三拍

练习题

1. 巩固练习C大调左手半分解和弦伴奏音型、C大调左手分解和弦伴奏音型练习。

2. 选择一首欢快活泼的四四拍幼儿歌曲，尝试用半分解和弦或分解和弦进行伴奏。

3. 巩固练习C大调左手琶音伴奏音型。

4. 选择一首抒情优美的四三拍幼儿歌曲，配以琶音伴奏音型练习。

第十章 a 小调幼儿歌曲弹唱训练

第一节   a 小调式正三和弦及属七和弦

一 、小调式正三和弦

由七个音级构成的调式，具有柔和、暗淡的色彩。小调式以"la"做主音，即 la、si、do、re、mi、fa、so、la，第Ⅰ、Ⅳ、Ⅴ级音（即 la、re、mi）是调式的正音级，在正音级上建立的三和弦就是正三和弦。

例如：

| Ⅰ | Ⅱ | Ⅲ | Ⅳ | Ⅴ | Ⅵ | Ⅶ | Ⅰ |
| la | si | do | re | mi | fa | sol | la |

二、a 小调正三和弦及属七和弦的连接

| Ⅰ | Ⅳ | Ⅴ | Ⅰ | Ⅰ | Ⅳ | Ⅴ₇ | Ⅰ |

三、键盘练习

1. I—V—I
2. I—IV—I
3. I—IV—V—I
4. I—IV—V₇—I

第二节　a 小调幼儿歌曲弹唱训练

一、乐理贴士

(一)歌曲的前奏

前奏又称"引子"，出现在歌唱之前的部分，在钢琴伴奏中指在歌唱者演唱之前由钢琴弹奏的部分。前奏起着预示歌曲的情绪、意境、节奏、调性等作用，使演唱者在演唱进入时更加准确。前奏的编配方法：最常见的方法是把歌曲的最后一句作为前奏，其特点是首尾相连，自然默契。

(二)穿指与跨指

穿指，或"拇指潜移"，也有人称其为"钻山洞"，就是 1 指从 2 指或 3 指或 4 指下面穿过，去弹奏更高的音的指法。

跨指，或"跨越拇指"，就是 2 指或 3 指或 4 指从 1 指上面越过，去弹奏更低的音的指法。注：跨指正是穿指的逆运算。

二、基本伴奏音型的弹奏训练

(一)a 小调左手柱式和弦伴奏音型练习

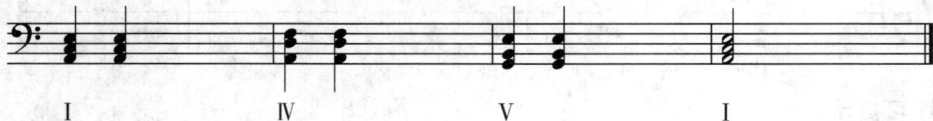

93

（二）a 小调左手半分解和弦伴奏音型练习

I　　　　Ⅳ　　　　Ⅴ　　　　I

（三）a 小调左手全分解和弦伴奏音型练习

I　　　　Ⅳ　　　　Ⅴ　　　　I

（四）a 小调左手琶音伴奏音型练习

I　　　　Ⅳ　　　　Ⅴ　　　　I

三、幼儿歌曲弹唱练习

关电灯

汪颖　词曲

电灯　亮晶晶　睁着大眼睛，　　出门

要记住　随手关上　灯，　　随手关上　灯。

练习提示：

在弹奏过程中应注意双音的弹奏，要求手指下键要整齐，力量要均衡。

小结

本章主要学习了 a 小调正三和弦和属七和弦的平稳连接，进而让学生掌握 a 小调的幼儿歌曲编配伴奏的一般原则与技巧。

关键术语

小调式正三和弦　a 小调正三和弦　属七和弦　前奏　穿指　跨指

练习题

1. 巩固 a 小调正三和弦及属七和弦的连接。
2. 巩固练习 a 小调四种基本伴奏音型。
3. 背谱弹唱幼儿歌曲《关电灯》。

第十一章　F大调幼儿歌曲弹唱训练

第一节　四二拍幼儿歌曲弹唱训练

一、乐理贴士

（一）变音记号

常用的变音记号有三种："♯"升号是将白键音向右升高半音；"b"降号是将白键音向左降低半音；"♮"还原号是将升高或降低的音还原为白键上的音。变音记号有两种用途：（1）用作调号（只用升号、降号）；（2）当作临时记号，即临时升高、降低或还原某一个音，临时记号的用法是只对本小节的某一个音或其后面的同音高的音有效。

（二）F调

紧跟高音谱号第三线的位置有一个"b"记号，这就代表F调。看到此标记表明乐曲从头到尾遇到"si"（7）都要降低半音，弹成"降si"（b7）。

如图：

（三）切分音

改变节拍强、弱规律的非常规性音值组合，形成了切分节奏，在切分节奏中时值较长的并具有强声效果的音为切分音。

例如：

$$\underline{\times \times \times}$$
$$\diagdown \wedge \diagup$$

切分节奏练习：

×× | ×. ×. | ×××× | ×× | ×××× | × 0 | ×××× | × 0 |

我 是　勇 敢　小花猫　咪 咪，喵喵喵 喵　　喵喵喵 喵。

二、弹奏训练

（一）F大调正三和弦及属七和弦（转位）的连接

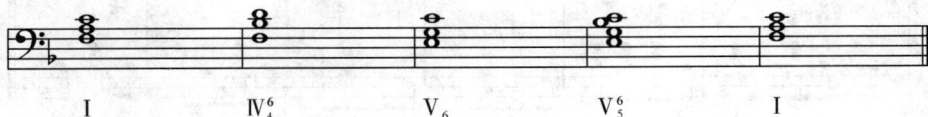

I　　　　IV$_4^6$　　　　V$_6$　　　　V$_5^6$　　　　I

（二）F大调左手半分解和弦伴奏音型练习

I　　　　IV　　　　V$_7$　　　　I

三、幼儿歌曲弹唱练习

小鸭子

潘振声　词曲

我们村里　养了一群　小鸭　子，　我

97

练习提示：

歌曲《小鸭子》是著名作曲家潘振声的作品，其旋律明快，词句上口，是深受小朋友喜爱的一首儿童歌曲。

第二节　四四拍幼儿歌曲弹唱训练

一、乐理贴士

琶音记号：记写在柱式和弦前面，用以表示本和弦的音自下而上地快速分散奏出，用"　"标记。

例如：

二、弹奏训练

（一）F大调左手柱式和弦伴奏音型练习

I   IV   V   I

（二）F大调左手琶音伴奏音型练习

I   IV   V   I

三、幼儿歌曲弹唱练习

练习（一）

敲小鼓

夏志刚 词曲

敲 小 鼓 敲 小 鼓，我敲鼓心 咚 咚咚咚，

敲 小 鼓 敲 小 鼓，我敲鼓边 哒 哒哒哒。

练习提示：

    这是一首欢快活泼的儿童歌曲，弹奏速度可稍快，伴奏音型的弹奏要整齐、有弹性。

练习（二）

送　别

约翰·奥思特　曲　李叔同　词

长亭外　　古道边，　　芳草碧连

天，　　晚风拂柳笛声残，

夕阳山外山。　　天之涯

地之角，　知交半零落，　　一壶浊酒

尽余欢，　今宵别梦寒。

练习提示：

《送别》是我国 20 世纪初的一首学堂乐歌，歌曲选自美国作曲家奥思特的作品《梦见家和母亲》，由我国著名艺术家李叔同填词。曲调优美清新，并略带哀愁，歌词以长短句结构写成，语言精练，感情真挚，意境深邃。

第三节　四三拍幼儿歌曲弹唱训练

一、乐理贴士

（一）自由延长号"⌢"

表示该音符的时值在一定程度上的延长。

（二）跳音"·"

表示弹奏时要短促、有弹性，弹奏该音符时只弹奏原来音符时值的一半。

（三）连音线

记在不同音高上具有圆滑作用的符号，用"⌢"表示。对于声乐曲来说具有一字多音的作用；在钢琴演奏中连音记号之内的音要弹奏的连贯，不能出现抬手的动作。

（四）弱起小节

乐曲由弱拍或弱位开始，形成声音的弱起，而这个弱拍或弱位起音的小节就叫作弱起小节。通常乐曲的开始是一个"不完全小节"与结尾的最后一小节共同构成一个"完整小节"。

二、弹奏训练

（一）F 大调左手半分解和弦伴奏音型练习

I　　　　VI　　　　V　　　　I

（二）F 大调左手分解和弦伴奏音型练习

I   IV   V   I

三、幼儿歌曲弹唱练习

练习（一）

生日快乐

米尔切特 词 希 尔 曲

祝你 生 日 快 乐，祝你 生 日 快

乐，祝你 生 日 快 乐，祝你 生 日 快 乐。祝你

生 日 快 乐，祝你 生 日 快 乐。

练习提示：

  要求认识延长记号的标志，弹奏时注意低音谱表中跳音的弹奏方法。

练习（二）

春 天

周致中 词 王履三 曲

青 青 的 杨 柳 随 风 飘，

小 小 的 燕 子 飞 来 了，

春 天 的 阳 光 多 温 暖，

祖 国 的 春 天 多 美 好。

啦 啦 啦 啦 啦 啦啦啦 啦，

祖　国　的　　春　天　　　多　美　　好。

练习提示：

左手弹奏时应注意分解和弦要求颗粒清晰，力度均匀流畅。

小·结

本章反复练习了 F 大调的各种不同的伴奏音型，了解了一些音乐当中的表情记号。练习时注意跳音的弹奏技巧，弹奏时要短促、有弹性。

关键术语

变音记号　F 调　切分音　琶音记号　延长号　跳音　连音线　弱起小节

练习题

1. 继续巩固练习切分节奏。

2. 巩固练习 F 大调正三和弦及属七和弦（转位）的连接。

3. 背谱弹唱幼儿歌曲《小鸭子》，弹奏时请注意：

(1)切分音的弹奏；(2)半分解伴奏音型的把握。

4. 巩固练习 F 大调左手柱式和弦、琶音伴奏音型。

5. 背谱弹唱《送别》，注意此曲的风格以及琶音伴奏音型的弹奏。

6. 巩固练习 F 大调左手半分解和弦伴奏音型、分解和弦伴奏音型。

7. 背谱弹唱幼儿歌曲《生日快乐》，练习时请注意：

(1)延音记号；(2)弱起小节；(3)半分解和弦伴奏音型的弹奏效果。

第十二章　d 小调幼儿歌曲弹唱训练

第一节　d 小调式正三和弦及属七和弦

一、d 小调正三和弦及属七和弦的连接

$$\text{I} \qquad \text{IV}_4^6 \qquad \text{V}_6 \qquad \text{V}_5^6 \qquad \text{I}$$

二、键盘练习

1. I—V—I
2. I—IV—I
3. I—IV—V—I
4. I—IV—V₇—I

第二节　d 小调幼儿歌曲弹奏训练

一、乐理贴士

同音换指：指的是在同一个音中间，可换用不同的手指弹奏。

二、基本伴奏音型的弹奏训练

(一)柱式和弦

(二)半分解和弦

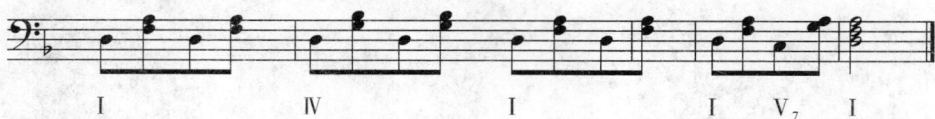

(三)全分解和弦

三、幼儿歌曲弹唱练习

迷路的小花鸭

练习提示：

　　《迷路的小花鸭》歌曲旋律优美，节奏舒缓，选用半分解和弦伴奏，突出幼儿歌曲的童趣。乐曲的前奏部分选用的是乐曲最后一句的素材加以变化，这是前奏弹奏的一种方式。在乐曲前奏部分的最后一小节出现了同音反复，可用同音换指指法进行弹奏（指法已在谱例中标出），弹奏时要注意每个音的清晰度。

小结

　　本章主要学习了d小调正三和弦和属七和弦的平稳连接，进而让学生掌握a小调的幼儿歌曲编配伴奏的一般原则与技巧；通过幼儿歌曲《迷路的小花鸭》弹唱练习，掌握同音换指的弹奏技巧。

关键术语

d小调正三和弦　　属七和弦　　同音换指

练习题

1. 巩固练习d小调正三和弦及属七和弦的连接。

2. 巩固练习d小调几种常见基本伴奏音型的弹奏。

3. 背唱幼儿歌曲《迷路的小花鸭》，练习时请参照练习提示。

第十三章　G大调幼儿歌曲弹奏训练

第一节　四二拍幼儿歌曲弹奏训练

一、乐理贴士

(一)G调

紧跟高音谱号第五线的位置有一个"♯"记号，这就代表G调。看到此标记表明乐曲从头到尾遇到"fa"（4）都要升高半音，弹成"升fa"（♯4）。

(二)三连音

1. 概念

一拍里的三个音彼此一样长，就叫"三连音"（弹奏时要求在一拍的时值里平均弹奏三个音）。

2. 三连音趣味练习

（1）问候

你好吗

（2）母鸡下蛋后

咯　咯　咯　　嗒

（三）跨指

2指或3指或4指从1指上面越过（只能是用2指或3指或4指跨越1指，而不能用5指跨过1指。跨指时跨度不能太大，要尽量避免4度以上的距离跨度）。

二、弹奏训练

（一）G大调正三和弦及属七和弦（转位）的连接

（二）G大调左手柱式和弦伴奏音型练习

（三）G大调左手半分解和弦伴奏音型练习

三、幼儿歌曲弹唱练习

练习（一）

义勇军进行曲

聂耳　曲

练习提示:

　　《义勇军进行曲》由田汉作词、聂耳作曲,诞生于抗击日本帝国主义侵略的战争年代,1949年成为中华人民共和国国歌,象征着在任何时候、任何地点,为捍卫国家和民族的尊严,中华民族的坚强斗志和不屈精神永远不会被磨灭。在弹奏此曲时,要注意把握进行曲的风格、左手柱式和弦伴奏要干脆而有力度。右手三连音的弹奏要注意三个音的均分,练习时可拿出此节奏型单独练习。

练习（二）

小口琴吹支歌

1.小口琴呀　孔儿多，　我用口琴　吹支歌，　do re mi fa
2.问我吹呀　什么歌？　幼儿园里　真快乐，　do re mi fa

sol,
sol,　　fa sol fa mi　re.　　sol fa mi re　do.

练习提示：

《小口琴吹支歌》这首歌曲风格轻快活泼，富有童趣。旋律和节奏简洁、明快，伴奏以正三和弦的半分解形式为主，但在反复跳跃记号（二间房）的结尾处可采用属七和弦，以增强乐曲的结束感。另外还要注意反复记号和指法的使用，在乐曲的第四小节要运用跨指指法进行弹奏。（指法已在谱面上标出）

第二节　四四拍幼儿歌曲弹奏训练

一、乐理贴士

复习弱起小节。

二、弹奏训练

G大调左手琶音伴奏音型练习

I　　　　IV　　　　V　　　　I

三、幼儿歌曲弹唱练习

友谊地久天长

练习提示：

　　《友谊地久天长》这首歌曲原是苏格兰民间歌曲。此曲旋律优美动听，在伴奏上选用琶音伴奏音型，能够更加突出此曲的抒情风格，练习时要注意弱起小节的特点，同时左手琶音音型还要多加练习，以便更好地把握歌曲的伴奏。

第三节　四三拍幼儿歌曲弹奏训练

一、乐理贴士

复习扩指：扩指就是将手伸展开来，横向张开来弹奏。比如：1指弹"mi"，3指弹"si"，1指到3指有三个手指，而"mi—si"之间却有5个白键。那么此时手指就要张开来弹奏，这就是扩指。

二、弹奏训练

G大调左手分解和弦伴奏音型练习

三、幼儿歌曲弹唱练习

老师听了微微笑

练习提示：

《老师听了微微笑》是一首四三拍低幼儿歌曲，本曲旋律温婉流畅，伴奏使用半分解伴奏音型，弹唱时要注意声音圆润，语气亲切；弹奏时还要注意乐曲第八小节的扩指（谱例中已经标出指法），同时注意四三拍的节奏以及全分解和弦的伴奏特点，力度要适中，分句要清晰。

小结

本章通过对三种不同节拍的幼儿歌曲的弹唱训练，进一步巩固了如何对不同风格的乐曲选择适当的伴奏音型，学生自弹自唱的能力得到了进一步提高；同时又学习了一些相应的乐理知识和指法。

关键术语

G调　三连音　跨指

练习题

1. 在琴键上任选一音进行三连音弹奏练习。

2. 巩固练习 G 大调正三和弦及属七和弦（转位）的连接。

3. 巩固练习《义勇军进行曲》，着重体会三连音的弹奏效果，以及对柱式和弦伴奏音型的把握。

4. 巩固练习 G 大调左手琶音伴奏音型。

5. 反复练习《友谊地久天长》，练习时请结合练习提示。

6. 巩固练习 G 大调左手分解和弦伴奏音型。

7. 背谱弹唱幼儿歌曲《老师听了微微笑》，弹奏时注意扩指的指法以及对全分解和弦伴奏音型的把握。

第十四章　e小调幼儿歌曲弹唱训练

第一节　e小调式正三和弦及属七和弦

一、e小调正三和弦及属七和弦的连接

$$\text{I} \qquad \text{IV}_4^6 \qquad \text{V}_6 \qquad \text{V}_5^6 \qquad \text{I}$$

二、键盘练习

1. I — V — I
2. I — IV — I
3. I — IV — V — I
4. I — IV — V₇ — I

第二节　e 小调幼儿歌曲弹奏训练

一、乐理贴士

(一)连线

连音奏法：在许多个音高不同的音上记一弧线，叫连音奏法。

延音线：记在两个或两个以上具有相同音高的音符上。在演唱或演奏时作为一个音符，它的长度等于所有这些音符的总和。

(二)倚音

小音符表示倚音，它起装饰作用。演奏时手指要非常灵巧，要轻而快，一带而过。

(三)力度记号

音乐作品中的强弱程度叫力度。其标记如下：

f 强　mf 中强　ff 极强　fff 特强　p 弱　mp 中弱　pp 极弱　ppp 特弱

二、基本伴奏音型的弹奏训练

(一)柱式和弦

(二)半分解和弦

(三)全分解和弦

三、幼儿歌曲弹唱练习

小姑娘，小花伞

练习提示：

　　《小姑娘，小花伞》是一首傣族儿童歌曲，此曲旋律优美、抒情，结构为两段体，因此在选用伴奏音型时，可采用半分解与全分解和弦伴奏相结合。

在此曲中出现了连音、延音线、倚音以及力度记号中的极弱等知识点，在弹奏的过程中要注意对这些知识点的把握；弹唱是要注意声音的轻巧以及最后的渐弱处理。

小·结

本章主要学习了 e 小调正三和弦和属七和弦的平稳连接，以及 e 小调几种常见的基本伴奏音型弹奏，进而让学生掌握 e 小调幼儿歌曲编配伴奏的一般原则与技巧；通过幼儿歌曲《小姑娘，小花伞》弹唱练习，使学生掌握了连音、延音线、倚音以及力度记号等知识点。

关键术语

e 小调正三和弦　连线　倚音　力度记号

练习题

1. 巩固练习 e 小调正三和弦及属七和弦的连接。
2. 巩固练习 e 小调基本伴奏音型的弹奏。
3. 背谱弹唱幼儿歌曲《小姑娘，小花伞》，在练习过程中请结合练习提示。

附录：各调式音阶练习（包含两升两降的调式）

1. C 自然大调音阶

2. a 自然小调音阶

3. F自然大调音阶

4. d自然小调音阶

5. G自然大调音阶

6. e自然小调音阶

第三编

声乐技能

第十五章　声乐技能基础知识介绍

声乐，是学前教育专业的一门必修课，也是幼儿教育中艺术领域里的一种表现方式，占据着举足轻重的地位。

声乐是一门技巧性很强的学科，是以人的声带为乐器，配合口腔、舌头、鼻腔作用于气息，从而发出悦耳、连续性、有节奏的声音。声乐的乐器是与生俱来的，它通过气息冲击器官与喉头之间两片薄薄的筋膜而发出声音，声音有极强的可塑性和抽象性，所产生的细腻音色和情感是乐器所不具备的，因此歌唱艺术就成了大家公认并喜爱的一种音乐表现形式，通过歌唱来塑造和表现歌曲中的各种形象和情绪，丰富情感体验。在幼儿歌唱教学中，要根据幼儿的心理特点，摒弃枯燥无味的发声训练，创造有趣、灵活多样的趣味发声练习，通过愉快的歌唱，激发幼儿学唱和创编的愿望，培养幼儿对音乐的表现力及创造力，丰富幼儿对音乐的感受和体验，用自己的方式去表现和创造美。

声乐注重理论与实践的结合，其目的是培养学生在幼儿音乐教育中具备相应的音乐文化知识、歌唱基本知识以及技能技巧和口语嗓音的科学运用能力。在幼儿园音乐教学和音乐活动中，学前专业的学生应正确提升音乐素养和丰富音乐表现力，以便于在音乐活动中对幼儿独特的艺术表现给予充分的理解和尊重，给幼儿发现美、创造美和感受美的空间。本编旨在掌握声乐技巧的同时全面提高作为幼儿园教师应具备的基本素质和歌唱教学能力，为学前教育专业学生及幼儿教师今后的工作起到了积极的作用。

第十六章　声乐入门知识

第一节　嗓音结构常识

声带又称声壁，发声器官的主要组成部分。位于喉腔中部，由声带肌、声带韧带和黏膜三部分组成，左右对称。声带的固有膜是致密结缔组织，在皱襞的边缘有强韧的弹性纤维和横纹肌，弹性大。两声带间的矢状裂隙为声门裂。

根据物理学常识，唱高声区声带振动频率高，而振动幅度小，属于声带边缘振动；唱中声区声带振动频率和振动均适中，属于声带局部振动；唱低声区声带整体振动，振动频率低而振动幅度最大。不同声区产生的声带振动频率和幅度差异是指导发声训练的最重要依据。

第二节　声部划分概述

在学习的声乐过程中，声部的划分是重中之重的问题，即使同一声部类型的声音也存在些许细微的差别，因此在声乐教学中，尊重每个声音的生理特征就显得尤为重要。所以在发声训练中，鉴定声部就成了声乐教学中非常严峻的问题。

在声部的划分中，男声有男高音、男中音、男低音三种，女声有女高音、女中音等。具体细化，又分为抒情男高音和喜剧男高音、抒情女高音和花腔女高音等。在中国的国粹京剧里，有生、旦、净、末丑等角色的划分。儿童声带处于初始发育阶段，音色差异不大，不需做详细划分。

声乐艺术从风格上划分，有美声、民族、流行、原生态等；从声部上划分，有高音、中音、低音和童声之别；从体裁划分，西方有圣咏、歌剧、乐剧、清唱剧，中国有昆曲、京剧，还有浩如烟海的世界各国民歌等。

小·结

本章介绍了声乐的基本理论知识，作为一名合格的幼儿教师，必须掌握一定的声乐常识，提高自身修养，为进一步丰富多彩的教学奠定基础。

第十七章　声乐技巧训练(教师篇)

第一节　无声训练

在声乐艺术体系中，无声训练是最容易被初学者所忽视的环节。殊不知，古往今来诸多歌唱家和声乐教育家，将无声训练视为秘而不宣的"看家本领"。在意大利，很多有声乐渊源的家族，都把无声训练作为不出门墙的秘技，在家族内口耳相传，足见其在声乐艺术中的地位。

所谓磨刀不误砍柴工，无声训练可以迅速增强身体相应器官对歌唱技能的适应性，之后再进行发声训练和歌曲演唱则事半功倍。所以声乐教学的正确顺序是：

无声训练→发声训练→作品分析→作品演唱

如果把声乐艺术比作宏伟的建筑，那么气息就是这座建筑的基石。唱歌时喉咙紧张、气口短促、声音容易疲劳等，都是不会运用气息的表现。优秀的歌唱家演唱作品，可以做到音色雄浑甜美、气息绵绵不绝，这就是合理运用气息的妙处。外行人多误以为这是肺活量极大的原因，其实歌唱所需要的肺活量远不及体育运动，其中奥妙在于歌唱家会有效地控制气息的运用，这就涉及声乐技术的关键器官——横膈膜。

第二节　气息与横膈膜训练

横膈膜是胸腔和腹腔之间的分隔。通俗地理解，它位于心脏和双侧肺脏的下面，肝脏、脾脏、胃的上方。在声乐艺术中，横膈膜的作用是控制肺叶的开合，进而起到控制气息的作用。

从经济学的角度比喻，肺活量好比银行存款，横膈膜好比理财手段。横膈膜的作用，就是合理地运用肺部的气息。肺活量可以通过长跑、游泳、瑜伽、太极拳、养生气功等方法增强，这里不再赘述。下面所要解决的问题是横膈膜的运用。

常见的横膈膜训练有狗喘气练习：

第一，闭嘴，胸部放松、小腹收束，伸缩腰腹做大幅度运动，迫使气息从鼻腔喷射。

第二，熟练之后，提升横膈膜的伸缩频率。

第三，横膈膜用力位置在肚脐以上、肋骨以下的区域，这就是声乐艺术最科学的"胸腹式联合呼吸法"。

第四，可以用弹性胶带绑在腰间，更深体会横膈膜对抗的感觉。

在小腹紧缩的前提下，横膈膜才能得到有效的锻炼，这也是著名豫剧表演艺术家常香玉老师压箱底的珍贵练习方法。经常进行狗喘气练习，腰间会感觉劳累，这就是正确呼吸方法的表现。久之熟习，唱歌时气息绵绵不绝的奇迹就会发生。

著名歌唱家沈湘曾抚摸婴儿呼吸时起伏的胸腹，赞叹这是最正确的呼吸方法。声乐艺术要追求的，正是回归生命最自然的运动状态。

此外，上海体院关于运动医学的博士论文还介绍了一种锻炼横膈膜的有效方法，具体操作如下：

第一，在尽可能赤膊的情况下，昂首挺胸，两脚与肩同宽，手臂下垂，手心朝上，接着双臂一齐向上、向后、向下、向前摇动。

第二，双臂摇动时，紧贴耳轮。

由此可见，声乐属于跟嗓音医学、运动医学紧密相连的边缘学科。横膈膜属于致密结缔组织，即肌腱和韧带的统称，跟肌肉纤维组织大为不同。一些声乐教师不明此理，为训练气息让学生负重奔跑，这样做只能锻炼肌肉和肺活量，而无法锻炼横膈膜这样的结缔组织。

第三节　声音位置训练

"高位置、深气息"是声乐演唱必须掌握的技术。一个优秀的歌唱家，可以用最少量的气息获得最佳的演唱效果，关键就在于熟练的掌控气息和音色。刚才我们已经了解如何运用气息，接下来就是要解决声音问题。

声带整体振动所发出的音成为"基音"，局部振动所发出的音称为"泛音"。高频率泛音不但音声明亮、富有穿透力，而且耐受持久、不易疲劳，属于声乐演唱的核心技术。气息是由横膈膜来控制，而音色（声音位置）则是由腔体来控制。

20世纪最伟大的男高音歌唱家卡鲁索，在给朋友的信里做过这样的比喻："你是用本钱来唱歌，而我是用利息来唱歌。"从声乐艺术的角度，这里"本钱"是指声带发出的原始声音，而"利息"则是通过共鸣腔体所美化的声音。声乐艺术"头腔"的生理结构位置是在鼻腔上方，额窦、筛窦等窦部空间，属于无气息的声波共振。窦部体积小，位置高，所以头腔共鸣不但音声明亮而且不会疲劳，可以进行持久的演唱。

在解剖学中，口腔的生理结构非常复杂，但就声乐技术而言，我们只需要训练软腭、颌骨和舌头的运用，具体如下。

一、打呵气—提软腭

端正站立，寻找打哈欠、恶心呕吐和极度吃惊的感觉。声音进入头腔的关键是软腭，常态下的软腭是下垂塌陷的，通过上述训练，可以使软腭处于坚挺状态，便于声音进入头腔引发共鸣。

二、开颌骨—松下巴

这是意大利传统声乐技术精粹之一，在打呵气的前提之下，由后脑带动颌骨向上、向后的开合运动，使颌骨扩张到最大，可以使声音集中并迅速拓展音域。可用手指按耳垂前，若有凹陷处，即是颌骨张开的标准。

要点：

第一，颌骨张开的同时，口腔内部也最大限度扩张，如同塞进一个大苹果。

第二，寻找吃惊或呕吐的感觉，将软腭提起。

第三，由后脑主动将颌骨向后上方打开，下巴不参与开合，处于彻底松散的状态。初始可手托下巴或屈身将下巴置于钢琴、桌面等物体之上进行颌骨开合训练。

三、吐舌头—呈直沟

"吐舌头、呈直沟"是意大利美声学派（Bel Canto）非常重要的无声训练之一，可产生高频率泛音，起到美化声音、拓展音域的效果。

具体动作：

其一，吐舌头。承上，在打开颌骨和腔体的一瞬间，伸出舌头。动作不可僵硬，由颈椎向后上方移动将舌头自然带出。

其二，呈直沟。平时可用筷子、笔杆等物体下按，使舌头前段塌陷。熟练后，将舌头凹陷在下牙床下面，可以使演唱者在歌唱中产生高频泛音。

完全张开的颌骨、坚挺状态的软腭和呈直沟状态的舌头，被称为"声乐三宝"，三者不但是高音困难问题的核心方法，更是获得声音自然轻松、演唱持久且富有震撼穿透力的绝佳妙法。

第四节　嗓音保健训练

在声乐学习过程中，再科学的训练方法，在实际演唱中由于生理周期、心理压力等因素，也会产生一定程度的疲劳。所以，嗓音保健也是声乐学习者不可或缺的技能。

声乐教学常用的保健方法是气泡音，可迅速恢复嗓音疲劳，是声乐工作者治疗嗓音职业病的有效方法。气泡音又称蛤蟆气，要领如下：

第一，喉咙和胸部彻底放松，声带处于被动状态。

第二，小腹紧束，胸腹间的横膈膜用力推动气息。

第三，打呵气，用气息轻轻推动声带，发出"啊"母音低沉持续的音色。

小结

本章介绍了声乐艺术的骨髓——气息、横膈膜和声音位置以及具体的无声及发声训练方法，简明扼要地揭示了声乐教学的必要步骤。在具体教学过程中，教师应该严格遵循上述程序，进行针对性的教学。

关键术语

无声训练　气息与横膈膜训练
声音位置训练　嗓音保健训练

练习题

运用气息与横膈膜训练方法，结合以下练声曲加以实际训练。

$$\frac{2}{4}$$

5　　4 | 3　2 | 1　 – ‖
M　　M　M　M　　M

要求：闭口哼鸣，寻找吸气、吃惊的感觉，打开眉心至后脑的区域，找闭口打呵气的感觉。避免鼻音，声波直达头部。

$$\frac{2}{4}$$

1 2　3 | 3 4　5 | 5 6　5 4 | 3 2　1 ‖

要求：用1音做跳音练习。小腹收紧，横膈膜（腰带到肋骨之间的区域）紧而不僵，充满弹性；颌骨打开、软腭提升，意念声音像小珠一样弹跳到软腭里面；每发出一声跳音，横膈膜随之快速伸缩。

第十八章　发声训练(教师篇)

第一节　内外听觉之辨

在发声训练之前，首先要阐明内外听觉之辨。在一个大师班讲座上，一位欧洲歌唱家说世界上 90％的声乐学习者，都存在故意把声音撑大、下压的状况，这种发声状态的结果是音色散乱，没有质感。究其原因，在于耳膜内外听觉的差异。

人的耳膜对声音的听觉有两种途径：一是通过体内的骨骼和肌肉传播；二是通过体外的空气传播。众所周知，声波在固体中的传播速度最快，在空气中最慢。所以，自身耳膜听到的是通过骨骼传播的声音，和旁人听到的由空气传播的声音存在巨大差异，反之亦然。因此，声乐是极其不易自学的艺术。很多声乐学习者在练声和唱歌时，由于内外听觉差异，经常会"不由自主"的追求错误的音色。自己听到浑厚、强劲的效果，在外人听来却是浑浊、散乱的音色；而自己听到单薄、细弱的效果，在外人听来却声如泉涌、色彩辉煌。从哲学上讲，是主观难以符合客观。针对内外听觉的差异，提出下面两种解决办法。

一、找位置，弃音色

在歌唱中，演唱者自己不要主动追求音色。因为内外听觉的差异，自己听到效果跟真实声音存在巨大差异。为了追求正确的发声状态，可以遵循"高位置"的原则，即从发声和演唱之处，就把声音像吊灯一样挂在很高的位置。从生理学分析，声带整体振动产生基音，局部振动产生泛音，而泛音又容易引起高频共鸣。把声音位置提升的主观感觉，非常符合高频率泛音的客观规律。这是解决声乐学习中常见的撑、压、挤等弊病的最有效方法。

二、使用录音装备

录音笔等现代化科学工具，可以有效还原从空气向外传播的真实声音，避免声乐学习者由于内外听觉差异造成的主观化倾向。

第二节　练声曲

在无声训练之后，严格按照上述原则进行发声训练，可避免喉音、鼻音等诸多弊病，有效提高技术进度。为保持良好的歌唱状态，建议在每次发声训练前，都要做一定量的无声训练。

以下练声曲，加入 a、e、i、o、u 等不同母音依次练习。

$$\frac{2}{4}$$

$$\dot{1}\ 7\ \ 6\ 5\ \mid\ 4\ 3\ \ 2\ 1\ \mid\ 1\ -\ \parallel$$

$$\frac{3}{4}$$

$$5\ 4\ \ 3\ 2\ \ 1\ \mid\ 5\ 3\ \ 4\ 2\ \ 1\ \parallel$$

$$\frac{2}{4}$$

$$1\ 2\ \ 3\ \mid\ 3\ 4\ \ 5\ \mid\ 5\ 6\ \ 5\ 4\ \mid\ 3\ 2\ \ 1\ \parallel$$

$\frac{2}{4}$

$\underset{\frown}{1\ 2}\ 3\ |\ \underset{\frown}{3\ 4}\ 5\ |\ \underset{\frown}{5\ 6}\ \underset{\frown}{5\ 4}\ |\ \underset{\frown}{3\ 2}\ 1\ \|$

小·结

　　了解声乐艺术中内外听觉的差异，对常见的发声弊病有明确而清晰的认识，为避免在今后的教学中走弯路打下良好的基础。

第十九章　儿童歌曲精选及趣味发声训练

　　儿童的声带处于发育期，机能比较稚嫩，如果违背生理规律盲目教学，会造成学生嗓音的某些功能在变声期前永久性丧失。所以儿童声乐教学中，发声和演唱时要特别注意以下三点：

　　第一，音域不可过高，音量不可过大。实际发声和演唱时，要根据学生的具体情况适当的降调。

　　第二，因人而异、因材施教。否则容易造成声带小结。

　　第三，学生生病感冒期间，应该停止演唱，否则容易使声带充血，造成声带小结。

曲目一

一只哈巴狗

小快板　愉快地

一　只　哈　巴　狗，　　坐　在　大　门　口。
一　只　哈　巴　狗，　　吃　完　肉　骨　头。

眼　晴　黑　黝　黝，　　想　吃　肉　骨　头。
尾　巴　摇　一　摇，　　向　我　点　点　头。

（一）发声训练

火车来啦

$1=D$ $\frac{2}{4}$

（师）火　车　火　车　来　了,（生）呜呜　　呜　　呜呜　呜。

说明：练习 u 的发声与咬字，注意学生的口型。

（二）歌曲演唱

《一只哈巴狗》这首童谣旋律简单，歌词诙谐，极具趣味性。演唱时可以创编简单的故事情节，突出歌曲的故事性，寓教于乐。

练习提示：

1. 演唱之前，先带领学生一齐拍手做简单的节奏、节拍训练。
2. 带领学生视唱乐谱，使学生初步建立音阶的概念。
3. 列举相关的动物图片，寓教于乐，使教学内容多样化。

曲目二

春 晓

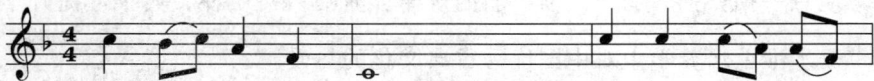

春眠　不　觉　晓，　　　处　处　闻　啼

鸟。　夜来　　风雨　声，花　落　知多少。

知　了

1 =E $\frac{2}{4}$

$\underline{3}$. $\underline{2}$ | $\underline{3}$. $\underline{2}$ | 3 $\underline{3\ 6}$ | 1 － | 2. $\underline{3}$ | 5 · $\underline{3}$ | 3 $\underline{3\ 1}$ | 2 － |

知　了　知了　高声　　叫，　你　像　什么　都　知　道，

5. $\underline{5}$ | $\underline{5}$ 3· | $\underline{6\ 3}$ | 5 － ‖: 1 3 | $\underline{5}$ 3· | 1· $\underline{5}$ | 6 － :‖

其　实　肚里　空又空，　　只　会　嘴　上　叫　知　了。

说明：通过模唱知了鸣叫的自然声调，帮助学生唱准附点四分音符。

（一）发声训练

练声曲

1=B $\frac{2}{4}$

1 $\underline{7\ 6}$ | 5 － | 5 $\underline{6\ 7}$ | $\dot{1}$ － ‖

wu　　　　　wu

说明：这条练习曲能够帮助儿童找到头腔共鸣的位置。

（二）歌曲演唱

老师带领学生朗读诗歌，并适当穿插文学内容，提高学生对歌曲意境的体会和作者思想的理解。

注意 $\frac{4}{4}$ 拍，强—弱—次强—弱的规律。演唱风格质朴、典雅，提升学生的审美水准，培养学生对中国优秀古典文化的热爱。

练习提示：

1. 带领学生一齐拍手做简单的节奏、节拍训练。

2.《春晓》的旋律较复杂，可逐次反复哼唱每小节。

3. 介绍唐代诗歌的文学背景，使教学不再局限于音乐艺术，扩大学生的视野和审美情操。

曲目三

打电话

亲切地

汪 玲 曲

两个 小 娃 娃 呀， 正 在 打 电 话 呀，
两个 小 娃 娃 呀， 正 在 打 电 话 呀，

"喂 喂 喂 你 在 哪 里 呀？"
"喂 喂 喂 你 在 做 什 么？"

"哎 哎 哎， 我 在 幼 儿 园。"
"哎 哎 哎， 我 在 学 唱 歌。"

（一）发声训练

小猫钓鱼

$1 = C \frac{2}{4}$

3 5 | i 6 | 5 - | 3 5 | i 6 | 5 - | i 0 |

小 猫 去 钓 鱼， 小 猫 去 钓 鱼， 哟！

i 6 | 5 3 | 2 2 | 3 2 | 1 - ‖

大鱼 小鱼 钓了 许多 鱼。

说明：练习ū的发声与咬字，注意学生的口型。

（二）歌曲演唱

注意后八分空拍时值，演唱之前教学生击打练习。

整首歌曲节奏感鲜明，演唱时让学生通过肢体语言把握节拍轻重，在八

分空拍前控制音符的长短。

练习提示：

1. 带领学生一齐拍手打节奏、节拍，反复训练第 2、4、5、9、10 小节的空拍衔接。

2. 用简单的故事形式演唱歌曲，让学生扮演电话双方的角色。

3. 以此为契机，让学生体会音乐与戏剧的交融，介绍简单的音乐剧和歌剧知识。

曲目四

摇 篮 曲

安静　柔和地　　　　　　　　　　　　　　　　　　　　　　江西童谣

小　宝　宝，　　　　睡在摇篮微微

笑，　　　摇篮像只船，　　　妈妈轻轻

摇，　　　摇呀摇呀摇，　　　一摇一摇

睡　着　　了。

（一）发声训练

布谷鸟

$1=F$　$\frac{2}{4}$

5 6 ｜ 5 5 3 ｜ 5 5 6 ｜ 5 5 3 ｜ 5 3 ｜ 5 3 ｜ 5 3 5 3 ｜ 5 5 ｜ 3 - ‖

春天　来到了，布谷鸟 在歌唱，布谷，布谷，布谷布谷 布布 谷。

说明：通过模仿布谷鸟鸣叫的自然音调，掌握小三度音程。

要求：儿童用轻柔地、清楚地声音唱出。

(二)歌曲演唱

速度中等，力度柔和。演唱风格就像生怕吵醒婴儿一样，舒缓、温柔。

练习提示：

1. 视唱时特别强调 E 音到 F 音的半音关系，多做训练，反复训练结尾带有延音线的二分音符。

2. 全曲节奏跌宕起伏，旋律优美，让学生演唱时配合相应的舞蹈动作，将音乐艺术与肢体语言完美结合。

曲目五

我的好妈妈

潘振声　词曲

（一）发声训练

练声曲

$1=D$ $\frac{2}{4}$

$\underline{1\ 2\ 3\ 4}$ | $5\ -$ | $\underline{5\ 6}\ \underline{5\ 6}$ | $5\ -$ | $\underline{6\ 5}\ \underline{4\ 3}$ | $2\ -$ | $\underline{5\ 4}\ \underline{3\ 2}$ | $1\ -$ ‖

师：小朋友唱　la，生：la la la la　la 师：小朋友唱　lo，生：lo lo lo lo lo。
　　　Lei，　　leileileilei lei　　　　　　lü　　lülü lülü lü。
　　　Li，　　lili lili li　　　　　　　　lu，　lulu lulu lu。

说明：此曲仍是教学生练习 a、o、ei、ü、i、u 的唱法。

（二）歌曲演唱

注意气息的连贯运用。

练习提示：

1. 演唱之前，可教学生反复击打练习。反复练习第 1、2 小节的前八后十六的节奏型，和第 5、6 小节的八分附点节奏型。

2. 把对妈妈的感恩之情融入歌曲之中，平淡而不平凡、质朴而不稚嫩。

曲目六

虫儿飞

稍慢　　　　　　　　　　　　　　　　　　　　　林　夕 词　陈光荣 曲

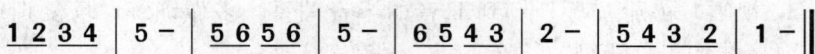

黑黑的天空低垂，亮亮的星星相随，
天上的星星流泪，地上的玫瑰枯萎，

虫儿飞 虫儿飞，你在思念谁？
冷风吹 冷风吹，只要有你陪。

虫儿飞 花儿睡， 一双又一 对 才美。 不怕天 黑，

只怕心 碎。 不管累不累， 也不管东南西 北。

（一）发声训练

小鸟唱歌

1 =F 2/4

中速

林 中小 鸟 唱起歌， 歌唱 多快乐。 叽叽叽 叽叽， 喳喳喳 喳喳，

叽叽叽 叽叽，喳喳喳， 咕咕咕， 咕咕咕， 呱呱呱呱 呱呱 呱。

说明：这首歌曲要用跳音唱法歌唱，字要唱得轻巧、有趣。歌词中的"叽、咕和呱"模拟不同小鸟的叫声，要唱得弱些。

要求：让儿童张开嘴巴唱，尽量发好 a、ao、wu 等韵母。

（二）歌曲演唱

这首 4/4 拍歌曲，在演唱时要注意强弱规律，可以分组让学生敲打节拍，并分辨强拍与弱拍的感觉。整首歌曲的旋律略带忧伤，演唱时速度舒缓、深情满溢。

练习提示：

1. 在节奏和节拍训练中，可适当教授学生基本的指挥手势，一边唱歌、一边指挥，以此作为拓展训练，提高综合音乐技能。

2. 将真挚的感情融入歌曲，做到声情并茂。

曲目七

小白船

朝鲜童谣

蓝 蓝 的 天 空 银 河   有 只

小 白 船,   船 上 有 棵 桂 花

树,   白 兔 在 游 玩   桨 儿

桨 儿 看 不 见,   船 上 也 没 帆,

飘   呀 飘   呀   飘 向

西   天。

小白船，朝鲜童谣，朝鲜语为"반달"（直译为"半月"），由朝鲜半岛著名作曲家尹克荣（윤극영）于 1924 年作词、作曲，曾被译成中日两国语言，并在中国与朝鲜半岛广为流传。1950 年被译成中文传入中国，最初收在解放初出版的《外国名歌 300 首》中。此曲旋律优美，被誉为"东方圣歌"。

（一）发声训练

拍手唱歌笑呵呵

1=F 2/4

| 1 1 | 1 3 | 5 6 | 5 4 | 3 1 | 2 2 | 1 | - | 1 1 | 1 3 | 5 6 | 5 4 |

你 的   眼睛 里   有呀 有个 我，   我 的   眼睛 里

$\underline{3\ 1}\ \underline{2\ 2}\ |\ 5\ -\ |\ 4\cdot\ \underline{4}\ |\ \underline{6\ 6}\ 6\ |\ 3\cdot\ \underline{3}\ |\ \underline{5\ 5}\ 5\ |\ \underline{1\ 1}\ 1\ 3\ |$

有呀 有个 你，　我 们 每个 人，对 呀 对面 坐；拍手 唱歌

$\underline{5\ 6}\ \underline{5\ 4}\ |\ \underline{3\ 1}\ \underline{2\ 2}\ |\ 1\ -\ \|$

笑呵呵，　笑呀 笑呵 呵

说明：唱歌时，可以让学生用拍手或踩脚来模拟旋律的节奏。

（二）歌曲演唱

歌曲为 $\frac{3}{4}$ 拍，与前面的偶数节拍不同，特别提示学生三拍子需要按照强—弱—弱的规律击打出鲜明的节奏感。节拍熟练之后，再进行歌曲演唱。

练习提示：

1. 经过一段时间的节奏和节拍训练，相信学生对基本的音乐技能有所掌握。在演唱这首歌曲之前，先让学生自己击打节奏和节拍。单独训练 $\frac{3}{4}$ 拍强—弱—弱的特殊节拍。

2. 根据歌曲创编舞蹈。

曲目八

理发师

澳大利亚民歌　华音　译配

1. 理 发 店 的 老 爷 爷 呀 咔 嚓 咔 嚓，
2. 请 你 来 呀 下 一 位 呀 咔 嚓 咔 嚓，

灵 敏 地 呀 剪 呀 剪 刀 咔 嚓 咔 嚓，
镜 子 里 面 看 一 看 呀 咔 嚓 咔 嚓，

哎，　　　已告成功　啊，　　喷呀喷雾，
哎，　　　已告成功　啊，　　喷呀喷雾，

沙　沙　沙　沙　沙。
沙　沙　沙　沙　沙。

《理发师》是一首热情、欢快而又不乏幽默的澳大利亚民歌。歌曲生动的表现了理发师在理发店愉快劳动的情景。把理发师为他人服务时愉快的心情表现得栩栩如生。用轻快、活泼的声音来表现歌曲的内容，体会歌曲的情绪，理解劳动的愉快引导学生领悟"劳动最光荣"的道理，树立"爱劳动"的意识。

（一）发声训练

英国童谣

$1=F$ $\frac{4}{4}$

5 5 3 1 ｜ 4 6 5 0 ｜ 5 5 3 1 ｜ 4 6 5 5 ｜ i i 7 7 ｜ 6 6 5 5 ｜

燕麦蚕豆　和大麦，　燕麦蚕豆　和大麦，　你可知道　怎么种
先把种子　撒下来，　播种完毕　多自在，　踩踩脚又　把手拍,再

4 4 3 3 ｜ 2 2 1 0 ‖

燕麦蚕豆　和大麦？
巡视土地　地块块。

说明：可采用二部轮唱形式练习演唱，通过练习为二声部的演唱做准备。

（二）歌曲演唱

要充分体现 $\frac{4}{4}$ 拍的大调式明朗风格。可先视唱旋律，一边打拍一边演唱。根据歌词内容创编舞蹈动作，学生自由发挥创编律动。

练习提示:

1. 通过前面大量的练习,学生已经掌握一定的音乐技能。这首歌可以让学生自学节奏节拍。

2. 反复视唱旋律。

曲目九

小红帽

巴西歌曲

这首歌曲源自童话作家格林的《小红帽》,讲述了小红帽去外婆家,但外婆早已被大灰狼吃掉,眼前的外婆是大灰狼乔装打扮的。天真纯洁的小红帽禁不住大灰狼的花言巧语,结果被吃掉。这时来了一个猎人打死了大灰狼,最终从大灰狼的肚子里救出了外婆和小红帽。

歌曲为 $\frac{2}{4}$ 拍,风格明朗的大调式,全曲属于 I—IV—V—I 经典的和声进行。歌曲速度较快、旋律活泼,是一首脍炙人口的儿童声乐作品。

（一）发声训练

还要睡吗

1 =F 4/4

$$\underline{1\ 2\ 3\ 1}\ |\ \underline{1\ 2\ 3\ 1}\ |\ \underline{3\ 4\ 5}\ -\ |\ \underline{3\ 4\ 5}\ -\ |\ \underline{5\ 6}\ \underline{5\ 4}\ 3\ 1\ |$$

还 要 睡 吗，还 要 睡 吗， 约翰弟， 约翰弟？ 晨 钟 响 了，

$$\underline{5\ 6}\ \underline{5\ 4}\ 3\ 1\ |\ 2\ \underline{5}\ 1\ -\ |\ 2\ \underline{5}\ 1\ -\ \|$$

晨 钟 响 了，叮 咚 叮， 叮 咚 叮。

说明：从"晨钟响了……"这句到结束可做二部卡农练习。

（二）歌曲演唱

通过狼外婆与小红帽的故事的导入来学唱歌曲，并分角色出演，使学生产生浓厚的兴趣，增加学生的音乐素养。

练习提示：

1. 歌曲旋律风格活泼，可适当加快速度。

2. 让学生分别扮演大灰狼和小红帽，在表演小品的同时演绎歌曲，培养学生的歌唱及表演兴趣。

曲目十

春天在哪里

花儿风　自由地　　　　　　　　　　　　　　望 安 词 潘振声 曲

春 天 在 哪 里 呀？ 春 天 在 哪 里？ 春 天 在 那
春 天 在 哪 里 呀？ 春 天 在 哪 里？ 春 天 在 那
春 天 在 哪 里 呀？ 春 天 在 哪 里？ 春 天 在 那

这是一首深受孩子们喜爱的歌曲，它以天真活泼的语气歌唱美丽的春天，抒发心中无限欢乐的感情。

歌曲为大调式，采用再现的两段体结构。每个乐段都是由 4 个 4 小节乐句构成，结构十分规整。

第一，乐段的第一句由大调式主三和弦的三个音 4、6、i，开始时作下行，在明亮的色彩中揉入了柔和的色调，给人以明朗、亲切之感，这一乐句是全曲的核心，揭示了歌曲的主题——春天。第二乐句在前句的音调基础上略作发展，与之呼应。在第一乐句重复出现之后，第四乐句不再像前面三乐句那样划分两个乐节，而是一气呵成。

第二，乐段的前两个乐句以同音重复的旋律和活泼的节奏进行，第二乐句是第一乐句的下四度模进。这一乐段的第三、四乐句是第一乐段末句的变化重复及完全重复，以再现的手法既进一步渲染了春天的美好景象，又加强了歌曲的统一感。

（一）发声训练

月儿弯弯

1 =C 4/4

```
3 4 5 5 | 3 4 5 5 | 5 6 5 3 | 1 3 2 - | 6 1 2 2 | 2 3 5 3 |
```

月儿 弯弯 月儿 弯弯，像只 小船 在天 边， 船边 星星 一闪 一闪
月儿 圆圆 月儿 圆圆，像面 镜子 挂天 边， 镜子 里面 有只 白兔，

```
2 3 2 1 | 2 3 1 - ‖
```

眨着 眼睛 向我 看。
一蹦 一跳 要下 来。

说明：an 的韵母演唱，注意轻声唱，字咬清楚。

（二）歌曲演唱

歌曲为 $\frac{2}{4}$ 拍，老师可通过游戏的方式，让学生一边打拍，体会节拍强弱带来的乐趣。用轻松愉快的风格演唱。可创编春天、野游等主题的集体舞蹈融入其中，载歌载舞。

练习提示：

1. 注意八分音符和空白的停顿，加强学生的节奏意识。
2. 用户外游戏的方式演绎歌曲。

曲目十一

种太阳

天真、纯朴地　　　　　　　　　　　李冰雪 词　王赴戎 徐沛东曲

我有　　　　一　　　个 美丽 的　愿望，长大

以后 能播 种太 阳，播种 一　　　颗一 颗 就够 了，会结

出 许多的 许多的太阳。一颗 送 给送给南 极，一颗

送给 送给 北 冰洋，一颗挂 在 挂在冬 天，一颗

挂 在 晚上 挂在晚 上。 啦啦 啦 啊种太阳，

啦啦 啦 啊种太阳 啦 啦啦 啦啦 啦啦 啦啦 种太 阳，

到 那 个 时 候 世 界 每 一 个 角 落，都

会 变 得 都会 变 得 温 暖 又明 亮。

这一首歌曲采用 $\frac{4}{4}$ 拍，大调式，歌曲为单二部曲式结构。第一部分由四个乐句组成，曲中弱起小节及五度、六度的跳进，使曲调活泼跳跃，把孩子天真的神情和充满幻想的欢乐情绪刻画得十分形象生动。第二部分是歌曲的副歌，由三个乐句构成。第一乐句节奏紧凑，附点八分音符及十六分休止符的运用配以衬词"啦啦啦"使曲调更加欢快活泼，表现了种太阳时的愉快心情。紧接着两个乐句节奏宽松，舒展优美的旋律与前句形成了明显的对比。表达了少年儿童要使世界变得更加温暖、明亮的美好愿望。

（一）发声训练

快快跑

1=F $\frac{2}{4}$

德国

1 3 ｜ 5 0 ｜ 5 4 3 2 ｜ 1 0 ｜ 2 2 7 5 ｜ 5 5 3 1 ｜ 2 2 7 5 ｜

快 快 跑， 马儿 快快 跑 跳过 岩石，越过 山包 不要 累坏

149

5 5   3 1 | 1 2   3 4 | 5 0   0 | 5 4   3 2 | 1 - ‖

不要摔倒， 快 快 跑， 马儿 快快 跑。

说明：用轻快活泼的声音延长，注意休止符。

（二）歌曲演唱

这首歌为弱起，注意开始演唱时的力度和乐句结尾的换气符号。作品音域较高，歌曲旋律起伏较大，有一定难度，不可一蹴而就。根据儿童的嗓音条件可适当降调演唱。注意歌曲后半部分八分附点音符和后十六分空白的节奏型。

练习提示：

1. 歌曲节奏较复杂，特别注意八分附点音符及空白的关系。演唱之前，可将节奏单独拿出来重复练习。

2. 适当拓展深度，介绍五线谱的基本知识，如谱表、谱号、调号等。

曲目十二

让我们荡起双桨

稍快　优美　热情地　　　　　　　　　　　　　　　乔羽 词 刘炽 曲

荡　起　双　桨，　小船儿 推 开　波　海　面
迎　着　太　阳，　阳光 洒 在　海　面
一　天的 功　课。　我们来 尽 情　欢

浪，　　海 面 倒　映　着　美丽的　白　塔，四 周
上，　　水 中 鱼　儿　望　着 我　们，悄悄地
乐，　　我 问 你　着　亲爱的 伙　伴，谁 给

让我们
（红领巾）
（做完了）

环　　　绕　着　　绿树红　墙。
听　　　我　们　　愉快歌　唱。
我　们　安排　下　　幸福的生　活。

小　　　船儿　轻轻飘　　荡在水　中

迎面　吹来　　凉　　爽　的

风。

　　这首歌既是对生活在新中国的少年儿童幸福生活的真实描绘，同时也是对少年儿童未来更美好的生活的憧憬，描述了少年儿童泛舟北海欣赏美丽的自然风光的情景，抒发了少年儿童热爱生活、热爱党、热爱祖国的真挚感情。

　　歌曲分三个小节，第一小节描述少年儿童泛舟北海欣赏美丽宜人的自然风光。清澈的湖水，美丽的白塔，绿树红墙，色彩鲜艳和谐，令人陶醉；第二小节抒发少年儿童荡舟北海的喜悦心情。置身景色迷人的北海公园，"我们愉快歌唱"，尽情欢乐，引来水中的鱼儿望着我们泛舟，听我们歌唱。歌词用拟人的手法，表达出少年儿童对幸福生活感到无比愉悦的真切感受，同时又充满童趣；第三小节则由尽情欢乐中的少年儿童提出这样一个问题："谁给我们安排下幸福生活？"表达了少先队员对党、对祖国、对人民真挚的感激之情。

（一）发声训练

小雪花

1=C 2/4

1 1 | 1 5 5 | 2 2 | 2 6 6 |: i i | 4 4 | 7 7 | 3 3 | 6 2 |

小鸭　小雪花，白呀　白又　白。一片　一片　一片　一片　轻轻

$$5 \quad 5 \quad 5 : \parallel 5 \quad 5 \quad 5 \quad 5 \mid 1 \quad - \parallel$$

飘 下 来。 飘呀 飘下 来。

说明：用过模进的方法，掌握不同唱名的纯五度音程。

（二）歌曲演唱

这首歌节奏型比较复杂，可先带领学生击打节拍，需要注意前八分音符为空拍的很多，注意击打空白的时间差。提示学生四分附点音符的时值和拍法。可作为合唱歌曲进行演唱，中速。

练习提示：

1. 强调第五和第九小节的弱起，普及相关乐理知识。
2. 注意歌曲中八分音符和空白的衔接。
3. 介绍渐弱符号、换气符号和延音线的基础乐理知识。

小·结

本章通过对十二首经典儿童歌曲的教学，使学生掌握初步的乐理知识、音乐常识及演唱和指挥技巧，使学生在童年时期就在潜意识里种植音乐艺术萌芽，为日后的相关学习提供了强有力的保障。

练习题

以下所附儿童趣味发声练习，可作为歌曲演唱前的"热身运动"。

火车来啦

1 =D $\frac{2}{4}$

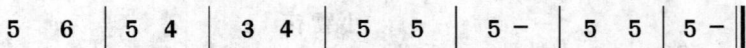

$$5 \quad 6 \mid 5 \quad 4 \mid 3 \quad 4 \mid 5 \quad 5 \mid 5 \quad - \mid 5 \quad 5 \mid 5 \quad - \parallel$$

（师） 火 车 火 车 来 了（生）呜 呜 呜 呜 呜 呜

说明：练习 U 的发声与咬字，注意学生的口型。

小猫钓鱼

1 =C $\frac{2}{4}$

$\underline{3\ 5}\ \underline{\dot{1}\ 6}$ | 5 - | $\underline{3\ 5}\ \underline{\dot{1}\ 6}$ | 5 - | $\dot{1}\ 0$ |

小猫 去钓　鱼，　小猫 去钓　鱼，　哟！

$\dot{1}\ 6$ | 5 3 | $\underline{2\ 2}\ \underline{3\ 2}$ | 1 - ‖

大鱼　小鱼　钓了许多　鱼。

说明：练习 ū 的发声与咬字，注意学生的口型。

小宝宝要睡觉

1 =F $\frac{3}{4}$

1 - 2 | 3 - - | 3 - 2 | 1 - - | 1 - 3 | 2 - 1 | 2 - | 2 - | 1 - 2 | 3 - |

风不吹，　树不摇，　鸟儿 也不叫，　　小宝宝

3 - 2 | 1 - - | 1 - 3 | 2 - 2 | 1 - | 1 - ‖

快睡 觉，　　眼睛 闭 闭　好！

说明：长达六拍的时值学生不容易唱够，要在气息控制上训练学生。

小金鱼

1 =C $\frac{2}{4}$

3 $\underline{2\ 3}$ | 1 - | 5 $\underline{5\ 6}$ | 5 - | $\underline{6\ 6}\ \underline{5\ 3}$ | 2 $\underline{2\ 3}$ | 1 - ‖

一 条 鱼　水 里 游　孤孤 单单 在 发　愁

说明：此曲虽然是 C 调，但从 F 调起唱更适合学生。

池塘里的小鸭

1=D 2/4

5 5 5i | 54 32 | 12 34 | 5 - ‖: 3 5 5 5 | 5 -: ‖

(师)池塘里　游来一群　小　鸭　子 (生)呷呷　呷呷　呷

5 5 5i | 54 32 | 12 34 | 3 - ‖: 1 3 3 3 | 3 -: ‖

(师)后面　跟　着它们的　呀　妈　妈 (生)嘎嘎　嘎嘎　嘎

3 5 5 5 | 3 5 5 5 | 3 5 5 5 | 5 -‖

呷呷　呷呷　　呷呷　呷　　呷呷　呷呷　呷

1 3 3 3 | 1 3 3 3 | 1 3 3 3 | 3 -‖

嘎嘎　嘎嘎　　嘎嘎　嘎嘎　　嘎嘎　嘎嘎　嘎

说明：师生间在游戏中，以形象生动的鸭叫声练习了大、小三和弦的和声练习。

公鸡唱歌

1=D 2/4

3 2 3 5 | 6 - | 6 5 | 6 - | 5 6 5 3 | 2 - | 3 2 | 1 -‖

公鸡　唱　歌　　wo wo wo,　公鸡　唱　歌,　　wowo wo.
唐老鸭在　唱　　ga ga ga,　唐老鸭在　唱,　　ga ga ga.
米老鼠在　唱　　xi xi xi,　米老鼠在　唱,　　xi xi xi。

3 2 3 5 | 6 - | 3 3 | 3 - | 5 6 5 3 | 2 - | 1 2 | 1 -‖

说明：通过二部和声的练习及 wo、ga、xi 的韵母演唱，提高学生的演唱能力和表现能力。

小船摇摇

1=D 2/4

```
3 5 5 5 | 3 1 | 4 6 6 6 | 6 5 | 4 6 | 3 5 5 |
海水 海 水 笑笑，小船 小船 摇摇，就像 亲 爱 的 妈妈
```

```
4 3 2 | 2 - | 2 2 2 | 4 4 3 2 1 | 1 - | 1 0 ‖
妈    妈 摇着 活 泼的宝        宝。
```

说明：用轻声、高位置演唱歌曲，并咬清字音。

问答歌

1=C 2/4

```
1 3 5 3 | 1 3 5 | 4 3 2 3 | 4 3 2 | 1 2 3 4 | 5 -
(师)小朋 友 (生)啊  (师)我 问你(生)问什么？(师)火车 怎样 叫？
(师)小朋 友 (生)啊  (师)我 问你(生)问什么？(师)火车 怎样 叫？
```

```
( 1 2 1 2 3 4 | 5 5 5 ) | i 5 | ( i 5 ) | 3 1 | ( 3 1 ) |
          (生) 呜  呜   呜    呜
          (生) 嘀嘀 嘀嘀 嗒嗒   嗒嗒
```

```
| 5 i 5 3 | 4 3 2 1 | 3 2 | 1 - ‖
呜。
嘀嘀 嗒嗒 嘀嘀 嗒嗒 嘀嘀 嗒。
```

说明：通过师生间的一问一答，练习学生高位置轻声演唱的能力。还可以启发学生创编"小鼓怎样叫？咚咚……"

叫 声

1=C 2/4

6 6 5 5 | 6 6 3 | 6 6 5 5 | 6 6 3 | 6 5 | 6 5 ‖

早晨 雄鸡	起身 早，	伸长 头颈	高 声 叫，	喔 喔	喔 喔。
树上 飞来	小麻雀，	一边 游戏	一边 叫，	喳 喳	喳 喳。
墙头 走来	一只猫，	一边 走着	一边 叫，	喵 喵	喵 喵。
鸭子 也来	凑热闹，	摆着 尾巴	连声 叫，	呷 呷	呷 呷。

说明：练习了"o、a、ao"等元音，充满童趣，结合律动，适合低年级。

钟 声

1=D 2/4

5 5 | 3 1 | 6 6 5 | 6 6 5 | 6 6 5 | 6 6 | 5 - ‖

(师)钟声 响了，叮铃铃，(生)叮铃 铃， 叮铃 铃。 叮铃 铃。
　　风吹 来了，呼呼呼， 呼呼 呼 呼呼 呼 呼呼 呼。

说明：儿童用轻柔的、清楚的声音唱出。

下 雨

1=E 2/4

5 3 5 | 6 - | 6 6 | 5 - | 5 6 5 3 | 2 - | 5 3 2 3 | 1 - ‖

(师)下雨 啦，(生)沙沙 沙。 打雷 啦 隆 隆

说明：让儿童张开嘴巴唱，尽量发好 a、ao、wu 等韵母。

大雨和小雨

1 = C 2/4

$\underline{5\,3}$ $\underline{4\,2}$ | 3 - | $\underline{5\,3}$ $\underline{4\,2}$ | 3 - | $\underline{5\,3}$ $\underline{4\,2}$ | $\underline{5\,3}$ $\underline{4\,2}$ | $\underline{5\,3}$ $\underline{4\,2}$ |

大雨 哗啦 啦， 小雨 淅沥 沥， 哗啦 啦， 淅沥 沥， 大雨 小雨

$\underline{1\,1}$ 1 | 6 6 | $\underline{5\,5\,5\,5}$ | $\underline{3\,3\,3\,4}$ | 5 - | 6 6 | $\underline{5\,5\,5\,5}$ | $\underline{3\,3\,3\,4}$ |

快 快下。 大 雨 哗啦啦， 小雨 淅沥 沥， 大雨 哗啦啦， 小雨淅沥

2 - | $\underline{5\,5\,5\,3}$ | $\underline{5\,5\,5\,3}$ | $\underline{4\,4\,4\,2}$ | $\underline{4\,4\,4\,2}$ | $\underline{5\,3}$ $\underline{4\,2}$ | $\underline{1\,1}$ 1 ‖

沥， 哗啦啦， 哗啦啦， 淅沥沥， 淅沥沥， 大雨 小雨 快快下。

说明：1. 用饱满有弹性的声音表现歌曲。

2. 用强弱力度的对比表现大雨、小雨的不同情景。

谁在叫

1 = E 2/4

$\underline{1\,3\,4}$ | 5 5 | $\underline{1\,3\,4}$ | 5 5 | $\underline{6\,5\,4\,3}$ | 5 - | $\underline{1\,3\,4}$ | 5 5 | $\underline{1\,3\,4}$ |

小猫 喵喵， 小鸡 叽叽， 啦啦啦啦 啦， 小鸭 嘎嘎， 小猪

5 5 | $\underline{4\,3\,2\,3}$ | 1 - ‖: $\underline{6\cdot 6}$ | 5 3 | $\underline{2\,2\,2\cdot 3}$ | $\underline{5\,5\,5}$ | $\underline{6\cdot 6}$ |

噜噜， 啦啦啦啦 啦。 喵喵 叫 了 小老鼠 逃不掉， 小 鸡

5 3 | $\underline{2\,2\,2\cdot 3}$ | $\underline{5\,5\,5}$ | $3\cdot 3$ | $\underline{2\cdot 3}$ 1 | $\underline{7\,7\,7\,2}$ | $\underline{6\,6\,6}$ |

叫了 鸡妈妈 咯咯笑。 嘎嘎 叫 了， 池塘里小 鱼 摇

$3\cdot 3$ | $\underline{2\cdot 3}$ 1 | $\underline{5\cdot 5}$ 5 | $\underline{3\,0\,2\,0}$ | 1 - | 1 0 ‖

小 猪 叫 了， 呼噜 呼 噜 睡 大觉。

说明：1. 要采取师生对唱，生生对唱的形式进行训练。

2. 歌唱中应注意连音、断音的不同表现方法。

157

牛不要叫

1 =F 3/4

3 5 3 │ 2 - - │ 3 5 3 │ 2 - - │ 6̣ 5̣ 1 2 │ 3 - - │ 2 3 1 6̣ │ 5 - - │

牛不要　叫，　　羊不要　叫；　　你们肚子　饿；　　我去割青　草，

5 3 2 2 │ 1 - ‖

大家吃个　饱。

说明：此曲可先让学生练习高位置朗读，然后再清楚地唱出歌词。

还要睡吗

1 =F 4/4

1 2 3 1 │ 1 2 3 1 │ 3 4 5 - │ 3 4 5 - │ 5 6 5 4 3 1 │

还要睡吗，还要睡吗，约翰弟，　约翰弟？　　晨　钟　响了，

5 6 5 4 3 1 │ 2 5̣ 1 - │ 2 5̣ 1 - ‖

晨　钟　响了，叮咚叮，　叮咚叮。

说明：从"晨钟响了……"这句到结束可做二部卡农练习。

第四编

舞蹈技能

第二十章 舞蹈技能基础知识介绍

舞蹈是经过人们提炼、组织和艺术加工并以人体动作为主要表现手段，表达人们的思想感情，反映社会生活的一种艺术形式。舞蹈的基本要素是动作的姿态、节奏和表情。舞蹈也是幼儿教师必修的一门课程，然而幼儿教师学习舞蹈又与专业的舞蹈学习者不同，幼儿教师主要是学习舞蹈的基础理论知识和舞蹈的基本技能，为今后的教育教学做基础。

舞蹈是艺术领域不可缺少的一种表现形式。《3～6 岁儿童学习与发展指南》中指出：艺术是人类感受美、表现美和创造美的重要形式，也是表达自己对周围世界的认识和情绪态度的特有方式。每个幼儿的心里都有一颗美的种子。幼儿艺术领域的学习关键在于充分创造条件和机会，在大自然和社会文化生活中萌发幼儿对美的感受和体验，丰富其想象力和创造力，引导幼儿学会用心灵去感受和发现美，用自己的方式去表现和创造美。

幼儿舞蹈指的是幼儿利用身体动作、语言、戏剧表演和音乐相结合的综合手段，反映幼儿生活，表达幼儿情感的舞蹈。可分为律动、歌表演、集体舞、表演舞和即兴舞蹈五种类型。作为一名合格的幼儿教育者，要不断提高自身的舞蹈素质，掌握舞蹈的基本理论，提高自己的舞蹈技能，敢于创新，善于根据幼儿身心发展的现有水平，有目的、有计划地组织幼儿系统地学习舞蹈，发展幼儿认知力、表现力、审美力，记忆力、音乐想象力和创造力，科学地促进幼儿身心健康的全面发展，为他们开启艺术天堂的大门，感受舞蹈带来的快乐。

本部分介绍了幼儿基本舞步、幼儿律动、集体舞、歌表演、民族舞、外国儿童集体舞、表演舞和即兴舞蹈，涵盖的内容比较广泛，而且还介绍了动做练习、队形练习的案例，对学习者具有重要的参考价值，最后的建议活动有利于拓展学习者的思维能力和想象力。在学习了本部分有关舞蹈的基本理论、教学方法以后，要能够理论联系实际，在教学中融会贯通，不可生搬硬套，要学会创新，结合当时当地幼儿园以及幼儿本身的发展状况选择合适的舞蹈教授。本部分旨在通过介绍舞蹈的基础理论、常用术语、基本舞蹈动作和各种特色舞蹈，帮助幼儿教育者提高舞蹈水平和技能，了解幼儿舞蹈的特点，学习幼儿园舞蹈教学的内容，提高创编儿童舞的能力。

第二十一章　幼儿基本舞步(一)

第一节　走步

一、动作介绍

走步：一拍一步，手臂可前后交替或左右横摆两种方法。

二、音乐选择

$\frac{2}{4}$ 拍或 $\frac{4}{4}$ 拍的音乐。

三、动作练习

练习一：幸福拍拍手

目的：主要解决走步中顺手顺脚的问题，掌握基本的自然走步动作。

方法：随音乐节拍做自然的走步，要求膝盖，肩膀放松。手臂自然摆动，头随身体自然摆动，面带微笑，嘴角上翘。空拍双手击掌两次。

幸福拍手歌

日 本 民 歌
田梅配伴奏

欢乐地

练习二：这样走

目的：熟练掌握走的动作后，能根据音乐的速度模仿不同人物行走的动作。

方法：第一遍随音乐做自然的走步动作，第二遍变换弹奏速度，幼儿根据音乐的快慢模仿快走和慢走的动作。

小蜜蜂

外国童谣

$1=C\frac{2}{4}$

5 5	3 3	3	4 4	2 2	2	1 2	3 4	5 5	5
小 蜜	蜂		嗡 嗡	嗡，		大 家	一 起	来 做	工。

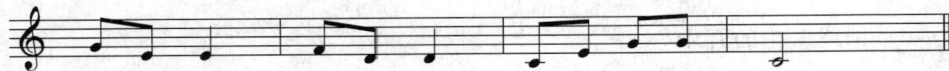

来匆匆，　去匆匆，　做工兴味　浓。

天暖花开　不做工，　将来哪里　能过冬?

快做工，　快做工，　别学懒惰　虫。

四、队形介绍

练习一

分成两队，面对面站立，可原地练习走步，也可两队面对面走，空拍处互击掌做配合。

练习二

在地板上画一个大圆圈，舞者站在圈上做动作，按顺时针或逆时针行走。

五、活动建议

第一，此舞蹈适合小班幼儿，音乐选择要欢快、节奏鲜明、速度适中或有快慢变化。

第二，可做前期经验铺垫，为幼儿播放生活中人们自然的行走姿势，老人与幼儿的走路速度、姿势的对比，军人走路样子等。

第三，可将音乐、队形图谱投放到表演区，供幼儿按照图谱进行表演。

第二节　小碎步

一、动作介绍

小碎步：后背挺直站好，脚跟提起，膝关节松弛，前脚掌交替走。

二、音乐选择

$\frac{3}{4}$ 拍或 $\frac{2}{4}$ 拍的音乐。

三、动作练习

练习一：小鱼找泡泡

目的：解决驼背和用脚掌做碎步的问题。

方法：在教室悬挂多个气球（幼儿立脚尖，挺拔身姿），让幼儿扮演小鱼，脚下小碎步，并用头去触碰气球。

吹泡泡

诸明娟　词　帆　帆　曲

1 =C（或 1=D）　$\frac{2}{4}$

3 1 ｜ 5 5　3 ｜（5 6 5 6 5 1 ｜ 5 5　3）｜ 2 3 ｜

吹 呀　吹 泡 泡，　　　　　　　　　　有 大

7 2 1 ｜（2 3 2 3 2 5 ｜ 7 2 1）｜ 3 1 ｜ 5 5　3 4　2 ｜

又有小。　　　　　　　　　　飞 呀 飞 上 天，飞 呀

$\underline{6}$ $\underline{6}$ $\widehat{5}$ | X　0　$\underline{4}$ $\underline{4}$　0　$\underline{3}$ $\underline{3}$　0 | $\underline{2 \cdot 1}$ $\underline{7}$ $\underline{2}$ | 1　- ‖

飞　上　天。咦？　　泡　泡，　　泡　泡，　　泡　泡　不　见　了。

练习二：小鱼和星星

目的：在熟练掌握基础动作后，培养幼儿的合作性和表现力。

方法：一部分幼儿扮演小星星，原地碎步自转，其他幼儿扮演小鱼自由游动，要求通过表情表现出小星星、小鱼的可爱样子。音乐最后一小节的时候，教师说："五条小鱼围星星。"幼儿根据要求做动作，没有围上的人下一次游戏中扮演星星，可以不断变化围星星、小鱼的幼儿数量。

月光下的小鱼

薛磊　词曲

1 =C $\frac{3}{4}$

5　6　5 | 3　5　3 | $\underline{3 2}$　3　1 | 2　3　2 | 5　-　- |

小　荷　塘，夜　空　静，　小　鱼　轻　啄　月　儿　影。

5　6　5 | 3　5　3 | $\underline{3 2}$　3　1 | 2　3　2 | 1　-　- ‖

小　星　星，眨　眼　睛，陪　伴　小　鱼　到　天　明。

练习三：小鱼在做什么

目的：在熟练掌握小碎步动作的基础上，培养幼儿的想象力。

方法：要求两人为伴，自己根据音乐创编出小鱼一起做事情的动作，表演结束后，让其他人来猜他们表现的小鱼在做什么，最后由表演者来讲述他们舞蹈的内容。（音乐伴奏同练习二）

四、队形介绍

练习一

幼儿插空站成两横排，教师带领做镜面动作。第一排和第二排可做反方向走、面对面走。

练习二

教师做带领，随教师站在身后沿 S 形做小碎步练习。（见下图）

五、活动建议

第一，此舞蹈适合小班幼儿，选择舒缓优美的音乐。

第二，可制作小鱼头饰或月光下的小鱼背景画面，投放到表演区，供幼儿进行角色扮演。

第三，可将音乐、队形图谱投放到表演区，供幼儿按照图谱表演。

第三节　小跑步

一、动作介绍

小跑步：双臂自然摆动，双脚全脚掌交替跑动。

二、音乐选择

$\frac{2}{4}$ 拍的音乐。

三、动作练习

练习一：小叮当

目的：学习小跑步的基本动作。

方法：随音乐做小跑步，（1～2 小节）旁按手，脚下做小跑步动作。（3～4 小节）双手由胸前交叉至头顶打开，脚下小碎步动作。（5 小节）旁按手，随节奏做点头动作。（6～10 小节）动作同（1～5 小节）。（11～12 小节）脚下小跑步找朋友，（13～14 小节）面对面手拉手，（15 小节）脚下小八字位站立，双手上举打开于耳朵两侧。

小叮当

1=D 4/4

5 5 1 1 3 5 3 5 　5 6 5 3 4 3 2 　6 2 2 4 7 7 6 5
如果我有仙女棒，　变大变小变漂亮，　还要变个都是漫画
躺在草地上幻想，　想东想西想玩耍，　想到老师还有考试

4 4 3 6 7 7 1 　2 — — — 　5 5 1 1 3 5 3 5
巧克力的玩具的家。　　　　如果我有机器猫，
一个头就变成两个大。　　　好在我有小叮当，

5 6 5 3 4 3 2 　6 2 2 4 7 7 6 5 　4 　3 2 7 　2
我要叫他小叮当，　竹蜻蜓和时光隧道　能 去任何 地
困难时候求求他，　万能笔和时间机器　能 做任何 事

1 — — 　6 6 5 4 5 5 　2 3 4 2 5 —
方。　　让小孩大人坏人　都变成好人。
情。　　让我的好朋友　一起分享他。

6 5 4 2 7 6 5 6 5 4 4 5 6 3. 2 　1
啊啊啊，小叮当帮我实现 所有的愿望。
啊啊啊，小叮当帮我实现 所有的愿望。

169

练习二：火车开啦

目的：增加情境练习小跑步，培养幼儿的感受力与互相配合能力。

方法：幼儿围坐一边，请出四个幼儿架起两个山洞，四个幼儿当火车头，一个幼儿邀请另一个幼儿站到他的身后扮演车厢，人员邀请完以后开始轮流钻山洞。

火车开啦

匈牙利儿童歌曲
吴　静　译词
欧阳斌　配歌

1=C 2/4

活泼 轻快地

四、队形介绍

练习一

可手拉手围成圆圈，教师和学习者一起站于圆上，最后配合时小跑步自由组合。

练习二

分成两纵队，排头做火车头。可以交换体验做火车头。（见下图）

练习三

教师做火车头，带领幼儿做一列长长的火车，延不规则火车道练习小跑步。（见下图）

五、活动建议

第一，本舞蹈适合小班幼儿，音乐选择节奏感强、欢快的曲子。

第二，多设计有情境的表演，这样更有助于激发幼儿参与的积极性。

第三，可将音乐、队形图谱投放到表演区，供幼儿按照图谱表演。

第四节　后踢步

一、动作介绍

后踢步：膝关节带动小腿向后抬起，双腿交替。

二、音乐选择

$\frac{4}{4}$ 拍的音乐。

三、动作练习

练习一：泡泡糖

以合作表演的形式进行后踢步训练。两两手拉手，脚下随儿歌节拍做后踢步。要求表现出小丑的俏皮可爱。"泡泡糖、真荒唐。一不小心粘到了小脸庞，涂一块红、涂一块绿，变成小丑也美丽"

儿歌动作说明：（1）泡泡糖、真荒唐——幼儿手拉手，脚下做后踢步。

（2）一不小心粘到了小脸庞——双腿站立，互拍对方的手。（3）涂一块红、涂一块绿——幼儿一手旁按手，一手变掌做涂抹脸的动作。（4）变成小丑也美丽——面对面做后踢步，双手叉腰。

练习二：我的朋友在哪里

播放音乐，主教和助教老师一起表演《我的朋友在哪里》，幼儿观察教师的表演。

（1）第一段 1—2 小节：后踢步，双手叉腰。

（2）第一段 3—4 小节：双腿并拢，随节拍蹲，一手叉腰，一手做邀请状，手掌向上，自然伸直。换方向一次。

（3）第二段 1—2 小节：后踢步，双手叉腰。

（4）第二段 3—4 小节：双腿并拢，随节拍蹲，双手伸出食指，放脸的两侧，做笑的动作。找到朋友，互相握手。

我的朋友在哪里

1=C 2/4

1=E 的音高位置（按首调唱名法）

四、队形介绍

练习一

幼儿分成两队，面对面站立，可做队形的交叉。

练习二

幼儿手拉手站成圆形，教师站圆中心，幼儿可向圆心或圆外变换队形。

五、活动建议

第一，将儿歌《泡泡糖》《吹泡泡》节奏谱投放在活动区，幼儿可边说边练习。

第二，投放《我的朋友在哪里》的音乐，幼儿自由结组练习后踢步。

第三，将队形图谱投放在活动区，幼儿可自行按图谱进行练习。

小·结

本章主要介绍了小跑步、后踢步等几种舞步，培养幼儿对四二拍的感知，在音乐中协调一致地做出脚下动作，并通过提供一个自由开放的平台，引发幼儿对舞蹈的兴趣，初步引导舞者进行二度创作，从而培养对舞蹈的感知和创新。

关键术语

走步　小碎步　小跑步　后踢步

思考题

1. 幼儿在练习走步时，如何保证走步的协调性？

2. 小碎步练习幼儿容易产生疲劳感，教师如何激发幼儿学习的兴趣，减少幼儿的疲劳感？

3. 在组织小跑步练习的游戏中如何让幼儿根据音乐节奏来进行？

4. 后踢步练习中都会出现哪些问题？如何解决这些问题？

练习题

根据音乐《郊游》创编儿童舞蹈，尝试将本章所学"走步、小碎步、小跑步、后踢步"等内容在舞蹈中有所展现。

郊　游

小快板　愉快地

1=♭E 4/4

走　　走　　走走走，　我们小手　拉小手，

走　　走　　走走走，　一同去郊　游。

白　云　悠　悠，　阳光　柔　柔，

青山绿水一片锦　绣。　　　走　走

走走走，　我们小手　拉小手，　走　走

走走走，　一同去郊　游。

第二十二章　幼儿基本舞步(二)

第一节　踵趾步

一、动作介绍

踵趾步：小八字步(位)准备。动作时(以左腿为例)，第一拍左脚向右斜前方伸出，脚跟落地。右腿向 2 点屈膝，身体向左后倾斜，面向 2 点上方。第二拍右腿直立，左脚向 6 点撤步，脚尖点地，脚面向外，身体略前倾，面向 8 点上方。

踵趾小跑步：在踵趾步做完后，踮起脚尖，一拍一步后踢(尽量碰到屁股)。

配合动作：双手叉腰或放置两侧，头部有方向地倾斜。

二、音乐选择

$\frac{2}{4}$ 拍或 $\frac{4}{4}$ 拍的音乐。

三、动作练习

练习一：歌唱家

目的：练习腿部曲直和点步的配合以及身体的平衡能力。

方法：将动作方法编成一首儿歌（左腿直直脚前翘，右腿弯弯手叉腰，左脚尖尖向后点，右腿直直向左翘）儿歌：幼儿分成几横排站立，小八字步准备，双臂自然下垂。音乐响起，随音乐做动作，前两拍伸出左脚，同时右腿弯曲，手臂可叉腰，头部随身体略倾斜，后两拍左脚脚尖向后点地，右腿自然伸直，头部向左倾斜。幼儿保持面部微笑，在音乐的配合下，边做动作边练习儿歌，有助于动作的记忆，也可两人面对面练习，彼此规范动作。

音乐： 1 =C $\frac{2}{4}$

$$\underline{1\ \ 1}\ \ \underline{1\ \ 2}\ \left|\ 3\ \ -\ \right|\ \underline{3\ \ 3}\ \ \underline{3\ \ 4}\ \left|\ 5\ \ -\ \right|\ \underline{6\ \ 6}\ \ \underline{5\ \ 4}\ \left|\ 3\ \ -\ \right|$$

$$\underline{5\ \ 5}\ \ \underline{2\ \ 3}\ \left|\ 1\ \ -\ \right\|$$

练习二：踢尾巴

目的：在掌握踵趾步的基础上，练习踵趾小跑步，解决后踢脚尖不绷紧、踢不到位的问题。

方法：幼儿分成几横队站好，小八字步准备，双手叉腰，在身后拴上一条较短的绳子（尾巴），跟随音乐响起做动作，后腿尽量向上踢，开始两拍换腿，熟练后一拍换腿，用脚去踢自己的尾巴，注意脚尖一定要绷紧，身体正直，以防"尾巴"歪斜。

谁的尾巴用处大

杨春华 词 罗晓航 曲

民歌风

1=C 2/4

(5. 1̇ 6 5 | 1̇ 1̇ 3̇ 5̇ 2̇ | 1̇ 1̇ 2̇ | 3̇. 5̇ 6̇ 1̇ | 2̇ 5̇ 6̇ 5̇ 6̇ | 5̇ 5̇) |

1̇ 1̇ 3̇ 2̇ 3̇ | 5. 6 | 1̇. 6 5 | (1̇ 2̇ 6 5) | 6̇ 1̇ 6̇ 5̇ | 1̇ 5̇ 3̇ |

谁 的 尾　　巴　　用 处 大,　　　　鸟 儿的 尾 巴
谁 的 尾　　巴　　用 处 大,　　　　鱼 儿的 尾 巴
谁 的 尾　　巴　　用 处 大,　　　　牛 儿的 尾 巴
谁 的 尾　　巴　　用 处 大,　　　　猴 子的 尾 巴

2̇. 1̇ 2̇ | (1̇ 3̇ 5̇ 2̇) | 3̇. 5̇ 6̇ 6̇ | 0 1̇ 5 | 6̇ 5̇ 6̇ 2̇ | 1̇ 1̇. |

用 处 大,　　　　鸟 儿 飞翔　　在　　　空　　中呀,
用 处 大,　　　　鱼 儿 靠它　　来　　　游　　水呀,
用 处 大,　　　　牛 儿 用它　　当　　　扫　　帚呀,
用 处 大,　　　　猴 儿 游玩　　在　　　树　　上呀,

1̇ 6 | 5. 1̇ 6 5 | 1̇ 1̇ 3̇ 5̇ 2̇ | 1̇. 2̇ | 1·2·3 3̇. 5̇ 6̇ 1̇ | 2̇ 5̇ 6̇ 5̇ 6̇ |

盘 旋 上下 全靠　　　它,　　盘 旋 上 下 全 靠
一 摆 一摇 向前　　　划,　　一 摆 一 摇 向 前
还 把 蚊蝇 来拍　　　打,　　还 把 蚊 蝇 来 拍
它 把 身子 来倒　　　挂,

5 - | 5\0 : ‖ 4 3̇. 5̇ 6̇ 1̇ | 2̇ 1̇ 6̇ 5̇ 6̇ | 1̇ - | 1̇ \0 ‖

它　　呀。　　它 把 身 子 来 倒 挂 呀
划　　呀。
打　　呀。

177

练习三：老狼老狼几点了

目的：进行蹱趾步和蹱趾小跑步的转换练习。

方法：一个人扮演狼，其他人扮演羊。音乐开始后，羊做蹱趾小跑步跳出来，羊跟随音乐随意地在教室做动作，音乐到 x x x｜6 6 6｜，老狼出现开始抓羊，羊用小跑步跑回羊圈。

音乐：1 = D $\frac{2}{4}$

$\underline{5\ 6}\ \underline{5\ 6}$｜$\underline{5\ 3}\ 2$｜$\underline{5\ 3}\ 2$｜$\underline{6\ 3}\ \underline{6\ 3}$｜$\underline{2\ 1}\ 2$｜$\underline{2\ 1}\ 2$｜

$\underline{5\ 5}\ 5$｜$\underline{X\ X}\ X$｜$\underline{6\ 6}\ 6$｜$\underline{X\ X}\ X$｜$\underline{5\ 5}\ \underline{3\ 5}$｜$\underline{2\ 3}\ 2$｜$1\ -$｜$\underline{3\ 2}\ 1$‖

四、队形介绍

练习一

分成两队，面对面或反向站立。

练习二

走直线时可蹱趾步，斜线时可蹱趾小跑步行进，或调换。（见下图）

练习三

手拉手站成圆形，可向圆心或圆外变换队形。

五、活动建议

第一，此舞步适用于中班幼儿。蹱趾步和蹱趾小跑步的练习，适合欢快、节奏鲜明的音乐。

第二，教师要为幼儿创设愉快的舞蹈氛围，创设在果园的情境，发挥幼儿的想象力和创造力，跟随音乐合拍地做摘果子和跳蹱趾步动作，根据采摘不同水果，幼儿手部动作可进行变化。

第三，教师要准备音乐、图片、队形图谱，引导幼儿能够按照图谱组织队形，跟随音乐起舞。

第二节　踏踮步

一、动作介绍

(一)踏踮步

做法：踏步准备。以右踏步为例。

第一种做法：第一拍右脚掌踏地，双腿直膝，左脚自然离地，身体重心上移。第二拍左脚掌先落地，然后全脚落地，同时双腿屈膝，右脚自然离地，身体重心下移，也可做成一拍一步。

第二种做法：基本同上，只是两拍的动作的顺序先后颠倒，身体重心先下后上。这种做法也可以叫作垫步。

(二)配合动作

手部可有多种动作，如叉腰、多人牵手等。头部随节拍左右轻摆。

二、音乐选择

一般采用 $\frac{2}{4}$ 拍或 $\frac{4}{4}$ 拍的音乐。

三、动作练习

练习一：木偶

目的：练习踏踮步，增强对音乐节奏的感受力。

方法：幼儿扮演小木偶，分组进行，排成一横队，小木偶双手可自然下垂或叉腰。教师用手势进行指挥，小木偶以踏踮步行进。随着音乐节奏响起，教师左手抬起，小木偶左脚踏地，反之亦然。教师可根据音乐节奏，或快或慢进行练习，教师与幼儿面对面站立，如教师左手抬起，小木偶右手抬起；教师右手抬起，小木偶左手抬起；让幼儿感知节奏。注意小木偶是不能乱动的，必须听指挥，跟着节拍踏踮。

木偶兵进行曲

麦克唐纳　词　杰塞尔　曲

进行曲速度

1=C $\frac{4}{4}$

```
 5 | 3 5 5 5 | 4 5 5 5 | 3 5 7 6 | 5 #4 ♮4 3 2 5 |
```

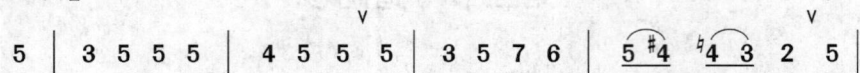

看　玩具店已　关门了,店　里的一切　静　悄　悄,当

```
 3 5 5 5 | 2 7 7 7 | 6 0 2̇ 0 | 5 0 0 5 | 3 5 5 5 |
```

夜半 钟声　当当敲,可　就真热　闹!　看洋娃娃们

```
 4 5 5 5 | 3 5 7 6 | 5 #4 ♮4 3 2 5 | 3 5 5 5 | 2 7 7 7 |
```

排好队,木 偶兵扛枪　就要出　发,他们的队伍,随着 鼓声

```
 6 0 2̇ 0 | 5 0 0 ( 5 5 | 5 - - 5 5 | 5 - - 0 ) |
```

走　来　　了!

```
 5 1̇ 3 6 5 | 5 1̇ 3 6 5 | 5· 5 5 1̇ | 1̇ 7 7 - |
```

精　神抖擞,　脚步矫健,　上 尉领队　喜洋洋;

```
 5 2 4 6 5 | 5 2 4 6 5 | 5· 5 5 2̇ | 2̇ 1̇ 1̇ - |
```

刺　刀闪光,　军 乐嘹亮,　士　兵行进　气昂昂;

```
 5 1̇ 3 6 5 | 5 1̇ 3 6 5 | 5· 5 5 1̇ | 1̇ 7 7 - |
```

腰　佩马刀,　目　光闪耀,　走 过洋娃　娃身旁,

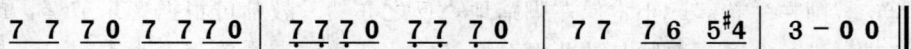

```
 7 7 7 0 7 7 7 0 | 7 7 7 0 7 7 7 0 | 7 7 7 6 5 #4 | 3 - 0 0 ‖
```

向 前 进,向前进,　向前 进,向前进,　　队伍 整齐又雄　壮!

180

练习二：小动物学跳舞

目的：增加情境练习踏踮步，培养幼儿的想象力和创造力。

方法：增加动物园的情境，幼儿可随意扮演一种动物，将动物特征融合进踏踮步之中。正步准备，双手自然下垂，音乐响起，幼儿进行表演，根据自己扮演的动物来确定脚下的节拍，例如：大象扮演者可两拍一换脚；小老鼠扮演者可一拍或半拍一换。发挥想象力，尽可能多的扮演不同动物，练习踏踮步。可加入上身和上肢动作，分别进行表演，让其他人猜猜是什么动物，增强舞蹈的趣味性。

<h3 style="text-align:center">小动物学跳舞</h3>

朱洪湘 词

1=F 2/4

(1·16·5 | 6 - | 5·432 | 3 - | 2254 | 3·1 |

25 67 | 1- ） | 511 311 | 25 5 | 511 31 | 2 - |
　　　　　　　　小动物 在一起 学跳舞，急坏了 长颈 鹿。

3·454 | 32 2 | 75 67 | 1- | 55 3 | 53 1 |
青 蛙 拿着 麦克 风 伴唱 真叫 酷， 小 刺 猬 穿时 装

2·2 75 | 6- | 5·6 15 | 33 1 | 25 67 | 1 - |
动作 真漂 亮， 斑点 狗 学老 虎 扭扭 屁 股，

1·1 6·5 | 6- | 5·4 32 | 3- | 4321 | 226·5 |
大象 害羞 挠 挠 头， 狮子 跳舞 就像 发

5 - | 5 - | 1·1 6·5 | 6 - | 5·4 32 | 3- |
怒， 小鸭 吹 起 小 喇 叭

181

$$\underline{2}\ \underline{2}\ \underline{5}\underline{4}\ |\ 3\cdot\quad \underline{1}\ |\ 2\ \underline{5}\ \underline{6}\underline{7}\ |\ 1\ -\ \|$$

小猫 踏着 节　　拍　学走 模 特步。

练习三：迷迷转

目的：多方位进行踏跐步的练习。

方法：幼儿分组进行，站成圆圈，双手叉腰，跟随音乐响起，开始游戏。游戏时可前、后、左、右移动进行踏跐步练习，或旋转进行，边转边念儿歌："迷迷转，迷迷转，大风吹来，快快站！"要根据音乐节奏来念儿歌进行踏跐步，当念到"站"字时，马上停止旋转。游戏开始时，教师可进行指挥，确定旋转停止的节奏，幼儿熟练后可自己掌握。旋转时可加上上肢和全身的配合。注意：每回最多转 5 圈，以防头晕跌倒。

大风车

乔 羽 词 孟卫东 曲

♩=152

1=F

大风车 吱呀 吱悠悠地转，这里的风景呀
大风车 转呀 转悠悠，快乐的伙伴手

真 好看，天 好 看，地 好 看，还有一群快乐的
牵 着手。牵着你的手，牵着我的手，

小 伙伴。今天 的小伙伴，明天 的好朋 友，嘿! 好 朋 友。

182

四、队形介绍

练习一

可站成多排，根据教师指挥做动作。（见下图）

——————————————

——————————————

——————————————

练习二

可采用斜排方式行进。（见下图）

练习三

站成圆形，可向圆心或圆外变换队形。

五、活动建议

第一，此舞步适用于中班幼儿。音乐应选择欢快活泼的曲子。

第二，教师可利用其他乐器，如铃鼓，启发幼儿尝试用不同的音乐节奏来敲打铃鼓，结合踏踮步，多角度来表现舞蹈。也可发挥幼儿的想象力，扮演不同的小动物，将动物特征与踏踮步结合，激发幼儿的探索和表演欲望。

第三，教师要准备欢快、活泼的音乐或舞蹈视频，并将队形图谱展示给幼儿，让幼儿能按照图谱组织队形。

第三节　跑跳步

一、动作介绍

跑跳步：正步准备。动作时，第一拍前半拍左脚向前迈一步，后半拍左脚原地小跳一次，同时右腿正吸腿。第二拍重复第一拍动作，左右相反。跑跳步左右腿起步都可以，跳起落地时，应用脚掌。跑跳时，后背要直立并保持住，防止上身前后摆动。跑跳步的整体动作应给人活泼轻盈感。

配合动作：保持上半身的挺拔。

二、音乐选择

$\frac{2}{4}$ 拍或 $\frac{4}{4}$ 拍的音乐。

三、动作练习

练习一：跳跳糖

目的：熟练单脚跳，为跑跳步的学习做准备。

方法：进行单脚跳练习，看似简单，但要注意另一腿要向上吸，做到动作准确。幼儿分组，正步准备，双臂自然下垂，进行比赛，音乐响起，随着音乐一拍一跳或两拍一跳，开始可平地进行，看谁跳得又快又好。再来增加难度，设置障碍，如小木块、水沟等，训练幼儿按照节拍熟练动作。

跳跳糖

1 =C $\frac{4}{4}$

$$\underline{5\ 3}\ \ \underline{5\ 3}\ \ 1\ \ -\ \ |\ \ \underline{5\ 3}\ \ \underline{5\ 3}\ \ 1\ \ -\ \ |\ \ \underline{2\ 2}\ \ \underline{4\ 4}\ \ \underline{3\ 3}\ \ \underline{2\ 2}\ \ |\ \ 1\ \ 3\ \ 1\ \ -\ \ \|$$

跳跳　跳跳　糖，　　跳跳　跳跳　糖，　　又香　又甜　又香　又甜，　跳跳糖。

练习二：小青蛙

目的：在欢快的音乐中体会跑跳步的轻盈之感。

方法：幼儿分组进行游戏，教师要使用生动形象的语言进行引导。幼儿扮演小青蛙，轻松地跳一跳，小青蛙后腿吸起来。音乐响起，随着音乐做动作，第一组站成一排，小青蛙可两拍一换脚，向前跑跳；第二组增加难度，牵手围成圆圈并加快速度，一拍一换脚，练习跑跳步。注意：跑跳时可与小跑步交叉进行，复习巩固，也有助于跑跳步的学习，并且使舞蹈更具美感。

小青蛙

小快板 轻快地

1=D $\frac{2}{4}$

| 5 3 | 3 3 | 5 3 | 3 3 | 5. 6 | 5 3 | 4 | 2. |

小 青 蛙 呀 小 青 蛙 呀，在 池 塘 里 玩 耍。

咕 哇 呱 呱 咕 哇 呱 呱，咕 哇 呱 呱 咕 哇。

| 4 2 | 2 2 | 4 2 | 2 2 | 4. 5 | 4 2 | 3 | 1. ‖

东 边 跳 跳 西 边 跳 跳，多 么 快 乐 逍 遥。

咕 哇 呱 呱 咕 哇 呱 呱，咕 哇 咕 哇 咕 哇。

练习三：小兔子种萝卜

目的：将跑跳步与游戏情境融合，培养对舞蹈的感受力和创造力。

方法：增加游戏情境，教师对幼儿进行分配，分组进行、种萝卜、浇水、施肥、看萝卜、拔萝卜。幼儿扮演小兔子，以跑跳步为基本步法。音乐响起，幼儿随音乐做动作，正步准备，双臂自然下垂。按上述顺序，"小兔子"分别入场，上肢和头部的动作可根据扮演的不同角色进行自由表演，随着音乐节奏的快慢自行调整跑跳步的节奏。注意：动作要做到准确合拍。

两只小白兔

付俊德 词 丛夫朋 曲

欢快 跳跃

1=♭E（1=D）$\frac{4}{4}$

（5 33 33 5 44 44 | 55 42 1 0） 5 3 3 3 3 0 |

1.两只 小白 兔，
2.两只 小白 兔，

3 3 4 5 4 3 0 | 5 2 22 43 2 | ¹6 65 4 3 0 ：‖

都 在 山下 住， 你种 萝卜 他种 菜，天天 都忙 碌。

互 帮 又互 助， 你搬 木头 我挖 土，

$$\overset{2}{\underline{6}\ \underline{6}}\quad \underline{4\ 2}\quad 1\quad 0\ \parallel: \underline{1\ 4}\ \underline{6\cdot\ \underline{6}}\ |\ \underline{5\ 3}\ 5\ -\ |$$

一起　　造新　屋，　　　青菜　大　呀，萝卜大，
　　　　　　　　　　　　　迎朋　友　呀，请客人，

$$\overset{\cdot}{5}\quad 4\quad 2\quad 0\ |\ \overset{1}{\underline{6\ 5}}\ \underline{3\ 0}:\parallel\ \overset{2}{\underline{6\ 5}}\ \underline{1\ 0}\ \parallel$$

一　　　起　　　　去收　获。　　多幸　福。
生　　　活

四、队形介绍

练习一

站成两横排，第一排和第二排可做反方向跳、面对面走。

练习二

可采用半圆形、交叉行进等队形，头与身体方向一致。（见下图）

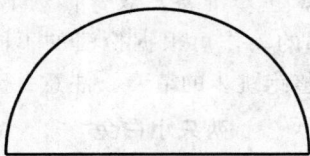

练习三

可采用 S 形队形进行练习。（见下图）

五、活动建议

第一，此舞步适用于中、大班幼儿。跑跳步适合欢快活泼的音乐，对表现幼儿活泼热情的身心特点是十分恰当的。

第二，要为幼儿创建愉快的氛围。可选择多种乐器来进行训练，如鼓，幼儿随教师鼓点的变化而做动作，训练幼儿的节奏感，练习跑跳步。

第三，可将音乐、队形图谱投放到表演区，供幼儿按照图谱进行表演。

第四节　蹦跳步

一、动作介绍

蹦跳步：正步准备。动作时双腿屈膝，经双脚蹬地跳起，在空中双腿直膝，然后双脚掌落地，同时双腿屈膝。蹦跳时可双脚起跳，双脚落地，也可单脚起跳双脚落地。

配合动作：双手和手臂可随意变换动作。

二、音乐选择

$\frac{2}{4}$拍或$\frac{4}{4}$拍的音乐。

三、动作练习

练习一：高跟鞋

目的：解决整个脚落地的问题，练习蹦跳步。

方法：幼儿想象穿上高跟鞋怎么走路，要注意脚掌落地，踮起后脚跟。音乐响起，幼儿分组进行比赛，排成一横队，正步准备，双臂自然下垂。首先模仿穿着高跟鞋走路，看谁走得又快又好，可平地也可设置障碍；然后练习模仿穿着高跟鞋跳，一定要注意音乐节奏；最后学习蹦跳步，教师要注意提醒脚掌着地。

音乐：1=C $\frac{2}{4}$

2　2 | 1.2 | 3　3 | 2- | 1 1 6 | 5 5 6 | 1 1 6 | 5- |

2　2 | 1.2 | 5　3 | 2- | 1 1 6 | 5 5 6 | 1 1 6 | 5- |

2 1 2 | 3 - | 2 3 2 | 1- | 1 1 6 | 5 5 6 | 1　1 | 1 0 ‖

187

练习二：把舞儿跳起来

目的：练习蹦跳步，熟练掌握舞蹈动作。

方法：幼儿扮演小袋鼠进行口袋接力游戏比赛，分成人数相同的四队，排成一纵队，正步准备，双手叉腰。音乐响起，开始比赛，"小袋鼠"按照节拍做蹦跳步，一拍一动作。每一队排头的人蹦跳到平衡木，接着蹦跳步到呼啦圈里，再跳回来把口袋交给下一人，依次进行。看哪队蹦跳的节奏最准确、速度最快。

把舞儿跳起来

彭野　词曲

$1=C$ $\frac{4}{4}$

```
‖: 5 5 6 i 6 | 5. 6 i 6 5 | 3 3 5 6 5͡3 | 2. 3 5 3 2 |
```

把腿儿抬起　来呀抬起来　把手儿摆起　　来呀摆起来
把歌儿唱起　来呀唱起来　把舞儿跳起　　来呀跳起来

```
| 1 1 2 3 5 | 6. 6 6 5 6 | 5 5 5 6 3 2 | 1. 1 3 2 1 :‖
```

把腰儿扭起　来呀扭起来　把头发甩起　　来呀甩起来
把心情放松起　来放松起来　把笑容露出　　来呀露出来

```
‖: i͡1 2͡1 1. 6 | i 6 5 5 0 | 3 3͡5 6. 6 | 5 3 2 0 |
```

多运　动　身体　好　身体　好呀快长高

```
| 1. 2 3 5 | 6 6͡5 6 0 | 5. 6 3 5 | 2 2͡3 1 0 :‖
```

高高兴兴　最重　要　健健康康　没烦　恼

练习三：小猫和老鼠

目的：创设情境，在游戏中熟练蹦跳步，发挥想象力和创造力。

方法：幼儿分成三组，伴随音乐节奏一组合作搭建鼠洞，可采用踏跳步或踮趾步，复习巩固前面学过的基本舞步，上肢配合做出屋顶的动作；一组扮成老鼠搬运粮食，练习蹦跳步，上身做搬运动作；另一组扮成花猫捕捉老鼠，在捕捉的过程中扮演着都要做蹦跳步进行追赶或逃跑，被捕到的人停止游戏。注意：舞步要符合节拍。

小猫和老鼠

1=A 2/4

3 2 3　1 | 1 1 1 | 1 6 1　5 | 5 5　5 | 3 5　3 5 | 1 1　1 1 | 5 5　3 |

灰老　鼠　吱吱吱，灰老　鼠，吱吱　吱　小小　眼睛　骨碌　骨碌　转得　快，
小花　猫　喵喵喵，看见　了，喵喵　喵　气得　胡子　根　根　往上　翘，

6 5　3 5 | 6 7 6 | 1 1　6 1 | 2 0　1 0 | 2 - | 3 2　1 | 3 2 3 2　1 |

一到　晚上　跑出来，偷吃　粮食　最　最　坏，　最最　坏。　嗨！
追上　去呀　追上去，抓住　老鼠　使　劲　咬，　使劲　咬。

四、队形介绍

练习一

行进可以走插花队形，即小圈连小圈，行进可牵手面对面或双手叉腰顺(逆)时针进行。（见下图）

练习二

可分成4个纵队，接力行进。（见下图）

练习三

可手拉手成圆圈，分组进行。

五、活动建议

第一，此舞步适用于小、中班幼儿。蹦跳步适合跳跃性音乐。

第二，教师可创建故事情境，如"小兔子的故事"，让幼儿扮演小兔子，熟练掌握步伐，提升幼儿对舞蹈的感受力。让幼儿自己创编故事情境，加上上身和手部动作，与蹦跳步进行融合，发挥幼儿的想象力和创造力。

第三，教师要准备好音乐、队形图谱，方便幼儿进行表演、舞蹈。

小结

本章主要介绍了踵趾步、踏踮步等几种舞步，培养幼儿对四二拍的感知，在欢快的音乐中协调一致地做出脚下动作，学习各种队形，通过自由开放的平台，引导舞者进行二度创作，从而培养对舞蹈的兴趣和创新。

关键术语

踵趾步　踏踮步　跑跳步　蹦跳步

思考题

1. 采取什么方法能更好地引导幼儿练习踵趾小跑步时脚尖绷紧？

2. 在不同方位进行踏踮步练习时，怎样使幼儿做到动作准确？

3. 在初练习时，幼儿容易忘记要跳一下，怎么能让其牢记跑跳步的要领呢？

4. 怎样更好地解决幼儿整个脚掌落地的问题呢？

练习题

根据《幸福的小孩》创编儿童舞蹈，尝试将本章所学"踵趾步、踏踮步、跑跳步、蹦跳步"内容在舞蹈中有所展现。

幸福的小孩

蓝色经典 蓝海鸥 词

蒲亚军 曲

1=♭E 4/4

(34 5 56 53 | 23 21 6 - | 67 i 76 53 | 2 - - ∨ 56 |

21. 1 -) ‖: 563 5.3 | 56 5321 1 - | 16 5 11 2 35 |

爸爸的 爱啊 像大 海， 托着 早晨的太阳
妈妈的 爱啊 像云 彩， 化作 甘甜的雨露

53 561 2 - | 563 5.3 | 53 231 6 - | 6 5. 53. |

缓缓 升起来， 温暖宽 广的 胸 怀， 荡起 浪花
滋润 花儿开， 快乐美 好的 生 活， 荡漾 笑脸

32 232 1 - | 1. (65 12 5 35 | 2 232 1 -) :‖ 2. (05 61 16 12) |

向 前 迈
不 言 败

34 51 77 6 | 563 5 - | 67 iii 76 6 | 566 51 3 - |

流着爸爸 妈妈 的 血 脉， 我是 幸福的 小孩啊 幸福的 小 孩，

34 5 56 533 | 23 21 6. 5 | 6 5. 533 | 26 55 - |

享 受爸爸 妈妈的 关 怀， 我 健康 苗壮 的 成 才。

$3\ 4\ \ \underline{5\ \overset{\frown}{1}\ \dot{1}\ 7}\ \ \overset{\frown}{7\ 6}\ |\ \underline{5\ 6}\ 3\ \ 5\ -\ |\ \underline{6\ 7}\ \underline{\dot{1}\ \dot{1}}\ \ \overset{\frown}{7\ 6}\ 6\ |\ \underline{5\ 6}\ \underline{5\ \overset{\frown}{1}}.\ 2\ -\ |$

那份 无私的 爱 啊, 无私的 爱, 伴我 春去 秋来啊 春去 秋 来,

$\overset{\frown}{3\ 4}\ 5\ \ \underline{5\ 5\ 6}\ \underline{5\ 3}\ |\ \underline{2\ 3}\ \underline{2\ 1}\ 6\ -\ |\ \overset{\frown}{6\ 7}\ \dot{1}\ \underline{6\ 5}\ \underline{0\ 3}\ |\ \overset{\frown}{2}\ 3\ 2\ 1\ -\ |$

那 份 真挚的 爱啊 真 挚的 爱, 陪 我 现在 到 未 来。

$\overset{\frown}{3\ 4}\ 5\ \ \underline{5\ 5\ 6}\ \underline{5\ 3}\ |\ \overset{\frown}{2\ 3}\ \underline{2\ 1}\ 6\ -\ |\ \overset{\frown}{6\ 7}\ \dot{1}\ \underline{6\ 5}\ \underline{0\ 3}\ |\ \overset{\frown}{2}\ -\ \overset{\frown}{\dot{6}}\ \dot{5}\ |$

那 份 真挚的 爱啊 真 挚的 爱, 陪 我 现在 到 未

$5\ -\ -\ \overset{\frown}{\dot{5}}\ \parallel$

来。

第二十三章　幼儿基本舞步(三)

第一节　踏跳步

一、动作介绍

踏跳步：正步或小八字步准备。动作时前半拍左脚踏地，后半拍左脚原地跳起，同时右腿正吸。右脚踏跳做法与左脚相同，只是左右相反。踏跳腿在空中要直，落地时应是脚掌，同时屈膝。还有一种做法：先跳后踏。

配合动作：上肢和身体配合，进行身体协调练习。

二、音乐选择

$\frac{2}{4}$拍或$\frac{4}{4}$拍的音乐。

三、动作练习

练习一：小猫钓鱼

目的：练习踏跳步的基本动作，避免踏跳高度不够。

方法：用即时贴做成小猫贴在幼儿膝盖上，在教室中拉一条绳子(吸腿的高度)上面挂上小鱼，音乐响起，幼儿分成几组，排成横队比赛。正步准备，双手叉腰，跟随音乐进行踏跳步训练，用膝盖上的小猫去触碰小鱼，可一拍一跳也可两拍一跳，谁碰到的多为赢者。

小猫钓鱼

张仲实　曲　罗晓航　词

有趣地

1=F 4/4 3/4

练习二：叮铃叮铃

目的：熟练掌握动作后，练习不同方位的基本动作。

方法：教师用绳子围成一个长方形，在上面挂上铃铛，幼儿分成几组，站在中间正步准备，双臂自然下垂，音乐响起，教师说方位，如左面的铃铛或后面的铃铛，其他人踏跳步随音乐按节拍找到铃铛，用膝盖去碰铃铛。注意：一组人数不宜过多，以免造成混乱。

叮铃叮铃

孟 笔 词曲

活泼地

1= D 2/4

| 1 1 | 2 1 | 3 5 3 5 | 1 2 3 5 | 6 5 6 5 | 0 6 5 6 |

小小 铃铛，叮铃叮铃，好像哥哥 的手 机， 叮铃叮
我来 听听，叮铃叮铃，好像姐姐 的耳 环， 叮铃叮

i i i | i 0 ‖

铃叮铃 铃。
铃叮铃 铃。

练习三：摘果子

目的：创建情境，丰富舞蹈动作，培养想象力和创造力。

方法：教师可设置摘果子的游戏情境，幼儿分别做出摘水果的各种动作，可采用踏跳步、蹦跳步等基本步法。幼儿正步准备，双手叉腰，随着音乐响起，按着节拍幼儿自由做出各种动作，可一人也可几人合作，丰富舞蹈动作，使舞步更具美感。

摘果子

杨春华　词

佚　名　曲

中速 轻快的

1 =F 2/4

(3 <u>6 6</u> <u>6 6</u> | <u>6 6</u> <u>5 3</u> 3 | <u>2 2</u> <u>3 2</u> <u>3 5</u> | <u>6 6</u> 6) |

<u>6·</u> <u>3 3</u> <u>3 3</u> | <u>2 3</u> <u>2 1</u> <u>2 1</u> | <u>6 2</u> <u>2 2</u> <u>2 2</u> | <u>2 3</u> <u>1 2</u> 3 |

满树的果子 红 又 鲜，　满园的果子 甜 又 香，

3 <u>6 6</u> <u>6 6</u> | <u>6 6</u> <u>5 3</u> 3 | <u>2 2</u> <u>3 2</u> <u>3 5</u> | <u>6 6</u> 6 ‖

摘下那果子 圆 又 大呀，我把果 子 装满筐。

四、队形介绍

练习一

分成两队，面对面，可做队形的交叉。

练习二

长方形队形，依次排列。可面对面或反向。（见下图）

练习三

行进可采用走龙摆尾队形，任意选择起点，跟着音乐有节奏的跳。（见下图）

五、活动建议

第一，此舞步适用于小、中班幼儿。音乐选择适合节奏感强、欢快的曲子。

第二，在舞步熟练的基础上，教师可让幼儿加入上肢和身体配合的综合练习，如分掌踏跳、穿掌踏跳、拍手踏跳等。教师可准备音乐《会跳舞的跳跳糖》，使幼儿能用身体动作有节奏地表现跳跳糖，熟练踏跳步，培养幼儿对舞蹈的兴趣，让幼儿自由发挥，加上手部动作进行创编。

第三，教师可将音乐、队形图谱投放到表演区，可供幼儿按照图谱进行表演。

第二节　踏踢步

一、动作介绍

踏踢步：正步或小八字步准备。动作时第一拍（或前半拍）左脚（或右脚）原地踏一步（或向任何方向迈步）同时屈膝。第二拍（或后半拍）左脚原地小跳一次，同时右腿（或左腿）勾脚（或绷脚）踢出。踢腿方向可根据需要做相应的变化。踢腿高度一般不应低于 45 度。

配合动作：双臂自然协调摆动，也可拉手。

二、音乐选择

$\frac{2}{4}$ 拍或 $\frac{4}{4}$ 拍的音乐。

三、动作练习

练习一：小老鼠

目的：练习基本步伐。

方法：教师在教室中拉上一条绳子，绳子上挂上老鼠（脚踢出的高度），幼儿分成几组依次横排站在绳子前边，正步准备，双手叉腰。音乐响起，随着音乐边做动作，边念儿歌"左脚踏，右脚踢；右脚踏，左脚踢，消灭老鼠不姑息"。教师要随时观察指导，纠正幼儿的错误动作。基本熟练以后幼儿自己按着音乐节拍踏踢。

小老鼠

中速 诙谐地

$1=C\frac{2}{4}$

| 5 5 3 | 5 5 3 | 5 5 3 | 5 6 5 |
| 小 老 鼠 | 上 灯 台 | 偷 油 吃 | 下 不 来 |

| i i i | i 6 i 5 | 5 5 5 3 1 2 | 1 — ‖ |
| 喵 喵 喵 | 猫 来 了 | 叽 哩 咕 噜 滚 下 | 来 |

练习二：小皮球

目的：熟练掌握动作后，加强难度，练习不同方位和控制踢腿速度。

方法：教师用纸团做成皮球状挂在绳子上，幼儿分组，正步准备，双手叉腰，横排练习，根据教师指令做动作，如向左踢、向前踢等。音乐响起，教师按照节拍进行指挥，可一拍一踢也可多拍一踢。熟练后，教师可减少指挥，跟随音乐节奏的变化让幼儿自己进行或快或慢的速度变化。

小皮球

魏滨海 词 颂 今 曲

$1=C\frac{3}{4}$

| 3. 4 5 6 | 5（5 6 5 0）| 6. i 7 6 | 5（5 6 5 0）|
| 小 皮 球， | 圆 又 | 圆， |

| 6 7 i 6 | 5 5 6 3 | 1. 2 3 5 | 2（2 3 2 0）| 3. 4 5 6 |
| 蹦蹦 跳 跳 | 蹦蹦 跳跳 | 到 桌 | 边， | 小 皮 |

5（5 6 5 0）｜ 6. 1　3 5 ｜ 6（6 7 6 0）｜ 5 6 1 6 ｜

球　　　　　　别　捣　蛋，　　　　我　呀　正　在

5 6 3ᵛ ｜ 2 3 6 5 ｜ 2 3　1 2ᵛ ｜ 5 6 1 6 ｜ 5 6 3ᵛ ｜

做　功　课，　做　好　功　课　同　　你　玩，　我　呀　正　在　　做　功　课

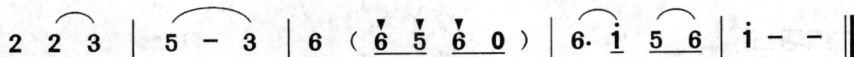

2 2 3 ｜ 5 － 3 ｜ 6（6 5 6 0）｜ 6. 1　5 6 ｜ 1 － － ‖

做　好　　功　　课　　　　　　同　你　玩。

练习三：请你跟我这样做

目的：熟练步伐，训练反应能力。

方法：幼儿自由结组进行游戏练习，一人为指挥，其他人并排站好。随着音乐响起做动作，指挥者说方向，其他人做踏踢步朝相反的方向踢，例如，说"左"，其他人就要向右踢。游戏可随时间增加难度，指挥者可快速说出方向，例如"左左右前"，其他人要正确辨别，并做出相反方向的动作，指挥者轮流更换。注意：动作要准确，合拍。

请你跟我这样做

1 =C　2/4

5　5 ｜ 3　3 2 ｜ 1 － 5 － ｜ 1 1 ｜ 5 1 ｜ 3 － ｜ 2 － 3 ｜ 3 3 ｜ 2 ｜ 2 2 ｜

请　你　跟　我　来，拍　　头，　我　就　跟　你　拍　　头，　请　你　　跟　我　来
　　　　拍　　肩，　　　　拍　　肩，
　　　　插　　腰，　　　　插　　腰，
　　　　跺　　脚，　　　　跺　　脚，

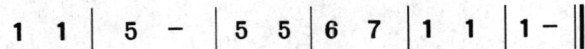

1 1 ｜ 5 － ｜ 5 5 ｜ 6 7 ｜ 1 1 ｜ 1 － ‖

拍拍　头，　　我　就　跟　你　拍拍　头，
拍拍　肩，　　　　　　　　拍拍　肩，
插插　腰，　　　　　　　　插插　腰，
跺跺　脚，　　　　　　　　跺跺　脚。

四、队形介绍

练习一

分成两队，面对面站立，可做队形的交叉。

练习二

同练习一。

练习三

行进可采用蜗牛队形，从里到外或从外到里，可分成几个小组，人数不宜过多。（见下图）

五、活动建议

第一，此舞步适用于中、大班幼儿。准备轻快活泼的音乐。

第二，为使幼儿把基本动作掌握准确，控制身体重心可加走步一起训练，如三步一踢，便于幼儿模仿和纠正自己的动作。教师也可创建不同的情境，如森林舞会等，让幼儿自己模仿小动物与舞步融合，发挥想象力。

第三，教师可将音乐、队形图谱投放到表演区，可供幼儿按照图谱进行表演。

第三节　前踢步

一、动作介绍

前踢步：小八字步准备。动作时双腿轮流向前绷脚直腿踢起。前踢时，脚面要用力，身体略向后仰。

配合动作：手臂。

二、音乐选择

$\frac{2}{4}$拍或$\frac{4}{4}$拍的音乐。

三、动作练习

练习一：大家来做广播操

目的：练习基本步伐。

方法：教师在教室拉一条绳子，上面挂上沙包(脚尖踢起的高度)，幼儿分成小组横排站立，小八字步准备，双臂自然下垂，根据教师指令做动作。音乐响起，教师按照节拍进行指挥，可一拍一踢也可多拍一踢。熟练后，教师可减少指挥，随着音乐节奏的变化让幼儿自己进行或快或慢的速度变化。

大家来做广播操

糜佳乐　词　舒惊涛　曲

活泼

1=C $\frac{2}{4}$

5　i̅ | i. 5 | 3　2̅3̅ | i　— | 3̈3̈　i̅0̅ | 2̈2̈　6̅0̅ |

晨 风 吹，　阳 光 照，　小朋 友 起得 早。

5̅.3̅　2̅3̅ | 5　— | i̅　i̅ | 2̇.　i̇ 6̅ 5̅ | 6　— |

起 得 早。　　整 整 齐 齐 排好 队，

2̇.3̅　6̅5̅ | 3　2 | i̅　— | i̅0̅ | 2̅　i̅ | 2̇.　i̅ |

大 家 来 做 广 播　操。　　伸 伸 臂，

5　6̅3̅ | 2　— | 6̅6̅　6̇.　i̇ | 5　2̅3̅ | 5　— | i̅　i̅ |

弯 弯 腰，　踢 踢 腿，蹦 蹦 跳。　认 真

$\underline{\overset{.}{2} 1} 0 \quad | \quad \underline{6 0} \underline{5 0} \quad | \quad 6 \overset{\vee}{~} \underline{2 3} \quad 6 5 \quad | \quad \underline{\overset{.}{2} 0} \underline{2 0} \quad | \quad \overset{.}{1} - | \overset{.}{1} 0 \parallel$

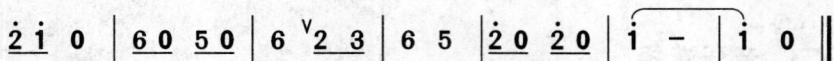

锻炼　　身　体　好，长大要把　祖　国　保。

练习二：幸福拍手歌

目的：在熟练掌握的基础上，增加合作性。

方法：幼儿分成小组，每一组站成一横排手拉手，小八字步准备，音乐响起开始一起往前做动作，团队合作性非常重要，要根据音乐节奏做出动作，避免有人快有人慢，要注意左右腿的轮换。接着进行比赛，动作整齐划一、队内成员都能踢到沙包者获胜。

幸福拍手歌

[日]木村利人　词

有田怜　曲

1=G $\frac{4}{4}$

$\underline{\overset{.}{5} \cdot \overset{.}{5}} \quad | \quad \underline{1 \cdot 1} \underline{1 \cdot 1} \quad \underline{1 \cdot 1} \underline{\overset{.}{7} \cdot 1} \quad | \quad 2 \quad X \quad X \quad \underline{\overset{.}{5} \cdot \overset{.}{5}} \quad |$

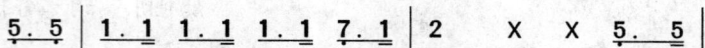

1. 如果　感到　幸福　你就拍拍　手，（拍手）如　果
2. 如果　感到　幸福　你就踩踩　脚，（踩脚）如　果
3. 如果　感到　幸福　你就伸伸　腰，（伸懒腰）如　果
4. 如果　感到　幸福　你就挤个　眼儿，（挤眼儿）如　果
5. 如果　感到　幸福　你就拍拍　肩，（拍肩膀）如　果
6. 如果　感到　幸福　你就拍拍　手，（拍手）如　果

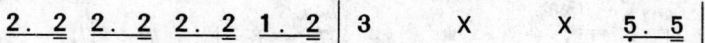

$\underline{2 \cdot 2} \underline{2 \cdot 2} \quad \underline{2 \cdot 2} \underline{1 \cdot 2} \quad | \quad 3 \quad X \quad X \quad \underline{\overset{.}{5} \cdot \overset{.}{5}} \quad |$

1. 感到　幸　福　你　就拍拍　手，（拍　手）如　果
2. 感到　幸　福　你　就踩踩　脚，（踩　脚）如　果
3. 感到　幸　福　你　就伸伸　腰，（伸懒腰）如　果
4. 感到　幸　福　你　就挤个　眼儿，（挤眼儿）如　果
5. 感到　幸　福　你　就拍拍　肩，（拍肩膀）如　果
6. 感到　幸　福　你　就拍拍　手，（拍　手）如　果

$\underline{3\cdot\,3}$ $\underline{3\cdot\,3}$ 3 $\underline{2\cdot\,3}$ | 4 $\underline{3\cdot\,2}$ 1 $\underline{7\cdot\,1}$ |

1. 感 到 幸 福 就　　快 快 拍拍 手 呦，　看 哪
2. 感 到 幸 福 就　　快 快 跺跺 脚 呦，　看 哪
3. 感 到 幸 福 就　　快 快 伸伸 腰 呦，　看 哪
4. 感 到 幸 福 就　　快 快 挤个 眼儿 呦，　看 哪
5. 感 到 幸 福 就　　快 快 拍拍 肩 呦，　看 哪
6. 感 到 幸 福 就　　快 快 拍拍 手 呦，　看 哪

2   $\underline{2\cdot\,1}$ $\underline{7\cdot\,5}$ $\underline{6\cdot\,7}$ | 1   X   X   O ‖

1. 大　家 都 一 齐 拍拍 手。（拍　　手）
2. 大　家 都 一 齐 跺跺 脚。（跺　　脚）
3. 大　家 都 一 齐 伸伸 腰。（伸懒腰）
4. 大　家 都 一 起 挤个 眼儿。（挤眼儿）
5. 大　家 都 一 起 拍拍 肩。（拍肩膀）
6. 大　家 都 一 起 拍拍 手。（拍　　手）

练习三：Let me try

目的：通过游戏的方法增强学习舞蹈的趣味性，训练前踢步。

方法：幼儿自由结成两人一组，并排横站，用绳子将两人相邻的一条腿绑好，教师指挥，说左腿前踢，其中一人按正确方向腿踢，而另一人要用相反的腿踢，反之亦然。音乐响起，比赛开始，听从教师指挥，左腿前踢，右腿前踢。熟练可加快速度，直接说出方向即可，如"左左右右"。参赛两人要配合默契，正确判定踢腿，看哪一组能胜出。

Let me try

彭 野 词曲

1= G $\frac{4}{4}$

‖: $\underline{6\,6}$ $\underline{5\,3}$ $\underline{6\,6}$ $\underline{5\,3}$ | $\underline{6\,6}$ 1 $\underline{7\,6}$ 0 | $\underline{6\,6}$ $\underline{5\,3}$ $\underline{6\,6}$ $\underline{5\,3}$ | $\underline{6\,6}$ 1 $\underline{7\,6}$ 0 |

我最 喜欢 一句话呀 JuJu Just do it　　我最 喜欢 一句话呀 JuJu Just do it

| $\underline{3\,3}$ $\underline{2\,2}$ $\underline{2}$ 1 | $\underline{5\,5}$ 5 $\underline{6}$ 0 | $\underline{3\,3}$ $\underline{2\,2}$ $\underline{2}$ 1 | $\underline{5\,5}$ $\underline{5\,6}$ $\underline{6}$ 0 :‖

Just do it Let me try Let Let Let me try　Just do it Let me try Let Let me try

| ХХ Х ХХХ ХХ | Х ·Х Х 0 0 | ХХ Х ХХХ ХХ | ХХ Х 0 0 |

你不做 怎么就 知道 你 不 行   你不 做怎么就 知道 你能行

| ХХ Х ХХХ ХХ | Х ·Х Х 0 0 | ХХ Х ХХХ ХХ | ХХ Х 0 0 |

你不试 怎么就 知道 你 不 行   你不 试怎么就 知道 你能行

四、队形介绍

练习一

分成两队，面对面，可做队形的交叉。

练习二

手拉手围圆圈，练习前踢步。

练习三

行进可走八字队形（正，反八字），顺、（逆）时针都可。（见下图）

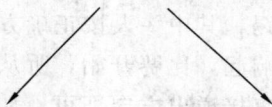

五、活动建议

第一，此舞步适用于大班幼儿。前踢步要选用节奏欢快的曲子。

第二，教师要为幼儿创建活泼欢乐的舞蹈氛围，幼儿可分组手臂后背或体前交叉拉手练习，训练时可与其他舞步比较式练习，如后踢步结合练习。教师可准备秧歌视频或音乐，练习前踢步，与音乐结合，体会出跳秧歌的快乐。

第三，教师准备秧歌舞道具，如扇子、腰绸带、鼓、灯笼等，还有队形图谱，方便幼儿按照图谱进行舞步的练习。幼儿也可自己进行舞蹈的创编，培养其创造力、想象力。

第四节 点步

一、动作介绍

点步：正步或小八字步准备。动作时主力腿膝关节随音乐节拍原地屈伸（或向任意方向上步）。同时，动力腿用脚掌或脚尖按音乐节拍有规律的点地，可以一拍一点或两拍一点。点地的位置可在主力腿前，旁，后，内侧或外侧如，前点步，后点步，旁点步，侧点步，跨点步等。主力腿与动力腿可交替变换做点步，也可以主力腿为轴进行点转。点步要做得节奏感强，注意身体的协调配合。

配合动作：手臂。

二、音乐选择

$\frac{2}{4}$ 拍或 $\frac{4}{4}$ 拍的音乐。

三、动作练习

练习一：小寸点落水面

目的：解决用整个脚掌点地的问题，练习基本步伐。

方法：教师用即时贴脚前掌大小的圆点，分别贴在学生的前脚掌和地上，幼儿分成小组，横排站立，小八字步准备，双手叉腰，随音乐开始进行练习，用脚上的点点找地上的点点，不能踩到点以外，根据音乐节拍，开始可两拍一动作，逐渐加快速度，谁的动作准确为赢者。

小雨点落水面

孟 笔 词　方 翔 曲

1=F $\frac{4}{4}$ ♩=78

$\underset{\smile}{5\ \underset{.}{5}}\ 2\ 3\ 1\ \underset{\smile}{5\ \underset{.}{5}}\ 2\ 3\ 1\ |\ \underset{\smile}{5\ \underset{.}{5}}\ 6\ \underset{.}{1}\ 5\ 3\ \underset{.}{2}\ 1\ 0)\ |\ \underset{\smile}{5\ \underset{.}{5}}\ 2\ 3\ 1\ (\underset{\smile}{5\ \underset{.}{5}}\ 2\ 3\ 1)\ |$

　　　　　　　　　　　　　　　　　　小小雨 点，

$\underset{\smile}{5\ \underset{.}{5}}\ 2\ 3\ 1\ (\underset{\smile}{5\ \underset{.}{5}}\ 2\ 3\ 1)\ |\ 5\ 5\ 2\ 3\ 2\ (\underset{\smile}{5\ \underset{.}{5}}\ 2\ 3\ 2)\ |\ 3\ 6\ 1\ 6\ \underset{.}{5}\ (\underset{.}{5}\ \underset{.}{6}\ 1\ 6\ \underset{.}{5})\ |$

小小雨 点，　　　　叮叮咚 咚　　　　落水面，

$\underset{.}{6}\cdot\ \underset{.}{1}\ 5\ 5\ \underset{.}{6}\cdot\ 1\ 2\ |\ 3\ 3\ 2\ 3\ 5\ 5\ 3\ 0\ \underset{.}{6}\cdot\ \underset{.}{5}\ |\ 6\cdot\ 5\ 6\ 5\ 3\ 2\ |$

荡 开水花一 圈圈，飞 出 音 符 一 串 串，飞　出　　　音　符

$2\cdot\ \underset{.}{5}\ 3\ 2\ 1\ -\ \|$

一　串　串。

练习二：找朋友

目的：增加动作的难度，培养方向感和合作性。

方法：分组自由站立，正步准备，随音乐响起开始做动作，双手叉腰，做点步，向各个方向移动，找到一个好朋友面对面。音乐最后两小节，第一拍时在自己胸前拍手，第二拍时两人对拍，音乐最后一小节重复动作。然后音乐再响起，与朋友分开，做点步，去找新的朋友，重复动作，训练点步。

找朋友

佚 名 词　林 绿 曲

1=D $\frac{4}{4}$

$1\ 1\ 1\ \overset{\frown}{1\ 2}\ |\ 3\ 5\ 5\ -\ |\ 5\ 6\ 5\ 3\ |\ 2\ 3\ 2\ -\ |$

找 找 找。　找 朋 友，　找 到 一 个 好 朋 友，

$3\ 1\ 1\ -\ |\ 5\ 3\ 2\ -\ |\ 1\ 2\ 3\ 5\ |\ 2\ 3\ 1\ -\ \|$

敬 个 礼，　握 握 手，　我 是 你 的 好 朋 友。

练习三：爱运动的小宝宝

目的：训练点步，增强记忆力。

方法：幼儿分组进行游戏，5人一组，横排站立，正步准备，双臂自然下垂，背对队友。音乐响起，第一人做动作，第二人可看，第一人可任意朝各个方向点步，10次为限，接着第二人重复第一人动作，做给第三人看，以此类推，第五人做出他看到的动作，评委判定是否与第一人一样。哪一组最后一人学得像记得牢就获胜。注意：要根据音乐节拍进行。

爱运动的小宝宝

朱洪湘　词曲

1=C 2/4 ♩=100

| 6 | 3 5 | 6 | 3 5 | 6 6 | 1 6 | 6 - |

我　喜欢　像　小鹿　一样　赛　跑
我　喜欢　像　孔雀　一样　跳　舞

| 6 | 3 5 | 6 | 3 5 | 3 3 | 2 1 | 2 - |

我　喜欢　像　小猴　一样　爬　高
我　喜欢　像　小熊　一样　散　步

| 2 | 6 1 | 2 | 6 1 | 2 2 | 6 5 | 3 - |

我　喜欢　像　小兔　蹦蹦　跳　跳
我　喜欢　像　小鸭　一样　游　泳

| 5 5 | 5 3 | 2 3 | 1 1 | 5 3 | 5 6 | 6 - |

我是　一个　爱运　动的　小　宝　宝
爱运　动的　小宝　宝　不　服　输

四、队形介绍

练习一

行进可采用十字队形，可分成男女两队。或搭肩行进。（见下图）

练习二

手拉手围圆圈，点步行进找朋友。

练习三

站成横排进行舞蹈游戏。

五、活动建议

第一，此舞步适用于中班幼儿。音乐选择适合节奏感强、欢快的曲子。

第二，点步的练习可与其他舞步结合，也可结合不同民族风格幼儿舞蹈中点步的练习，如新疆舞，引导了解维吾尔族的民族风情及音乐特点，创建欢快的舞蹈氛围。

第三，教师可将音乐、队形图谱投放到表演区，供幼儿按照图谱进行表演。

小·结

本章主要介绍了踏跳步、踏踢步等几种舞步，培养幼儿对四四拍的感知，在音乐中协调一致地做出各种动作，加强队形的练习，能够根据音乐，结合学习的各种舞步，进行舞蹈的创编，从而激发学习舞蹈的热情，培养创新的能力。

关键术语

踏跳步　踏踢步　前踢步　点步

思考题

1. 怎样让幼儿更好地区分踏跳步和蹦跳步？
2. 怎样使幼儿踏踢时脚尖绷紧？
3. 怎样使幼儿踢得又高又准确？
4. 怎样更好地解决幼儿用整个脚掌点地的问题？

练习题

根据《七彩生活》创编儿童舞蹈，尝试将本章所学"踏跳步、踏踢步、前踢步、点步"内容在舞蹈中有所展现。

七彩生活

1=E 4/4

彭野 词曲

| 1 1 1 1 1 5 1 1 1 1 1 5 | 1 1 1 1 1 2 3 0 | 2 2 2 2 2 5 2 2 2 2 2 5 | 2 2 2 2 2 1 7 1 1 0 |

七彩七彩星球,我们 我们住在　七彩星球 的旁边。　七彩七彩梦幻,我们 我们睡在　七彩七彩梦幻　里　面。

| 4 4 4 4 4 1 4 4 4 4 4 1 | 4 4 4 4 4 5 6 0 | 2 2 2 2 1 2 2 2 3 2 1 | 2 2 2 2 2 1 7 1 1 0 |

七 彩七彩 生活,我们 我们过着　七彩生活比 蜜甜。　七彩七彩未来,我们 我们看见　七彩未 来七彩明　天。

| 5·4 3 2 0 0 | 1 1 1 1 1 2 3 3 0 | 5·4 3 2 0 0 | 2 2 2 2 2 1 7 1 1 0 |

喔　噻喔噻,　color color colorfull life,　喔　噻 喔噻,　color color colorfull dream,

| 5·4 3 2 0 0 | 1 1 1 1 1 2 3 3 0 | 5·4 3 2 0 0 | 2 2 2 2 2 1 7 1 1 0 |

喔　噻喔噻,　color color colorfull tormo row,　喔　噻 喔噻　color color colorfull dreay.

X X X X X X X X X X X X | X X X X X X X X X X X X | X X X X X X X X X X X X |

我 们住在七彩星球星球的旁边， 我们睡在七彩梦幻梦幻的里面， 我们过着七彩生活,生活比蜜甜。

X X X X X X X X X X X | X X X X X X X X X X X X | X X X X X X X X X X X X |

我 们看见七彩未来七彩明 天， 我们住在七彩星球星球的旁边，我们睡在七彩梦幻,梦幻的里面。

X X X X   X X X X   X X X X   X | X X X X   X X X X   X X X   X ‖

我们过着   七彩生活，   生活比蜜   甜，   我们看见   七彩未来   七彩明   天。

第二十四章　幼儿基本舞步(四)

第一节　娃娃步

一、动作介绍

娃娃步：小八字步准备。动作时第一拍前半拍双腿屈膝，右小腿旁踢起，头和身体向同侧倾倒，双手五指分开的巴掌形向右侧推拉开（左臂屈肘，左手在头左侧上方，掌心朝前，右臂体右侧平伸开，掌心向外）。后半拍右脚落地，双腿直立，双臂收至体前，第二拍动作相同，左右方向相反。娃娃步旁踢小腿时，主力腿膝关节有屈、伸两种做法。动力腿落地时主力腿直膝。

配合动作：双手成巴掌型，双臂伴随腿的动作摆动。

二、音乐选择

$\frac{2}{4}$拍的音乐。

三、动作练习

练习一：娃娃变脸

目的：练习娃娃步的基本动作。

方法：大家围成一个圈，所有人小八字步准备，双手叉腰，音乐响起时做娃娃步，在跳的过程中转圈。音乐结束时，所有人在停住时做一个夸张的娃娃表情造型，如爱哭的娃娃、开心的娃娃、吓人的娃娃、可爱的娃娃等，以培养音乐想象力。

表情歌

张友珊 词 汪 玲 曲

1=C 2/4

| 1 6 6 | 1 6 6 | 1 6 6 4 | 5 ⌣ 6 | X X |
我 高兴 我 高兴，我就拍拍 手。 （拍手）

| X X X | 5 3 3 1 | 2 ⌣ 3 | X X | X X X |
我 就拍拍 手， （拍手）

| 1 3 4 | 5 4 | 3 2 1 | X X | X X X ‖
看大家 一起 拍拍手。（拍手）（拍手）

练习二：照镜子

目的：练习娃娃步的基本动作，促进相互之间的交流。

方法：所有人分成若干组，每两个人为一组，小八字步准备。音乐响起，所有人随音乐跳舞，在跳的过程中注意左臂屈肘，左手在头左侧上方，掌心朝前，右臂体右侧平伸开，掌心向外。两个人为一组面对面站立，所有人站成两排，一方模仿另一方的表情，两个人要做同样的表情。

娃娃舞

王京其 曲

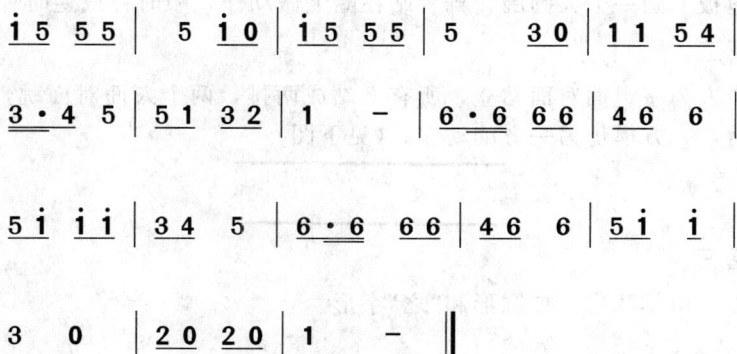

练习三

依据以下音乐,创编故事《娃娃跌倒啦》《娃娃捉蝴蝶》《娃娃找到好朋友》,再根据故事内容创编舞蹈情景和舞蹈动作,培养对音乐的想象力和创造力。

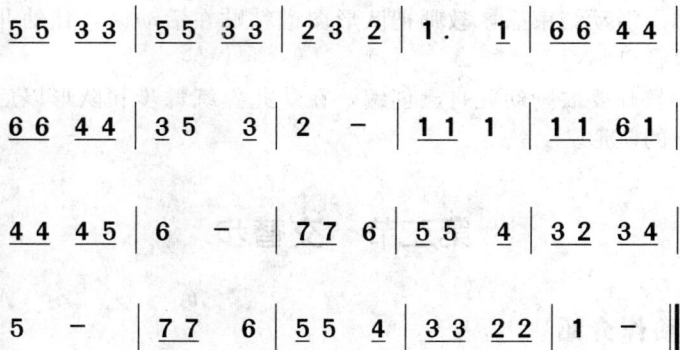

四、队形介绍

练习一

在地板上画一个大圆圈，舞者站在圈上做动作，顺时针或逆时针行走。

练习二

两个人为一组面对面站立，所有人站成两排，两个人面对面跳，并加上面部表情，一方模仿另一方的动作。（见下图）

练习三

可以自由排队形，如圆形和"之"字形。

五、活动建议

第一，此舞步适合中、大班幼儿学习。训练时可先分解为手和头的动作然后再组合起来练习。

第二，在开展教学活动时可以选择有关娃娃脸的头饰或者是面具作为教学，这样可以增加活动的趣味性。

第三，活动过程中教师开始要为幼儿准备队形图谱，让幼儿根据队形图谱练习舞蹈。活动结束后，教师把队形图谱粘贴在活动区，让幼儿在活动结束以后可以自己练习。

第四，教师要鼓励幼儿自己创编，在幼儿熟练舞步和队形以后，让幼儿自己创编新的队形。

第二节　交替步

一、动作介绍

交替步：来源于华尔兹舞，是一种优美欢快或抒情高雅的行走舞步。双手叉腰，小八字步准备。动作时，第一拍左脚绷脚向前上一步，同时身体下左侧旁腰，身体重心移至左脚。第二拍右脚掌在左脚内侧或脚跟处落地，身

体重心移至右脚,同时左脚离地。第三拍左脚再向前上一步,身体重心移至左脚,左腿屈膝,同时右腿向前抬起,身体向右侧倾斜,准备下一步,起步腿是左右交换,舞步的节奏是:× × × | × × × | 左右左,右左右。

配合动作:在跳交替步的过程中双手叉腰,上身跟随舞步摆动。

二、音乐选择

$\frac{3}{4}$ 拍的音乐。

三、动作练习

练习一:小熊和木头人

目的:练习交替步的基本动作

方法:指定一个人扮演小熊,其他人当木头人。所有人双手叉腰,小八字步准备。音乐响起,"小熊"在前面走,"木头人"在后面跟,所有人一起边走边说"1.2.3,小熊和木头人"。当说到"人"字的时候,"小熊"回头看,其他人看到"小熊"回头时必须立即停止不动,保持原来的姿势,装作木头人。"小熊"数5个数,在这个时间里,小熊如果发现谁动了,就喊出他的名字,此人要被"小熊"吃掉,不能继续参加游戏。接下来再如此反复游戏。

交替步

钱同敏 曲

1=F 2/4

3 1 2 3 4 | 5 3 4 5 | 6 6 1 3 2 | 5 — |

3 1 2 3 4 | 5 3 4 5 | 6 5 6 3 2 | 1 — ‖

练习二:交谊舞

目的:注意绷脚屈膝,培养大家的合作意识。

方法:所有人分成若干组,每两个人为一组,两人手拉手小八字步准备,音乐响起,每组成员随音乐面对面跳交替步,在跳的过程中要注意两个人的配合。还要注意动作的规范性,注意绷脚屈膝。

圆圈舞

1=C 3/4

5 33 | 5 33 | 3 23 | 4 - - | 5 22 | 5 22 | 2 12 | 3 - - |

让我们 围成圈 向右旋 转， 让我们 唱着歌 向左旋 转，

5 33 | 5 33 | 3 23 | 4 - - | 4 62 | 3 51 | 2 4 7 | 1 - - ‖

让我们 拉着手 向中聚 拢， 然后再 回原地 重新开 始。

练习三：大家一起点种子

目的：熟练掌握交替步，牢固掌握。

方法：所有人分成四组，每组排成一队，在教室中放四排纸质的盆，每人手中若干纸质的种子，自己想象点种子的情境。音乐响起，跟随音乐节奏，将自己手中的种子点到盆里，在点种子的过程中随音乐练习交替步。

播种者

张 锦 词 刘北休 曲

1=C 2/4

5 3̂1 | 6 - | 3̂6 5 2 | 3 - | 3 66 | 3 11 | 3̂1 23 |

6 -) | 3 65 | 3. 2 | 16 2̂1 | 6 - | 16 6̂1 | 65 3 |

温 暖的 阳 光 洒向大 地 大地披 上 了
春 雨沙 沙 的 洒向大 地 大地散 发 出

3 6̂ 1̂3 | 2 - | 33 35 | 1̂6 55 | 63 232 | 1 - | 6̂1 23 |

一层 新 绿 新绿 像 宣纸上的 墨 迹 墨迹 弥漫
春天 气 息 气息 就像 花朵的 芳 香 芳香 着刚

$5 6 | \overline{1} 6 | \overline{3 1} \overline{2 3} | \dot{6} - | \dot{6} - | \overline{6 3} \overline{5 6} | \overline{\dot{1} \dot{2}} \overline{\dot{1} 7} | 6 - |$

开　春　的　信　　息　　我　是　一　个　播　种　者
复　苏　的　土　　地　　我　是　一　个　播　种　者

$6 - | \overline{6 1} \overline{6 5} | \overline{6 3} \overline{5 6} | 3 - | 3 - | \overline{5 3} \underline{1} | 6 \cdot 5 | \overline{3 6} \overline{5 3} |$

我　是　一　个　播　种　者　　我　耕　田　　我　犁
我　是　一　个　播　种　者　　我　流　血　　我　流

$2 - | 3 \overline{6 6} | 3 \overline{1 1} | \overline{2 3} \overline{1 6} | 3 - | \overline{5 3} \underline{1} | 6 \cdot 5 | \overline{3 6} \overline{5 3} |$

地　我撒下春天的　种　　子　我除草　我　施
汗　我播下春天的　希　　冀　我膜拜　我　顶

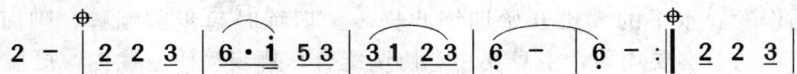

$2 - | 2 \overline{2 3} | 6 \cdot \dot{1} \overline{5 3} | \overline{3 1} \overline{2 3} | \dot{6} - | \dot{6} - : \| 2 \overline{2 3} |$

肥　我收获秋　天的壮　丽　　　　我收获
礼　我收获秋　天的奇　迹

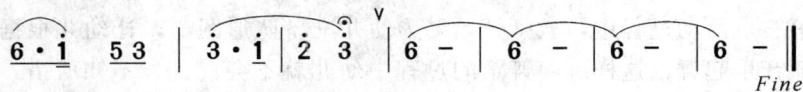

D.S.

$6 \cdot \dot{1} \overline{5 3} | 3 \cdot \dot{1} \overline{2 3} | 6 - 6 - 6 - 6 - \|$

秋　　天的　奇　　迹

Fine

四、队形介绍

练习一

　　所有学生排成两队，排头向前走其余的人排成两排，排头向前走，其余两排的人跟在后面走。（见下图）

练习二

　　走插花队形，即小圈连小圈，两人一组，分成四个大组围成四个圈。

（见下图）

练习三

四组站成四个纵队。（见下图）

五、活动建议

第一，交替步的节奏感和动作协调性的要求都比较高，一般在幼儿具有一定动作发展水平的大班开始训练此舞步。训练时起步脚绷脚，脚面向外侧，三步的节奏要均匀，上身要注意协调配合，舞步动作应优美，挺拔。

第二，开展教学活动时，可以选择不同的乐器来伴奏，如钢琴、手鼓、铜铃等，用不同的乐器演奏出不同的音乐，引导幼儿在不同的音乐伴奏下学习交替步，不仅可以增加教学的趣味性，还可以增强幼儿对音乐的感受力。

第三，活动过程中，教师开始要为幼儿准备队形图谱，让幼儿根据队形图谱随音乐起舞，这样练习舞蹈的过程中幼儿就不会混乱、不知所措，教师也不会很费精力。活动结束以后，教师可以把队形图谱粘贴在活动区，让幼儿在活动结束以后可以自己练习。教师要鼓励幼儿自己创编，幼儿将舞步和队形掌握熟练以后，让幼儿自己创编新的队形。

第四，活动过程中，教师要为幼儿创设轻松、愉悦的环境氛围，让幼儿在活动中轻松自由，这样可以激发幼儿的学习兴趣。

第三节　滑步

一、动作介绍

滑步：正步或小八字步准备。动作时前半拍双腿经屈膝左脚向左侧滑迈一步，身体重心移至左脚，后半拍双腿经过直膝，身体重心上移，右脚向左侧擦地滑步向左脚靠拢，身体重心移至右脚，同时左脚离地准备第二步，右脚起步向右滑步，动作相同，方向相反，滑步时动作要轻盈，活泼。

配合动作：双手叉腰或者手臂摆动配合脚的动作。

二、音乐选择

一般采用 $\frac{2}{4}$ 拍或 $\frac{4}{4}$ 拍的音乐。

三、动作练习

练习一：分清左右

目的：练习滑步的基本动作。

方法：所有人分成三组，每组中一个人拿木鱼，站在左右不同的方位敲击，音乐响起，其他组员闭着眼睛随音乐走滑步，音乐结束后，找到敲击鼓或者木鱼的人为胜。

分清左右

李晋瑷　曲

1=D $\frac{4}{4}$

$\underline{3\ 4}\ 5\ 5\ \cdot\ \underline{4}\ |\ \underline{3\ 4}\ 5\ 5\ -\ |\ 2\ \cdot\ \underline{3}\ 4\ 4\ |\ 3\ \cdot\ \underline{4}\ 5\ 5\ |$

$\underline{3\ 4}\ 5\ 5\ \cdot\ \underline{4}\ |\ \underline{3\ 4}\ 5\ 5\ -\ |\ 2\ \cdot\ \underline{3}\ 4\ 5\ |\ \underline{4\ 3}\ 2\ 1\ -\ \|$

练习二：滑雪

目的：激发学习兴趣，练习滑步。

方法：首先可以亲自先去体验或观看滑雪的情景，知道应如何滑雪，滑雪的感觉是怎样的。所有人站成两排，呈反八字队形，每人手中拿自制的滑雪道具，进行滑雪比赛。所有人正步准备，音乐响起，随音乐滑雪，先滑到终点的人为赢，输的人要受到惩罚，背着赢的人滑步一圈。

滑　雪

刘德伦　曲

1=C $\frac{2}{4}$

$\underline{\dot{5}55}$ $\underline{55}$ | $\underline{556}$ $\underline{54}$ | $\underline{332}$ $\underline{34}$ | $\underline{555}$ 5 |

$\underline{\dot{5}55}$ $\underline{55}$ | $\underline{556}$ $\underline{54}$ | $\underline{332}$ $\underline{34}$ | $\underline{222}$ 2 |

$\underline{\dot{1}}$ $\dot{1}$ $\underline{7\dot{1}}$ | $\underline{2\dot{1}}$ 6 | $\underline{7}$ 7 $\underline{67}$ | $\underline{16}$ 5 |

$\underline{\dot{1}}$ 7 $\underline{65}$ | $\underline{65}$ $\underline{43}$ | $\underline{223}$ $\underline{27}$ | $\underline{11}$ 1 ‖

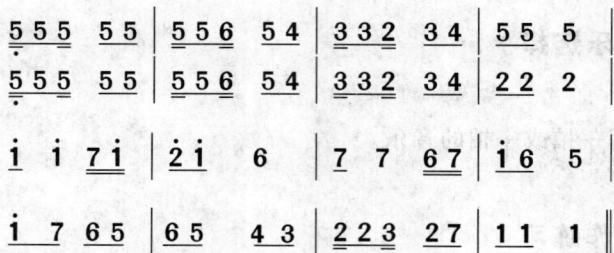

练习三：小小接力棒

目的：在掌握滑步的基本动作的基础上，培养合作意识。

方法：所有成员接力比赛，要求四个成员为一组，只能用滑步前进。所有人正步准备，音乐响起，所有人随音乐向前滑步，在掌握基本动作的同时培养合作意识。

小小接力棒

司传和　词　黄清林　曲

1=C $\frac{4}{4}$ ♩=100

(1 2 3 4 | $\underline{12}$ $\underline{34}$ 5 － | 3 4 5 6 | $\underline{56}$ $\underline{7\dot{1}}$ $\dot{2}$ － | $\underline{\dot{3}\cdot\dot{2}}$ $\underline{\dot{1}7}$ $\underline{2\cdot\dot{1}}$ $\underline{76}$ |

$\underline{7\cdot5}$ $\underline{67}$ $\dot{1}$ －) | $\underline{3\cdot3}$ $\underline{34}$ $\underline{5\cdot\dot{1}}$ | $\underline{3\cdot3}$ $\underline{34}$ 5 － | $\underline{3\cdot3}$ $\underline{34}$ $\underline{56}$ $\underline{54}$ |

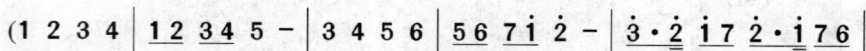

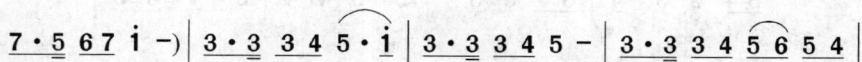

一　根接力棒，　不　粗也不长。　红　白两边分　身轻
一　根接力棒，　身　短情意长。　连　接几双手，默契

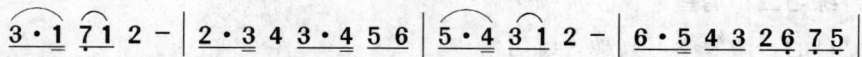

$\underline{3\cdot\dot{1}}$ $\underline{7\dot{1}}$ 2 － | $\underline{2\cdot3}$ $\underline{43}$ $\underline{4\cdot4}$ $\underline{56}$ | $\underline{5\cdot4}$ $\underline{31}$ 2 － | $\underline{6\cdot5}$ $\underline{43}$ $\underline{26}$ $\underline{75}$ |

有　重量。握着它信　心百倍去　追　求，再　远的路也　没有
谱　华章。握着它一　心一意去　奋斗，再　难的事也　怕用

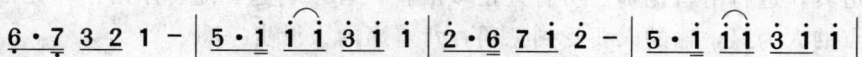

$\underline{6\cdot7}$ $\underline{32}$ 1 － | $\underline{5\cdot\dot{1}}$ $\underline{\dot{1}\dot{1}}$ $\underline{3\dot{1}}$ $\dot{1}$ | $\underline{\dot{2}\cdot6}$ $\underline{7\dot{1}}$ 2 － | $\underline{5\cdot\dot{1}}$ $\underline{\dot{1}\dot{1}}$ $\underline{3\dot{1}}$ $\dot{1}$ |

腿　脚　长。　递过来　战友的　信任和期盼，送　出去　心中的
心　丈　量。　一口气　吹短了漫长的跑道，两　只脚　绞紧了

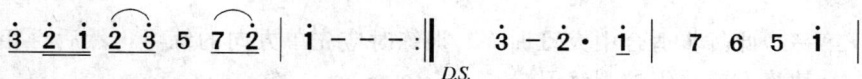

$2 \cdot \dot{6} 7 2 \dot{1} - | 1 1 \overset{\frown}{3} 5 5 | \dot{6} 5 \dot{6} 3 4 5 - | 1 1 \overset{\frown}{3} 5 5 |$

真 诚 和 渴望。 脚下 生 风 甩 远 的 是 无悔, 掷 地 有 声
飞 逝 的 流光。 全力 以 赴 放飞 的 是 青春, 荣 辱 与 共

$4 3 4 2 3 1 - | 5 1 \overset{\frown}{1} - - | \dot{3} \cdot \dot{1} \overset{\frown}{2} 3 \dot{2} - | \dot{3} \dot{2} \cdot \dot{1} 7 6 5 \dot{1} |$

踏 出 的 是 雷响。 啊, 接 力 棒.... 你 洒 下 一 路 汗珠
创 造 的 是 辉煌。 啊, 接 力 棒.... 你 见 证 了 团结 协

$\dot{3} \dot{2} \dot{1} \overset{\frown}{2} 3 5 7 \dot{2} | \dot{1} - - - : \| \quad \dot{3} - \dot{2} \cdot \dot{1} | 7 6 5 \dot{1} |$
                              D.S.

迎 来 了 无 限 风 光。 你 见 证 了 团结 协
作 进 发 的 神 奇 力 量。

$\dot{3} \dot{2} \dot{1} \dot{2} 3 | 5 - 7 - | \dot{2} - - - | \overset{\frown}{\dot{1} - - } \dot{1} - - 0 \|$

作 进 发 的 神 奇 的 力 量。

四、队形介绍

练习一

可以走正八字队形,一个人在前面敲击,其他人分成两组站成正八字队形。(见下图)

练习二

所有人分成两组,站成反八字的队形,两队的结合点即终点。(见下图)

221

练习三

四个人为一组，所有人分成四大组，站成四排，每排四个人。（见下图）

```
 ―      ―      ―      ―
 ―      ―      ―      ―

 ―      ―      ―      ―
 ―      ―      ―      ―
```

五、活动建议

第一，此舞步适合中大班训练。训练时应先单方向的练习，然后再相对方向交替练习或分组拉圈练习。

第二，开展教学活动时，可以选择不同的乐器来伴奏，如木鱼、手鼓等，用不同的乐器演奏出不同音色的音乐，让幼儿在不同的音乐伴奏下学习滑步，不仅可以激发幼儿学习的兴趣，还可以增强幼儿对音乐的感受力和表现力。

第三，活动开始前，教师要为幼儿准备队形图谱，让幼儿根据队形图谱随音乐起舞，活动结束以后，教师可以把队形图谱粘贴在活动区，让幼儿在活动结束以后自己练习。

第四节　十字步

一、动作介绍

十字步：正步准备。左脚为例。动作时第一拍左脚向 2 点上一步，身体重心移至左脚，同时右脚跟离地。第二拍右脚向 1 点上步，身体重心跟移至右脚，同时左脚跟离地。第三拍左脚向 7 点撤步，身体重心后移至左脚，同时右脚掌离地。第四拍右脚撤回原位，身体重心后移至右脚，同时左脚掌离地准备重复上述动作，十字步左右脚起步都可以。

配合动作：双臂在体前两侧自然双摆或上下交替摆动，或加入腕花练习。

二、音乐选择

一般采用 $\frac{2}{4}$ 拍或 $\frac{4}{4}$ 拍的音乐。

三、动作练习

练习一：跳格子

目的：学习十字步的基本动作。

方法：跳格子比赛，分成四组，站成四排，在教室粘贴格子的图谱。正步准备，音乐响起，所有人随音乐开始跳格子，要注意规则，跳格子的步伐必须为十字步的步伐，跳出格子的人就会被淘汰。

秧歌十字步

沙春义　曲

1=G $\frac{2}{4}$

$$\underline{3\cdot2}\ \ \underline{3\cdot2}\ \Big|\ \underline{1216}\ \ \ 5\ \Big|\ \underline{3\cdot2}\ \ \ \underline{3\cdot2}\ \Big|\ \underline{1216}\ \ \ \ 5\ \Big|$$

$$\underline{\dot6\cdot\dot5}\ \ \underline{\dot6\cdot\dot5}\ \Big|\ \underline{\dot6\ 1}\ \ \ \underline{3\ 5}\ \Big|\ \underline{\dot6\cdot\dot5}\ \ \underline{\dot6\ 1}\ \Big|\ \underline{3\ \underline{3\ 2}}\ \ \ \ 1\ \Big\|$$

练习二：庆丰收

目的：体验愉悦的心情，培养手脚的配合能力。

方法：创设情境，秋天大丰收，人们通过舞蹈来表达丰收的喜悦。准备红绸系在腰间，排成四排，正步准备，音乐响起，所有人随音乐跳十字步，同时甩红绸，手脚配合。在跳的过程中要充分表现丰收的喜悦，表情要愉悦。

庆丰收

1=B 2/4

5·6 55 | 3 22 | 1 | i·i | 2 i 6 | 5 - |

i·i 6 i | 5 56 53 | 5 · i | 3 | 2 - |

3·5 35 | 65 5 | i·i 35 | 6 - |

5·6 i | 2·7 65 | 6·i 3 2 | i - ‖

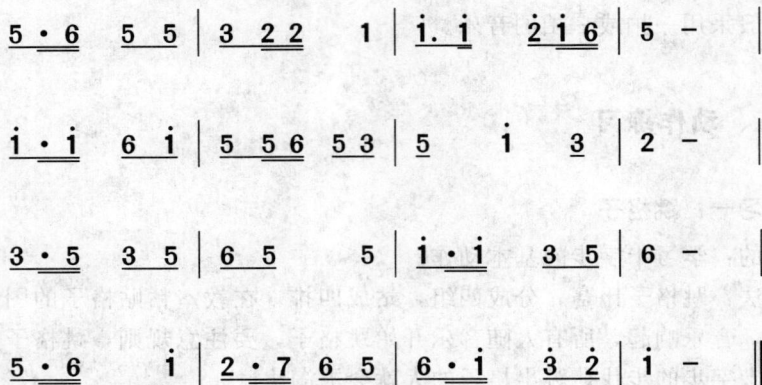

练习三：猪八戒背媳妇

目的：练习十字步。

方法：所有人站成四排，每个人背一个娃娃道具。正步准备，音乐响起，所有人随音乐开始跳十字步。

猪八戒背媳妇

王连鹏 记谱

1 =G 3/4

6 3·5 | 36 i | 6 i 6 i 3 | 3 2 3 i 6 | 3·5 66 | 63 5 |

3 5 3 5 66 | 63 5 | 5 6 5 6 | 3 #2 3 i | 2 2 | 2 i 2 35 |

6 3 | 33 | 33 33 | 3 #2 3 i | 2 2 | 2 i 2 35 | 6 - ‖

四、队形介绍

练习一

所有人分成四组，站成四纵队。

练习二

所有人分成两组，围成个大圈。

练习三

所有人站成四排，沿 S 形练习。(见下图)

五、活动建议

第一，此舞步适合中、大班训练。训练时注意身体重心的平稳和双臂上身，腰的协调配合。

第二，教师在教授前让学生自己了解秧歌，上课时教师也要准备有关秧歌的视频，大家一起欣赏。

第三，十字步适合轻松、喜庆、欢乐的音乐，所以教师要准备欢快的音乐，而且在环境的创设中也要表现丰收喜庆的气氛。

第四，在学习过程中，教师一定要将队形图谱展示给幼儿，让幼儿按照图谱组织队形。活动结束以后教师要把队形图谱粘贴在活动区中让幼儿自由时间也能够自己练习。

第五节　进退步

一、动作介绍

进退步：来源于维吾尔族民间舞。是单脚前后移动的象征性走的舞步。正步或小八字步准备。以右脚进退步为例。动作时，第一拍前半拍，右脚向前（或向 8 点）上一步，身体重心移至右脚，同时左腿屈膝，左脚离地后半拍左脚掌落地，身体重心后移至左脚，同时右脚离地。第二拍前半拍右脚后撤（或向 4 点）一步，身体重心移至右脚，同时左脚离地，后半拍左脚落地，同时右脚离地准备起新的一步。

配合动作：男孩可双手后背或加前后，左右的摆臂练习。女孩训练时可加高低手和腕花练习。

二、音乐选择

一般用 $\frac{2}{4}$ 拍或 $\frac{4}{4}$ 拍的音乐。

三、动作练习

练习一：拉马车

目的：练习进退步，提高相互间的合作意识。

方法：所有人分成若干组，每组一个人扮演马，剩余的人扮演车，想象创设情景，马拉着车在泥泞的路上行走，向前走一步向后退一步，艰难地前行。所有人正步准备，音乐响起，跟随音乐表演，熟悉进退步的动作。

进退步

沙春义　曲

1=C $\frac{2}{4}$

<u>1231</u>　<u>2312</u>｜1　－　｜<u>1231</u>　<u>2346</u>｜5 －　｜

<u>1 1 2</u>　<u>1 7 6</u>｜<u>5 6 1</u>　<u>5 4 3</u>｜<u>2346</u>　<u>5 6 7</u>｜1　－‖

练习二：拔河

目的：熟练掌握进退步的基本动作要领，提高合作意识。

方法：所有人分成两组拔河，正步准备，音乐响起，所有人随音乐拔河，两组配合要默契，一组前进时另一组要后退，然后前进的组后退，后退的一组前进，交替进行，每组要默契配合，熟练掌握进退步的基本动作要领。

拔　河

颂　今　词曲

1=♭B　2/4

气氛强烈地

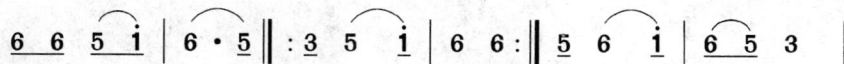

一根绳　儿　长又　长唷，小朋　友　们

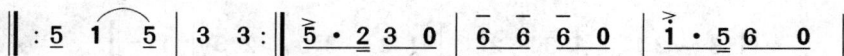

站两　旁唷"一　二三　用力拉!""一　二三

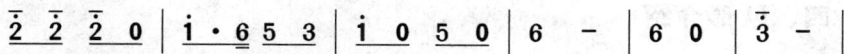

用力拉"! 拔河比赛真　紧　张　唷! 嘿

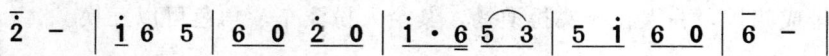

唷! 嘿唷唷嘿　唷! 比风格，比思想，嘿

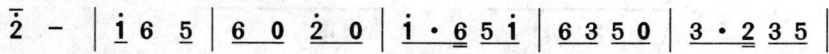

唷! 嘿唷唷嘿　唷! 身体练得棒又棒，嘿唷嘿唷

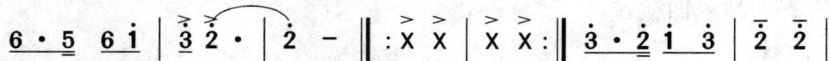

嘿唷嘿唷!嘿唷! 加油!加油!团结起来力量

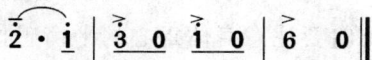

强　力量　强!

练习三：摘棉花

目的：增加教学的趣味性，激发学习的积极性。

方法：在教室内布置情境，提前了解人们摘棉花的情况，然后自己创设摘棉花的情境，在教室拉四条绳子，绳子上粘贴上棉花道具，绳子的高度要适宜所有人的身高，分成四组，正步准备，音乐响起，每组成员随音乐跳进退步摘棉花。

摘棉花

$1=C$ $\frac{2}{4}$

$\underline{5\ 6}$ $\quad\underline{5\ 0}$ | $\underline{5\ 6}$ $\quad\underline{5\ 0}$ | $\underline{3\ 5}$ $\quad\underline{6\ 1}$ | $\underline{5\ 6}$ $\quad\underline{5\ 0}$ |

$\underline{1\ 3}$ $\quad2$ | $\underline{1\ 3}$ $\quad2$ | $\underline{1\ 2}$ $\quad\underline{3\ 5}$ | $\underline{2\ 3}$ | $1\ -$ ‖

四、队形介绍

练习一

排成四排，一人在排头扮演马，其余人扮演车，角色可以互换。

练习二

分成两组，两组相向站在同一排。（见下图）

练习三

所有人站成四横排。

五、活动建议

第一，此舞步适合中、大班练习。训练时要注意身体重心的平衡感，进退脚时脚掌落地。

第二，交谊舞的舞步一般是进退步，因此进退步的学习适合欢快活泼的音乐，这对表现幼儿活泼热情的身心特点是十分恰当的，教师要为幼儿创建愉快的氛围。

第三，教师还可以选择多种乐器来进行训练，例如：手鼓，学生随教师鼓点的变化而做动作，训练幼儿节奏感，练习进退步。

第四，教师提前准备队形图谱，引导学生按照图谱练习，活动结束后，将图谱粘贴在教室的活动区以便学生课下自由练习。课堂活动结束以后，教师要把队形图谱粘贴在活动区中让幼儿课下自由练习，在幼儿练习的时候教师可以适时地介入幼儿的学习，引导幼儿变换队形，自己创编新的队形，然后小朋友一起练习，提高幼儿合作和想象的能力。

第六节　错步

一、动作介绍

错步：正步或小八字步准备。左脚为例。动作时前 3/4 拍左脚掌向前上一大步，后 1/4 拍右脚掌在左脚内侧或脚跟处垫错一步，同时左脚离地。第二拍左脚掌向前上一步。左右脚交替起步，舞步的节奏是：│ X · X X │。

训练时，要求双脚掌做错步，走出舞步的附点节奏，同时也可以与汉族民间舞中的秧歌垫步和朝鲜族民间舞中的蹉步比较性的练习。

配合动作：腕花动作或者是兰花指加手臂动作配合错步。

二、音乐选择

一般采用 $\frac{2}{4}$ 拍的音乐。

三、动作练习

练习一：小鱼游

目的：练习错步的基本步伐。

方法：分成四组，正步准备，音乐响起，每组两个人互搭双臂上举，形成一个拱形的洞，其他组员随音乐一个拉一个的后衣角走着从洞下经过。大家都说着一样的儿歌："一网不捞鱼,二网不捞鱼,三网捞个小尾巴鱼。"当说到最后一个字时,做洞的两个人的胳膊会突然落下来套在正好走到这个位置的人身上,然后问他:"你是大鱼。还是小鱼?"如果他答是"大鱼",就架起他用力地向两边摇一摇,如果是"小鱼"就放他继续走(放回到大海里)。不断地重复游戏。

小鱼游

1=C 2/4

```
3 1 | 3 1 | 3 5 | 5 - | 6 6 | 5 - | 3 1 | 2 - |
小鱼  小鱼   游 来   了,     游 来    了,      游 来   了。

3 1 | 3 1 | 3 5 | 5 - | 6 5 | 2 3 | 1  -  1 - ‖
小鱼  小鱼   游 来   了,    我 要   捉 住    你。
```

练习二:摘葡萄

目的:掌握正确的错步动作,培养手脚协调能力。

方法:教师在教室挂上四排葡萄教具(每个人抬头挺胸身姿挺拔以后的高度),让每个人用手去摘葡萄。所有人排成四排小八字步准备,音乐响起,随音乐跳错步,同时去摘葡萄,姿势要规范,掌握正确的舞蹈姿势,培养手脚协调能力。

摘葡萄

四川民歌

1=D 2/4

```
(6 3 3 1 | 2·3 | 1 3 3 1 | 6-) | 6 6 5 2 | 3·2 | 2 3 3 | 2 1 6· | 6 3 3 1 | 2 3 2· |
              那山没哎  耶    这山 高   喂,   这山么有 一  树  哎

2 1 3 1 2 | 6·6 | 1 3 3 1 | 6- | 2 5 3 2 | 1 6 0 2 3 | 1 2 3 3 1 2 | 3 2 1 3 | 6- ‖
好葡萄罗   喂 我 心想摘颗  哎   葡萄喂     吃,  那个 人又  矮那么 树 又高  哟。
```

练习三：一起向前冲

目的：掌握错步的基本动作后，培养集体意识。

方法：所有人分成两组排成一排，肩并肩，手搭到肩上，一起向终点冲。正步准备，音乐响起所有人向终点冲，在冲的过程中要跟随音乐使用错步，两组比赛，先到达终点的队伍获胜，培养集体荣誉感。

运动员进行曲

军乐团集体作曲

翟　　琮填词

$1={}^\flat B$　$\frac{2}{4}$

| 3·2 1 6 | 5 6 5 3 5 | 1 1 1 1 1 1 | 1 (1 2 3 4) ‖ : 5 3·2 | 1 3 5 1 | 3 2·3 |

啦 啦啦啦 啦啦啦啦啦 啦啦啦啦啦 啦　　我们 像 山鹰　展翅飞
　　　　　　　　　　　　　　　我们 的 青春　放射光

| 1 - | 2 2·3 | 2 1 7 6 | 5 6·1 | 5 - | 3 3 3 2 3 | 5 3 5 6 5 | 1 2 |

翔，　我们 像 海燕　迎风破浪，　我们像疾风，我们像洪流，不可
芒，　我们 的 热血　奔腾激荡，　我们多矫健，我们多雄壮，向前

| 3 - | 2·1 7 6 | 5 6 5 3 5 | 1 1 1 | 1 5·6 | 3 5 | 1 1 2 1 | 5 - |

挡，　冲 出亚洲 走向 世界 为 国争 光! 为 了　五 大　洲的友　谊，
方，　五 星红旗 在我们心上 高 高飘 扬!

| 5 6·5 | 3 5 | 1 1 2·1 | 3 - | 3 3 5 | 4·3 | 2 7 6 5 5 |

为　了全人 类的理　想，　为了发 扬　奥林匹克的

| 3·2 | 1 7 6 | 5·3 | 5 5 6 7 1 | 2 - | 2 5·6 | 3 5 | 1 1 2 1 |

精　神，我们 竞 技 在那 运动 场! 为 了 五 大　洲的友

| 5 - | 5 6·5 | 3 5 | 1 1 2·1 | 3 - | 3 3 5 | 4·3 |

谊，　　为 了全人 类的理　想，　为了发 扬

$$\widehat{2\,7}\ 6\ 5\ 5\ |\ \overset{.}{3}\cdot\ \overset{.}{2}\ |\ \overset{.}{1}\ \widehat{7\ 6}\ |\ 5\cdot\ \overset{.}{3}\ |\ \widehat{5\ 6}\ \widehat{7\ \overset{.}{2}}\ |\ \overset{.}{1}\ -\ |\ \overset{.}{1}\ (1\ 2\ 3\ 4):\|$$

奥林 匹克 的 精　　　神, 我们　竞　技　在那运动

$$\overset{.}{1}\ -\ |\ \overset{.}{1}\ 0\ \|$$

场!

四、队形介绍

练习一

两个人拉成拱形的洞，其他人一个拉一个的后衣角走着从洞下经过。（见下图）

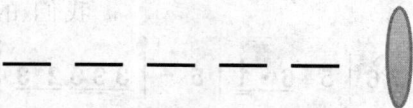

练习二

所有人分组站成四横排。

练习三

所有人分成两组同向排成一排。（见下图）

五、活动建议

第一，此舞步在大班训练或动作水平发展好的中班后期训练。

第二，教师在上课前让幼儿自己在家了解维吾尔族的历史文化、人文习俗以及舞蹈的特点。上课时教师也要准备有关维吾尔族舞蹈的视频，大家一起欣赏。

第三，教师引导幼儿自己创设情境，例如可以创设葡萄园的情境，发挥幼儿的想象力和创造力，随音乐合拍地做摘果子和错步的动作，在采摘葡萄的过程中幼儿还可以配合手部和腕部的动作，为幼儿提供自由发挥的空间。

第四，在初次学习时教师要将队形图谱展示给幼儿，让幼儿按照图谱组织队形。幼儿熟练掌握以后，让幼儿自己发挥想象力，组成新的队形。

小结

本章主要介绍了娃娃步、交替步、滑步、错步、进退步、十字步六种舞步，培养对四二拍、四三拍的感知能力，在音乐中协调一致地做出各种舞蹈动作，手脚协调配合，在此基础上结合所学舞步，进行舞蹈的改编，从而培养对舞蹈的想象和创新能力。

关键术语

娃娃步　交替步　滑步　错步　进退步　十字步

思考题

1. 教师在教授娃娃步时如何让幼儿准确地掌握规范的动作要领？

2. 幼儿在跳交替步时，应怎样培养幼儿的协调性，让幼儿优美地展示出交替步？

3. 在练习滑步的时候，通常会出现幼儿乱滑，不根据教师教授的动作要领和音乐的节奏来跳，出现这种情况教师要如何解决？

4. 想一想还有什么方法教授幼儿熟练掌握十字步？

5. 思考其他的游戏方法教幼儿学习进退步！

6. 在跳错步时，如何使脚步和上身的动作协调一致？

练习题

根据音乐《跳舞的小人》创编儿童舞蹈，尝试将本章所学"娃娃步、交替步、滑步、错步、进退步、十字步"内容在舞蹈中有所展现。

跳舞的小人

李重光 曲

第二十五章　幼儿律动

　　幼儿律动是根据幼儿心理和生理及动作发展特点而形成的一种特殊舞蹈动作。是幼儿学习舞蹈的必学动作，初级阶段。它对发展幼儿的协调性、节奏感及乐感是十分必要的，幼儿律动一般是指在音乐或节奏乐器的伴奏下，根据音乐的性质、节拍、速度做有规律的动律性动作。幼儿律动一般可以做形象模仿动作，模仿成人劳动及幼儿基本舞步。幼儿律动练习可单一动作重复，也可相关的几个动作连接组合成律动组合。

第一节　动物模仿律动

一、动作介绍

　　在音乐和节奏伴奏下，以身体动作为基础，以节奏为中心，模仿动物的动作、表情、声音等的舞蹈。

二、音乐选择

　　一般采用$\frac{2}{4}$拍的音乐。

三、动作练习

练习一：拔萝卜

目的：培养幼儿在舞动中的配合和合作意识。

方法：根据故事想象情景，模仿故事中的小动物是怎样拔萝卜的，将所有小动物的表情、动作模仿出来。分成三组，每组成员进行角色分配，扮演不同的动物。音乐响起，所有人随音乐做动作。

拔萝卜

汉族传统儿歌

1=G 2/4

```
5. 6 1  | 3. 2 1 | 5. 3 2 | 5. 3 2 | 5 5 5 5 |
拔  萝 卜，  拔  萝 卜，  哎 呀呀， 哎  呀呀， 哎呀哎呀

2 3 1 | 5 5 5 5 | 2 3 1 | 5. 6 1 | 3. 2 1 ‖
```

拔 不 动，	哎呀 哎呀	拔 不 动，	老 婆婆，	快 点来。
拔 不 动，	哎呀 哎呀	拔 不 动，	小 孩子，	快 点来。
拔 不 动，	哎呀 哎呀	拔 不 动，	小 花狗，	快 点来。
拔 不 动，	哎呀 哎呀	拔 不 动，	小 黑猫，	快 点来。
拔 不 动，	哎呀 哎呀	拔 不 动，	大 萝卜，	拔 起来。

练习二：小兔和狼

目的：培养音乐的想象力和创造力，提高互助合作的能力。

方法：根据人数，分为几组。每个人选择自己喜欢的角色，根据音乐创编故事和舞蹈动作。最后每个小组进行表演，大家进行评价。

小兔和狼

1=A $\frac{2}{4}$

$\underline{5\,5}\ \underline{3\,3}\ |\ \underline{5\,5}\ \underline{3\,3}\ |\ \underline{6\,1}\ \underline{7\,6}\ |\ 5-\ |\ \underline{5\,0}\ \underline{3\,0}\ |\ \underline{5\,0}\ \underline{3\,0}\ |\ \underline{2\,3}\ \underline{4\,3}\ |\ 2-\ |$

小小兔子 跳呀跳呀 跳到树林 里, 竖起耳朵 仔细 听。

$\underline{1\ 1}\ \ \underline{3\ 4}\ |\ 5-\ |\ \underline{4\ 5}\ \ \underline{6\ 7}\ |\ \dot{1}-\ |\ \dot{1}\ 6\ |\ \underline{5\ 4}\ \underline{3\ 2}\ |\ 1-\ \|$

风儿 呼呼 吹, 树叶 沙沙 响, 哎呀,狼 来 了。

练习三：快乐的动物园

目的：模仿不同的动物，培养想象力。

方法：分成两组，一组围成一个大圆圈将剩下的一组围在圆圈内，在圆圈中的人随音乐模仿不同的动物的动作、声音。两组轮换。

快乐的动物园

盛如梅 词

汪 玲 曲

1=F $\frac{3}{4}$

$\underline{3\,3}\ 1\ \dot{5}\ |\ \underline{6\,1}\ \dot{5}-\ |\ \underline{3\,3}\ 1\ \dot{5}\ |\ \underline{6\,1}\ 2-\ |\ \underline{3\,5}\ \underline{5\,5}\ 3\ |\ \underline{2\,3}\ \underline{2\,1}\ \dot{6}\ |\ \dot{5}\ \dot{6}\ 0\ |$

动物园里 伙伴多， 啦啦啦啦 啦啦啦， 空中飞天鹅，树上爬小猴， 老虎

$\underline{3\,1}\ 2\ 0\ |\ 5\ 3\ 0\ |\ \underline{\dot{6}\,1}\ \underline{1\,\dot{6}}\ 0\ \colon\|\ \underline{3\,5}\ \underline{5\,3}\ |\ \underline{6\,6}\ 5-\ |\ \underline{1\,3}\ \underline{3\,3}\ \dot{6}\ \dot{5}\ |\ 1--\|$

山里来， 河马 水中泡， 快快乐乐 在一起， 和和睦睦是一 家。

四、队形介绍

练习一

分成三组，站成三排。

练习二

几个人一组扮演小白兔，两个人扮演大灰狼。剩余的人围成圈将小白兔和大灰狼围在圈内。

练习三

分成两组，一组围成一个大圆圈将剩下的一组围在圆圈内，在圆圈中的人随音乐模仿不同的动物的动作、声音。两组轮换。

五、活动建议

第一，动物模仿律动在整个幼儿园时期都可以学习，可以随着年龄的增长不断提高模仿的难度。

第二，动物模仿律动的学习一般会选择轻松活泼的音乐，这样幼儿身心会放松，精神也不会紧张，有利于幼儿积极地参与到活动中去。

第三，在教学过程中教师让幼儿自己创编情景，如青蛙捉害虫，幼儿可以模仿青蛙在捉害虫时候的动作、声音、表情等。

第四，教师在向幼儿展示队形图谱时，图谱一定要规范，弯曲度要明显，避免幼儿摆成不规则的形状。活动结束后，将队形图谱粘贴在活动区内，以便幼儿自由练习。

第二节　生活模仿律动

一、动作介绍

在音乐和节奏伴奏下，以身体动作为基础，以节奏为中心，模仿生活中人的动作、表情、声音等的舞蹈。

二、音乐选择

一般采用 $\frac{2}{4}$ 拍的音乐。

三、动作练习

练习一：校园的早晨

目的：培养对生活的观察力，并能转变为舞蹈动作。

方法：模仿校园清晨不同的人都做什么，例如有的人看书、有的在跑步等，两人一组，一个人做，其他人来猜，猜对的人就替换做动作的人，获胜的人模仿其他人来猜，可以锻炼观察力。排成两排，正步准备，音乐响起，所有人随音乐模仿。

校园的早晨

高　枫　词　谷建芬　曲

1. (女)沿　着 校 园　　熟 悉 的 小 路，　清　晨 来 到　树 下 读 书，
2. (男)沿　着 校 园　　熟 悉 的 小 路，　清　晨 来 到　树 下 读 书，

初 升 的 太　阳　照 在 脸 上，　也 照 着 身　旁 这 棵 小 树。
初 升 的 太　阳　照 在 脸 上，　也 照 着 身　旁 这 棵 小 树。

(合)亲爱的 伙伴亲 爱 的　小 树，　和 我 共享 阳 光　　雨露，

$\frac{4}{4}$ 0 5̣ 5̣ 5̣ 6̣ 7.̣ 7̣ | 1 7̣ 5̣ 6̣ - | 0 6̣ 6̣ 7 1 | 2 3 3 1 2 - |

请 我们 记住 这 美好 时光，　　直 到 长 成 参天大 树，

0 3 3 4 5 5.5 | 3 2 1 6 - | 0 6 6 5 3 | 5̣ 0 5̣ 6̣ 7.2 |

请 我们 记住 这 美好 时光，　　直 到 长 成 参 天大

1 - - - | 5̣ 0 3 3 2 1 | 1 3 3 5̣ 5̣ - | 6̣ 0 4 3 2 |

树。　　　沿 着 校园 熟悉 的 小 路，　　清 晨 来 到

3 6̣ 2 2 - | 0 3 3 4 5 6 5 3 | 0 3 3 2 1 - | 0 2 2 3 2 1 7̣ |

树下 读书，　　初 升 的 太 阳　照 在 脸上，　　也 照着 身 旁

6̣ 5̣ 1 1 - | 0 3 3 4 5 6 5 3 | 0 3 3 2 1 - |

这棵 小 树。　　初 升 的 太 阳　照 在 脸上，

0 2 2 3 2 1 7̣ | 6̣ 0 5̣ 5 - | 4 - - - | 3 - - 0 ‖

　　　　　　　　　　　　　　　　　　　　　　　　　　　　D.S.

也 照着 身 旁 这 棵 小 树。

练习二：我爱购物

目的：体验生活。

方法：让幼儿分角色表演，扮演顾客、售货员、收银员等人物，来表演各种人物在超市购物都会怎么做，以更好地体验生活。

我爱购物

罗理先　曲

1=G $\frac{2}{4}$

练习三：我爱刷牙

目的：掌握正确的刷牙姿势，培养创造力。

方法：准备刷牙道具，先让每个人展示自己是怎样刷牙的，接着大家讨论是否正确。然后教师讲解正确的刷牙姿势。播放音乐，所有人随音乐节奏刷牙，刷牙的过程中身体随着舞动，配合刷牙的动作，自己创编一个简单的舞蹈。

刷牙歌

李霞 曲

$1=C$ $\frac{2}{4}$

$\underline{5\ 0}\ \underline{5\ 0}\ \overset{\vee}{1}\ |\ \underline{5\ 5\ 5}\ |\ \underline{5\ 0}\ \underline{5\ 0}\ \overset{\vee}{1}\ |\ \underline{5\ 5\ 5}\ |\ \underline{6\ 6\ 5\ 3}\ |\ \underline{6\ 6}\ 6\ |\ 6\ -\ |$

$\underline{X\ X\ X\ X\ X}\ |\ \underline{X\ X\ X}\ |\ \underline{X\ X\ X\ X\ X}\ |\ \underline{X\ X\ X}\ |$

$\underline{X\ X\ X\ X\ X}\ |\ \underline{X\ X\ X}\ |\ \underline{X\ X\ X\ X\ X}\ |\ \underline{X\ X\ X}\ |$

$\underline{5\ 0}\ \underline{5\ 0}\ \overset{\vee}{1}\ |\ \underline{5\ 5\ 5}\ |\ \underline{5\ 0}\ \underline{5\ 0}\ \overset{\vee}{1}\ |\ \underline{5\ 5\ 5}\ |\ \underline{6\ 6\ 5\ 3}\ |\ \underline{2\ 3}\ |\ 1\ -\ |$

$\underline{X\ X\ X\ X\ X}\ \underline{X\ X}\ \|$

四、队形介绍

练习一和练习二没有固定的队形，自由模仿表演。

练习三

插空站成两横排，做镜面动作。

五、活动建议

第一，生活模仿律动在整个幼儿园时期也都可以学习，随着年龄的增长不断提高模仿的难度。

第二，生活模仿律动选择轻松愉悦的音乐，这样幼儿身心放松，精神也不会紧张，利于幼儿积极地参与到活动中去。

第三，让幼儿尽量模仿不同的人物或者不同职业的人，要模仿他们的动作、声音、表情、语言、生活习惯等。如模仿老爷爷，幼儿可以模仿老爷爷走路的样子、说话的样子、他的声音等。鼓励幼儿去模仿不同类型的人，或者是同一类型的人在不同的情境中的表现，来激发幼儿的想象力和创造力。

第四，教师在向幼儿展示队形图谱时，图谱一定要规范，每一排的差异要明显。活动结束后，将队形图谱粘贴在活动区内，以便幼儿自由练习。

小·结

本章主要介绍了动物模仿律动、生活模仿律动，培养幼儿在音乐中动作的协调性、节奏感及乐感，而且培养幼儿对周围生活的观察能力，通过自己的观察来模仿人们日常生活或者是动物的动作等，鼓励幼儿大胆想象，细心观察。

关键术语

动物模仿律动　　生活模仿律动

思考题

1. 在模仿动物时，容易出现课堂混乱的情形，教师应如何应对？
2. 如何让所有幼儿都积极地参与到活动中？

练习题

根据音乐《小动物学跳舞》创编儿童舞蹈，尝试将本章所学"动物模仿律动"内容在舞蹈中有所展现。

小动物学跳舞

朱洪湘 词　朱洪湘 曲

1=F 2/4　♩=120

```
(1· 16·5 | 6 - | 5·432 | 3 - | 2254 | 3· 1 |
```

```
25 67 | 1-# ) | 511 311 | 25 5 | 511 31 | 2-# |
                  小动物 在一起 学跳 舞  急坏了 长颈 鹿
```

```
3·4 54 | 32 2 | 75 67 | 1 - | 55 3 | 53 1 |
青蛙 拿着 麦克 风 伴唱 真叫 酷  小刺 猬 穿时 装
```

```
2·2 75 | 6 - | 5·6 15 | 33 1 | 25 67 | 1 - |
动作 真漂 亮  斑点 狗 学老虎 扭扭 屁 股
```

```
1·1 6·5 | 6 - | 5·4 32 | 3-# | 4 321 | 22 6·5 |
大象 害 羞 挠  挠头  狮子跳舞 就像 发
```

```
5 - | 5 - | 1·1 6·5 | 6 - | 5·4 32 | 3 - |
怒    小鸭吹 起   小 喇叭
```

```
22 54 | 3· 1 | 25 67 | 1 - ‖
小猫 踏着 节 拍 学走 模特 步
```

第二十六章　幼儿歌表演、集体舞

第一节　歌表演

一、风格与特点介绍

　　歌表演指在演唱幼儿歌曲的过程中，以简单而形象的基本动作、姿态和在对歌曲理解基础上的自然表情，来表达歌曲内容和音乐形象。一般动作表演伴随歌曲始终。幼儿歌表演应以唱为主，以动作表演为辅。

二、成品舞

好朋友

1 =F　2/4

2　5　3　32 ｜ 1　3　　2　｜(1 2 3 5　2)｜ 2　5　5　32 ｜

你　帮　我呀　梳梳　头，　　　　　　　　　我　帮　你呀

$\underline{1}$ $\dot{6}$ $\quad$ 1 $\quad$ | ($\underline{1}$ $\underline{2}$ $\underline{1}$ $\dot{6}$ 1) | 3 3 $\quad$ 3 5 | 2 1 $\quad$ $\dot{6}$ |

扣纽 扣儿, 团结 花儿 朵朵 开,

$\dot{6}$ $\dot{2}$ $\quad$ $\dot{2}$ $\underline{1}$ $\dot{6}$ | 5 $\dot{6}$ $\quad$ 5 | X $\quad$ X 0 ‖

我们 都是 好朋 友。嗨 嗨！

跳法：

正步站好，双臂体侧自然打开或双手叉腰准备。

1 小节：右手单指前方，然后右手轻拍自己的胸。

2 小节：双手腕花成右顺风旗位，单指自己的头。

3 小节：舞姿不变，提压脚跟两次，身体左右各转一次。

4 小节：同 1 小节，方向相反。

5 小节：双臂曲肘、腕花于脖子前，表示扣上衣第一个纽扣儿。

6 小节：同 3 小节。

7 小节：双手体前交叉向上打开、手心相对，同时右侧踵步。

8 小节：同 7 小节，方向相反。

9 小节～10 小节：两人双手相拉，踏跐步转一圈。

11 小节：原地拍手两次。

三、活动建议

第一，此舞蹈适合中班幼儿学习。

第二，需要幼儿提前掌握腕花、提压脚跟、踵步、踏跐步等动作。

第三，可以将此舞蹈改编成双圈集体舞。

第二节　双圈集体舞

一、成品舞

来了一群小鸭子

刘明将　词曲

活泼地、欢快地
1=F　2/4

5̣ 3̇3̇3̇ | 4 5 3̇ | 2 1 7̣ 6̣ | 5̣ - | 5̣ 3̇3̇3̇ |
来了一群　小鸭子，嘎嘎嘎地　叫，　　看见池塘

4 5 3̇ | 2 1 7̣ 1 | 2 - | 3̇ 3̇ 1 | 7̣ 7̣ 5̣ |
水清清，都想往下　跳。　　小黄鸭　小黑鸭

6̣ 7̣ 1 2 | 3 - | 6̣ 6̣ 4 | 5 5 2 | 7̣ 5̣ 6̣ 7̣ |
乐得眯眯　笑；　小白鸭　小灰鸭　吵着要洗

1 - | 5 5 5 | 3 3 3 | 4 4 4 | 2 2 2 | 7̣ 5̣ 6̣ 1 |
澡。　嘎嘎　嘎不要闹，嘎嘎嘎准备好，"扑通扑通"

3 0 2 0 | 1. 1 5 5 | 5 0 : | 2. 1 5 5 | 1̇ 0 0 ‖
往　下　　跳，嘎嘎　嘎。　　跳，嘎嘎　嘎。

跳法：

人数不限，双圆圈，两人一对，逆时针方向站好准备。

1小节～2小节：右臂屈肘于胸前，右手提腕四指并拢，指尖朝前拇指收于掌心当鸭头，左臂屈肘，左手托住右臂肘部，逆时针方向鸭走四步（右

脚起步）。

　　3 小节～4 小节：双腿并拢屈膝，头向上仰起，右手当鸭头，向前伸探两次表示鸭叫。

　　5 小节～8 小节：动作同 1 小节～4 小节。

　　9 小节～10 小节：里外圈面对面，头对头，身体前倾，双臂下垂稍向后，双手翘腕，手心向下（以示鸭翅膀）。双脚前脚掌着地，小碎步左右移动一次。

　　11 小节～12 小节：动作同上，错左肩、碎步旋转半周，互换位置。头左右快速摆动，以示高兴的样子。面带微笑。

　　13 小节～16 小节：动作同 9 小节～10 小节各回原位。

　　17 小节：全体向右转成逆时针方向，双臂体侧下垂，稍向后，双手翘腕，手心向下（里圈左脚起步，外圈右脚起步）鸭走两步。

　　18 小节：里圈左侧踮步，身体转向圈外，双臂屈肘于头两侧，双手巴掌形左右快速摇动以示不要吵闹，外圈动作同里圈，只是左右相反。

　　19 小节：动作同 17 小节。

　　20 小节：里外圈幼儿面对面直立，双手对拍两次。

　　21 小节～22 小节：全体向右转成逆时针方向，双腿并拢屈膝，身体前倾，双臂后摆，手心向上，做跳水预备动作。

　　23 小节～24 小节：第一拍里圈小朋友原地蹦跳步一次，外圈小朋友向前蹦跳步一次（错位一人），然后原地做鸭叫动作（同 3 小节～4 小节）。

　　音乐从头开始，新的一对舞伴继续起舞。

　　25 小节～26 小节：动作同 23 小节～24 小节。

二、活动建议

　　第一，此舞蹈适合大班幼儿学习。

　　第二，教师需要提前准备好小鸭头饰若干、音乐《来了一群小鸭子》、小鸭子走路的视频等。

　　第三，幼儿要提前掌握碎步、踮步、蹦跳步的动作。

　　第四，教师可以给幼儿讲《小鸭和小鸡》的故事，并引导幼儿根据故事创编舞蹈。

第三节　绸带舞

一、成品舞

绸带舞

1=F 2/4

$$\underline{3\ 3}\ 5\quad \underline{\dot 1\ 6}\ |\ 5\quad 5\quad 6\ |\ \underline{1\ 1\ 2}\quad \underline{1\ 3}\ |\ 5\quad 5\quad \cdot\ |$$

$$\underline{3\ 3}\ 5\quad \underline{\dot 1\ 6}\ |\ \underline{5\ 5\ 6}\quad \underline{5\ 3}\ |\ 5\quad \underline{1\ 5\ 3}\ |\ 2\quad -\ |$$

$$\underline{3\ 3}\ 2\quad \underline{1\ 2}\ |\ 3\quad \underline{2\ 3\ 5}\ |\ \underline{1\ 1\ 2}\quad \underline{1\ 3\ 5}\ |\ 6\quad \cdot\ 6\quad \cdot\ |$$

$$\underline{5\ 5}\ 6\quad \underline{1\ 1}\ |\ 6\quad 5\quad 3\ |\ \underline{2\ 5}\quad \underline{3\ 5\ 2}\ |\ 1\quad 1\quad 0\ |$$

跳法：

准备：全体幼儿围成圆圈，两手叉腰做准备，教师挥起某一种颜色的绸带。

第一遍音乐

圈上学生两手叉腰，在原位按节奏轻轻顿右脚（一拍一次）打拍子，凡是与教师相同颜色绸带的学生后退一步出圈，跟着音乐分散或顺着圆圈跳舞。出圈的幼儿动作如下：

1 小节～4 小节：双手叉腰，脚开始做垫步八次。

5 小节～8 小节：右脚开始做踵趾小跑步，同时右手向上挥绸带（或双手向上挥绸带）。

9 小节～16 小节：动作同 1 小节～8 小节，最后四小节出圈的学生边做踵趾小跑步边退回原位或到圈上任何一个空位置站好。最后两小节时，教师举起另一种颜色的绸带。

第二遍音乐

手拿与教师相同颜色绸带的幼儿出圈依同样方法跳舞，依次类推。如果教师把所有颜色的绸带一起挥动时，则全体幼儿顺着圆圈跳舞。

二、活动建议

第一，此舞蹈适合中班幼儿学习。

第二，教师提前准备好彩色布条、《绸带舞》的音乐以及录像片段等。

第三，教师在美工区投放各种颜色的彩纸，鼓励幼儿自己动手制作绸带。

第四节　筷子舞

一、成品舞

筷子舞曲
（二）

蒙古族民歌

1=F　2/4

小快板

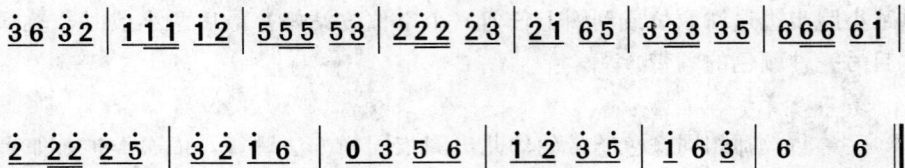

$$\underline{3\,6}\ \underline{3\,2}\ |\ \underline{\dot{1}\,\dot{1}}\ \underline{\dot{1}}\ \underline{\dot{1}\,2}\ |\ \underline{5\,5\,5}\ \underline{5\,3}\ |\ \underline{\dot{2}\,\dot{2}\,\dot{2}}\ \underline{\dot{2}\,\dot{3}}\ |\ \underline{\dot{2}\,\dot{1}}\ \underline{6\,5}\ |\ \underline{3\,3\,3}\ \underline{3\,5}\ |\ \underline{6\,6\,6}\ \underline{6\,\dot{1}}\ |$$

$$\underline{\dot{2}}\ \underline{\dot{2}\,\dot{2}}\ \underline{\dot{2}\,5}\ |\ \underline{\dot{3}\,\dot{2}}\ \underline{\dot{1}\,6}\ |\ \underline{0\,3}\ \underline{5\,6}\ |\ \underline{\dot{1}\,\dot{2}}\ \underline{\dot{3}\,5}\ |\ \underline{\dot{1}\,6}\ \underline{3}\ |\ 6\ \quad 6\ \|$$

跳法：

准备：正步，双手拿筷子，双臂于体两侧自然下垂。

1 小节～2 小节：体前敲筷子两下，敲腿三下。

3 小节～4 小节：动作同 1 小节～2 小节。

5 小节～6 小节：体前敲筷子两下，两臂交叉敲肩三下。

7 小节～8 小节：动作同 5 小节～6 小节。

9 小节～12 小节：体前敲筷子八下，双脚原地踏步八下。

13 小节～14 小节：左脚向左迈一步，双手在体前敲筷子两下。然后，重心在左脚上，右脚尖在左脚跟处点地，双手敲肩三下。

15 小节～16 小节：动作同 13 小节～14 小节，方向相反。

17 小节～20 小节：双手在体前快速敲筷子，一拍敲两下，双脚踏跶步。

21 小节～24 小节：小碎步原地自转一周，双手在头上快速敲筷子。

25 小节～26 小节：脚立正不动。双手体前敲筷子两下，然后左脚向左迈出蹬直，脚跟着地，右腿弯曲，双手体侧敲筷子两下。

27 小节～28 小节：动作同 25 小节～26 小节，方向相反。

29 小节～30 小节：脚立正不动，双手体前敲筷子两下，然后双手叉腰，双腿弯曲一次。

31 小节～34 小节：体前快速敲筷子，双脚小碎步。

35 小节：两手体前快速敲筷子，最后双手自然放下。

二、活动建议

第一，此舞蹈适用于中班教学。

第二，幼儿需要提前掌握碎步等动作。

第三，教师要准备一些筷子舞的视频、伴奏音乐和筷子若干。

第四，可以在早操活动中渗透筷子舞，巩固已学的动作。

小结

本章主要介绍了歌表演、双圈集体舞、绸带舞和筷子舞四种舞蹈形式，培养对集体舞蹈和表演舞蹈的感知、创编能力，并通过提供一个自由开放的平台，引导舞者进行二度创作，从而培养对舞蹈的感知和创新。

关键术语

歌表演　腕花　蹍步　双圈集体舞　提腕　蹦跳步　绸带舞　垫步　蹍趾小跑步　筷子舞　碎步

思考题

1. 结合实际想一想，在一日生活中，我们还可以通过什么方式加强幼儿对双圈集体舞队形的练习，请举例说明。

2. 请举例说明如何让幼儿更快地掌握圆心辐射队形。

3. 如何让幼儿能协调一致地敲出和谐的声音？

练习题

请利用学过的舞蹈动作和队形，结合本班幼儿的特点，为《蝴蝶花》编排歌表演。

蝴蝶花

董硕功　曲

欢快地

$1=F$ $\frac{2}{4}$ ♩=120

5̲	1̲	1̲	1	3	1·	2̲	3̲	5̲	6̲	5	-
你	看	那	边	有	只	小	小	花	蝴	蝶，	

5̲	1̲	1̲	1	3̲	2̲	2	3̲	2̲	1̲	3̲	2	-
我	轻	轻	地	走	过	去	想	要	捉	住	它。	

$\underline{3\ 5}\ \underline{5\ 6}$ | 5· 6 | 5 0 1 0 | 3 — |

为 什么蝴 蝶不 害 怕？

$\underline{3\ 5}\ \underline{5\ 6}$ | 5· 6 | 5 0 1 0 | 2 — |

为 什么蝴 蝶不 害 怕？

$\underline{3\ 3}\ \underline{5\ 3}$ | $\underline{2\ 3}\ \underline{2\ 1}$ | $\underline{5\ 6}\ \underline{5\ 6}$ | 1 — ‖

原 来是朵 美 丽的 蝴 蝶 花。

第二十七章　民族舞

第一节　藏族舞

一、风格与特点介绍

藏族主要分布在我国西藏、青海、四川、甘肃、云南等省，主要从事畜牧业生产。藏族民间舞与本民族的政治、经济、文化艺术的发展密切相关。在舞蹈动律上，主要的特点是膝关节的颤动和屈伸。舞蹈时膝关节松弛，既柔又富有弹性。手臂和上体的动作是随舞步的变化和膝关节的屈伸自然形成的，上体的移动动作有整体感。在动作特点上，表现在双脚自然外开，动力脚多系自然勾脚。在动作组合的规律上都有三步一变，后撤前踏，"四步回转"等规律。

藏族民间舞有"弦子舞"、"锅庄"、"热巴"、"踢踏舞"等舞蹈形式。教材中，我们主要介绍"弦子舞"和"踢踏舞"。其伴奏音乐的基本特点是：踢踏舞音乐愉快、开朗、活泼、节奏鲜明。每首曲子都由引子、歌曲部分和尾声组成，并且节奏固定。如：O X X X ｜ O X X X ｜……是一种流行性节奏型。O X　X ｜ O X　X ｜ O X　O X ｜ O X　X ｜，这种节奏型有一定的停顿和结束感。要求舞蹈者必须踏点准确，不能拖拍。"弦子舞"音乐速度缓慢，曲调延绵、连贯、优美动听。

二、基本动作介绍

(一)基本舞步

1. 弦子舞

弦子舞基本舞步的身体动律是重拍向上，膝关节的屈伸有柔韧性。

(1)平步：二拍或一拍一步。以右脚为例，预备拍左腿屈膝，身体重心下移，同时右腿屈膝右脚离地。前半拍，右脚落地，双腿膝关节慢慢伸直，身体重心上升。后半拍，右腿屈膝，身体重心下移，同时左腿屈膝，左脚离地。抬落脚时应有艰难、沉重的感觉。膝关节的屈伸要有内在的柔韧性。

(2)靠步：在平步的基础上，动力腿用脚跟靠在主力腿脚掌内侧，同时双膝慢慢伸直。

①单靠：两拍一步。以右脚为例，第一拍右脚原地平步一次。第二拍左脚跟靠在右脚掌内侧(也是平步感觉，只是脚跟落地)。(可原地行进或旋转地做单靠)

②长靠：四拍一步。做法同单靠，只是走三次平步，第四拍靠步。(一般左右方向行进地做长靠)

③连靠：一拍一步，可原地做连续靠步。

(3)撩步：两拍一步。以右脚为例：第一拍右脚原地平步一次或向前上一步，同时左腿屈膝上提，第二拍小腿前撩的同时，主力腿膝关节伸直，也可四拍左右腿交替平步三次，然后撩步一次，也叫三步一撩。

(4)拖步：右脚向一定方向窜越，由上向下掉落感的落地，然后左脚在后稍擦地，向前进方向上步，动作重拍始终在右脚上。左脚始终被动地后拖。

幼儿做时双脚交替向一定方向擦地拖走，动作无重复。

2. 踢踏舞

踢踏舞基本舞步的身体律动重拍向下，双膝始终要保持松弛状态，随步法每拍上下自然颤动两次。

(1)第一基本步：第一拍前半拍右腿稍屈膝，右脚稍离地提起，同时左腿直腿，左脚原地，前脚掌离地抬起，后拍地下落，又称"刚达"。后半拍落右脚。第二拍，左右全脚交替踏地。动作重复，左右相反。

(2)退跶步：第一拍前半拍，右脚掌向后退踏一步，后半拍左脚提起再踏地。第二拍前半拍右脚向前全脚踏地，后半拍右脚抬起离地。左膝关节上下颤动四次，做退踏时，重心不要前后移动。

（3）抬踏步：第一拍前半拍右腿屈膝，右脚离地，同时回收小腿，左脚"刚达"一次。后半拍右脚落地，第二拍前半拍左脚全脚踏地。后半拍休止。再接左脚动作，动作相同，只是方向相反。

（4）滴嗒步：左丁字步准备，前半拍右腿屈膝，身体重心下沉，右脚掌翘起，同时左腿屈膝，左脚离地。后半拍左脚全脚落地一次，同时右脚掌拍地。双腿稍伸直，此动作连续重复。

（二）基本动作

1. 撩袖

（1）单臂撩袖：单臂由下经体前或体侧向上撩袖，到位后手腕向上或向外摆动，带动水袖，两臂可随舞步交替撩袖。

（2）单背巾：经过单臂撩袖屈肘于头侧，手掌向前。

2. 摆袖

双臂下垂，以肘部带动全臂做向前、后、左、右或里、外的双摆袖或交替摆袖。在体两侧绕"∞"字时有大小之分。

3. 甩袖

（1）单臂掏甩袖：右臂为例，左小臂由体侧经体前向下盖掌，同时右小臂由手腕带动（手心向下），从体下经左臂与胸之间抱臂至头上甩腕挥袖。

（2）双臂甩袖：双臂屈肘平抬于胸前，两手相对手心向下。动作时双手由胸前向上，向外掏臂甩袖，也可以做双小臂屈肘里绕环，然后双臂屈肘回收于肩上，再双小臂向前抛出甩袖。

4. 晃袖

双臂屈肘举至胸前，双手带动小臂随步伐节奏的变化做左右双绕环晃袖。

5. 献哈达

（1）献哈达（双手礼）：右腿为主力腿，屈膝侧弯右脚全脚落地，左腿向8点直腿伸出，脚跟落地。双臂由腰两侧掏手向前两侧平伸开，手心向上身体前倾，头略低以示虔诚之意。

（2）献哈达（单手礼）：双臂由左经头上晃手于体右侧，左手手心向下，右手手心向上，同时脚为右侧踮步，身体下右旁腰，眼看前方。或左侧前踮步，身体转向 2 点，同时双臂经体前交叉打开，右手高左手低，手心向里，身体向左前下腰。

三、基本组合

弦子组合

慢板、抒情地

$1={}^{\flat}B\ \dfrac{2}{4}$

$(\underline{3\cdot}\ \underline{5}\ \underline{6}\ \underline{1}\ \underline{2}\ \underline{1}\ \ \underline{5}\ \underline{5}\ \underline{3}\ \ 2\ |\ \underline{5}\ \underline{1}\ \underline{6}\ \underline{3}\ \ \underline{2}\ \underline{2}\ \underline{3}\ \ 6\ -\ )\ \|:\ \underline{3\cdot}\ \underline{5}\ \ \underline{3}\ \underline{6}\ \underline{1}\ \ 3\ \ \underline{6}\ \underline{5}\ \underline{6}\ |\ 3\ -\ -\ -\ |$

$\underline{2\cdot}\ \underline{3}\ \ \underline{5}\ \underline{6}\ \underline{5}\ \ \underline{3}\ \underline{2}\ \underline{3}\ \ \underline{1}\ \underline{5}\ \underline{1}\ |\ 2\ -\ -\ -\ |\ \underline{3\cdot}\ \underline{5}\ \ \underline{3}\ \underline{3}\ \underline{2}\ \underline{6}\ \underline{1}\ \ 6\ |\ \underline{6}\ \underline{1}\ \underline{3}\ \underline{5}\ \ \underline{2}\ \underline{1}\ \underline{6}\ \underline{5}\ \ 3\ -\ -\ |$

$\underline{3\cdot}\ \underline{5}\ \ \underline{6}\ \underline{1}\ \underline{2}\ \underline{1}\ \ \underline{3}\ \underline{5}\ \underline{6}\ \ \underline{3}\ \underline{5}\ \underline{3}\ \underline{2}\ |\ \underline{2\cdot}\ \underline{3}\ \underline{1}\ \underline{6}\ \underline{5}\ \ \underline{3}\ \underline{5}\ \underline{3}\ \underline{2}\ |\ \underline{5}\ \underline{1}\ \underline{6}\ \underline{5}\ \ \underline{2}\ \underline{3}\ \underline{5}\ \ 6\ -:\|$

$\underline{\underline{6}}\ \underline{\underline{6}}\ \underline{\underline{5}}\ \ \underline{\underline{6}}\ \underline{\underline{6}}\ \underline{\underline{5}}\ \ \underline{\underline{6}}\ \underline{\underline{2}}\ \underline{\underline{6}}\ \underline{\underline{2}}\ \ \underline{\underline{6}}\ |\ \underline{\underline{6}}\ 0\ \ 0\ 0\ \|$

组合的基本动作：

1. 基本舞步：三步一撩，靠步（单靠、连靠、长靠），三步一跺，三步一抬。

2. 手臂基本动作：双臂横摆袖，单撩袖，单背巾，敬礼。

第一遍音乐

1 小节～2 小节：面向 8 点。步法与节奏：两拍一次，三步一跺（左脚起步，半拍一步，走三步，第四步全脚踏地）共四次，走之字，同时双臂左右横摆袖，双膝放松，应有自然的上下颤动。

3 小节～4 小节：第一、二拍三步一抬（左脚起步向左，）旋走一圈（左脚起走三步，第四步正吸右腿）。同时双臂由胸前交叉后打开成左手高右手低。第三拍至第八拍，三步一撩，后退三次（右、左、右），然后左小腿前撩，同时双晃手成左单背巾，右手于胸前屈肘。

5 小节：向 8 点左脚上一步，右脚单靠，同时左臂自然前平伸，手心向下，右臂单撩成单背巾，然后右脚退一步，左脚单靠，同时左手端掌于胸前，右手臂于右侧平举，手心向下。

6 小节：三步一抬（两拍一次），向左旋走一圈，同时双臂由胸前交叉后打开，左手高右手低。接着原地单靠（一拍一次）两次（先左后右），同时左臂保持托掌位，手心向里，右臂屈肘于胸前，手心向下，然后翻掌向右侧平伸打开。

7 小节：向右做长靠一次，双臂体侧平伸开，手心向下随脚步自然交替晃臂，最后左臂单撩甩袖。

8 小节：第一、二拍左脚向 6 点退一步，右脚单靠，同时右手端掌于胸前，左臂体侧自然打开，第三、四拍，三步一抬，向右旋走一圈，同时左臂提前交叉后打开，右手高左手低。

9 小节：左脚落地，右脚单靠，身体转向 2 点，右手姿态不变，左脚屈肘于胸前向右横摆袖，接着右脚原地踏一步，左脚连靠两次，身体转向 8 点，左臂由 2 点向 8 点平伸打开。

第二遍音乐

1 小节：向 8 点左脚起步，两拍一次的三步一撩做两次，同时双臂慢慢由体前分掌打开（右手高，左手低）。

2 小节：向左做四拍一次的长靠一次，同时第一拍左手摊掌向左打开，第二拍右手向左盖掌，第三拍双手翻掌，第四拍双手撩成右顺风旗。

3 小节～4 小节：动作同 1 小节～2 小节，方向相反。

5 小节：第一、二拍左脚向左横迈一步，撤右腿成右小踏步，同时双臂体侧平伸上、下小晃臂成左单背巾，右手后背。第三四拍单靠两次（右、左），从右转一圈，同时先右后左的双臂交替单撩甩袖。

6 小节：第一、二拍左脚提膝抬起，然后碎步向左横走两拍，同时双臂平伸自然打开。第三、四拍左手单背巾，右脚连靠两次，同时右手手心向上，右臂平伸于体前慢慢向右打开。

7 小节～8 小节：动作同第一遍 7 小节～8 小节。

9 小节：第一、二拍左脚向右横迈一步，撤右脚成右小踏步，同时双臂体两侧平伸打开，经上下小晃臂成右单背巾，左手后背。第三、四拍右脚向右横迈一步，重心移至右脚，左脚连靠两次。右手姿势不变，左臂由 2 点向 8 点平伸，慢慢打开。

10 小节：第一、二拍右脚起步，由右平步旋走四步转一圈，同时双臂体前分掌打开。第三、四拍，左右交替提膝抬小腿，后退两步（先右后左），同时双臂同方向小晃手。

11 小节：左腿屈膝为主力腿，右腿直膝侧踵步，同时双臂大晃手于体右侧成敬礼状，身体侧倒，亮相结束。

四、成品舞

找朋友

稍快

1=D $\frac{2}{4}$

‖: 6 1 6 1　3 3 6 | 5 2 3　1 | 3 5 2 3　2 2 1 | 6 6　6 :‖

舞蹈基本动作：

1. 基本舞步：吸颠步，三步一撩，踏错步
2. 手臂基本动作：双晃袖，单背巾

舞蹈跳法：

第一种跳法：邀请舞

大家站成单圈队形，面向圆心为被邀请者。请若干人站在里圈为邀请者。

第一、二遍音乐：圈里的人做吸颠步邀请的动作，沿逆时针方向行走，外圈的人每拍胸前击掌一次。

注：吸颠步：第一、二拍右腿吸起，左脚颠跳一次，共做两次。同时双臂屈肘由右经头上向左绕环晃袖两次。第三、四拍，右左脚交换前踵步，身体侧前倒，同时左、右单背巾各一次。此动作重复四次。第四次结束时面对一个被邀请人。

第三遍音乐：邀请与被邀请者面对面做两拍一次的三步一撩动作共做两次（先左后右），双臂体两侧自然打开。接着一拍一次右脚起，踏踢步四次。同时两人沿顺时针方向转半圈，互换位置，同时两人双手互拉。

注：踢踏步：右脚为例，前半拍右脚前迈一步全脚落地，同时左脚离地。后半拍右脚向前跳起落地，同时左脚勾脚向前撩小腿踢出。

音乐重新开始，新的邀请人重新邀请。

第二种跳法：双圈集体舞

大家站成双圈，里圈人面对逆时针方向站立，外圈人面对顺时针方向站立。里外圈人数相等。

第一遍音乐：里外圈同时做第一种跳法的邀请人动作，里圈沿逆时针方向走，外圈沿顺时针方向走。

第三遍音乐：里外圈转成面对面，做两拍一次的三步一撩（先左后右）共做两次，同时外圈双臂于体侧平伸，里圈互相拉手。然后里外圈两人一对双手互拉，右脚上步，右脚踢出，共做两次，两人沿顺时针方向互换位置。

第四遍音乐：同第三遍音乐，动作反复一次，最后两人回到原位。

音乐从头开始，舞蹈继续重复跳起。

五、活动建议

第一，此舞蹈适合大班幼儿学习。

第二，教师须提前教授幼儿吸颠步，三步一撩，踏错步，双晃袖，单背巾等动作。

第三，教师要提前准备《找朋友》的伴奏。

第四，幼儿可以根据音乐，利用所学的其他舞蹈动作改编此舞蹈。

第二节　维吾尔族舞

一、风格与特点介绍

维吾尔族是我国少数民族之一，主要居住在我国新疆。维吾尔族人民能歌善舞，被誉为歌舞民族。

维吾尔族民间舞开朗，奔放，有时也很幽默。舞蹈造型优美，挺拔。维吾尔族民间舞擅长运用头和手腕的动作，通过移颈，头部的摇动和丰富多变的手腕动作再加上昂首挺胸，立腰等姿态，以及眼神的巧妙配合，表现出不同人物的内心情感和人物性格，使舞蹈风格浓郁别具一格。微颤是维吾尔族民间舞中富有特色的动律。膝部规律性的连续微颤或变换动作时一瞬间微颤，使舞蹈动作柔和优美，衔接自然，维吾尔族民间舞中广为运用各种变化的旋转动作。

维吾尔族民间舞蹈的伴奏音乐非常丰富，其特点是曲调活泼、愉快、开朗、幽默。符合和切分节奏运用的较多。维吾尔族民间舞蹈的音乐伴奏，手鼓是不可缺少的，常用的主要节奏型有：(1)($\frac{2}{4}$) $\underline{XXX}$ $\underline{XX}$‖ 这种节奏型情绪活泼，愉快。(2)($\frac{2}{4}$) $\underline{XX}$ $\underline{XX}$‖或 $\underline{XXX}$ $\underline{XX}$‖这种节奏型稍有跳跃感，表现情绪轻快。

二、基本动作介绍

(一)基本动律

微颤旁点摇身是维吾尔族民间舞蹈的基本动律。做法如下：右腿为例，预备拍，双手叉腰，右腿为主力腿，左脚尖内侧旁(斜后)点地，右腿膝关节微屈，同时左脚尖离地，身体重心下沉，动作时前半拍，左腿膝关节直立，同时左脚尖点地，身体重心上移。后半拍右腿膝关节微屈，右脚尖离地。

(二)基本舞步

1. 横垫步

踝步以右脚为例，左小踏步准备。动作是右腿为动力腿，用它的脚跟及脚的外踝步横走，左腿为主力腿，膝关节稍屈，大腿稍加紧，左脚掌踏地随前脚走动方向平稳移动。横垫步速度可快可慢，一般一拍一步。

2. 进退步

以右脚为例，正步准备，第一拍前半拍右脚向前上一步，勾脚，先脚跟落地，右腿自然伸直。后半拍左脚原地踏一步。第二拍前半拍右脚后退一步，脚掌踩地，屈膝，重心移至右脚，后半拍左脚在前原地踏一步，进退的方向和进退的顺序可根据舞蹈的需要而改变，男性进退步一般是半蹲状态以示幽默，女性进退步一般是立半脚尖做，显得格外轻盈，做进退步过程中人的重心不要跟着前后移动、要稳、挺拔。

3. 点步

做法基本同于幼儿基本舞步中的点步。维吾尔族民间舞常用的点步有旁点、点移、点转等，动作时要求身体挺拔。

4. 三步一抬

右脚为例，面向 8 点，右脚起半拍一步共走三步，第四拍左脚掌向后撩同时抬小腿，身体转向 2 点，然后左脚起步向 2 点方向走，动作相同，左右相反。三步一抬走的要平稳，显得高雅。三步一抬可直线做，也可做抬步转身。

5. 错步

右脚为例，第一拍前半拍右脚向前迈一步，脚掌落地重心前移。后半拍，左脚从右脚内侧上一步脚掌落地，重心移至左脚。第二拍前半拍，右脚向前再上一步重心前移，脚掌落地，后半拍左腿离地准备前迈。然后左脚起步，动作同上，左右相反。

(三)常用手位

基本手形：近似兰花掌，指根放松，中指向掌心拇指相近。

1. 提裙位(单、双手两种)

挺胸、立腰，双手在身体两侧打开成 45°，两手立腕，好像提着裙子，分为单、双手两种。

2. 山膀立腕位

双手平摊到身体两侧，与肩平行，立腕。

3. 双托位

双手放于头上方，手心向上。

4. 顺风旗位

双手在身体一侧平托到五位绕腕，头随手的方向平视。

5. 托按掌位

双手在身体两侧打开，相抱，一手经过身体中心向另一侧腰处绕腕，立掌，另一手向上，摆到三位，绕腕，手心向上，头向一侧平视。

6. 双按掌位

双手分摊到身体两侧斜前方 45°，绕腕，双手放于胸前，交叉立腕。

7. 托帽位

双手分摊到身体两侧 45°，一手托于耳朵上方，一手伸于身体斜前上方，手心朝斜上方。

8. 山膀按掌位

双手从身体一侧平摊到另一侧，一手在胸前，一手与肩平行，绕腕。

9. 敬礼位

一手扶住身体另一侧胸的上方，手腕微提，也可双手交叉，成双手扶胸礼。

三、基本组合

自由时代

柔板

1=C $\frac{4}{4}$ $\frac{2}{4}$

鼓点： X X X　X X X │ X X　X X │ X X X　X X X │ X X　X 0 │

12 353 5·1 635 │ 3211 ─ │ 53 616 53 6165 │ 5 ─ │

12 353 5·1 635 │ 3211 ─ │ 21 353 31 2321 │ 1 ─ │

12 353 5·1 635 │ 3211 ─ │ 11 1·2 161 6·1 │ 6165 5 │

11 112 161 6·1 │ 6 25 32 │ 1·3 7·5 │ 6756 5 ─ ─ │

12 353 5·1 635 │ 321 1 ─ │ 21 353 31 2321 │ 1 ─ ‖

组合的基本动作：

1. 基本舞步：点步（旁点，前点，点转，点移）

2. 手臂基本动作：挽花，翻转腕，弹指

3. 身体基本动律

组合动作顺序：

鼓点：右前虚点步，双手提裙位，翘腕。脚和身体随鼓点，上身向右摇身，并且每拍一次微颤前点步，同时双手指每拍一次弹指。

第一遍音乐

1小节～2小节：第一、二拍双腿经过屈膝，重心移至右脚。双腿挺立，

262

同时，双臂体前交叉平穿打开。第三拍双手挽花后成提裙位亮相。姿态不变，舞蹈基本动律四次。

3小节～4小节：第一、二拍正后方向，撤右脚，双腿经屈膝重心后移至右脚，手的动作同上。第三拍双臂挽花后成双山膀立腕位亮相。姿态不变，舞蹈动律四次。

5小节～6小节：第一、二拍左脚向左横迈一步，重心移至左脚。同时双手山膀位翻腕，手心向上，第三拍右脚向左后踏步成右小踏步。同时双手腕花成右托按掌位亮相，姿态不变，向左的基本动律四次。

7小节～8小节：动作同5小节～6小节，左右方向相反。

9小节～10小节：第一、二拍向8点上右脚成左旁点步，同时双臂由体下端掌经体前向上撩起，下左旁腰，第三拍，双手腕花成右顺风旗位。姿态不变，向右的基本动律四次。

11小节～12小节：动作同9小节～10小节，左右方向相反。

13小节～14小节：第一、二拍向6点，撤右脚成左旁点步，同时右臂屈肘于胸前，左臂由下经右手臂外绕至头后，第三拍，双手腕花成左托帽掌位，姿态不变，向右的基本动律四次。

15小节～16小节：第一、二、三拍，双臂平伸于体两侧，手心向上，左脚起步上三步。第四拍成右小踏步，同时双臂屈肘于胸前，小臂平行（右高左低），眼看1点亮相。第四、五、六拍姿态不变，基本动作三次。第七拍双臂体两侧平伸，手心向上，同时双腿右踏步半蹲。第八拍半蹲向右蹁转一圈。

17小节：第一拍右脚撤步成右踏步半蹲，同时双手于双按掌位腕花于胸前。第二拍左脚向旁撤一步，脚掌点地，身体重心向左移靠一下。同时双臂打开成双山膀立腕位，动作同上，方向相反，再做一遍。

18小节：第一拍左脚向8点上步，重心在右脚，同时双臂由右下经体前向8点双晃手，第二拍双手挽花成高低手位（左高右低），同时身体重心移至左脚，第三拍姿态不变，右脚收至左脚内侧脚尖点地。

19小节：舞姿不变，以左腿为轴，右脚掌每拍点地一次，向右点转一周。双手每拍弹指一次。

20小节：左臂姿态不变，右臂由体前经头上右后晃手一圈成扶胸礼，同时双腿并拢直立。

第二遍音乐

1小节～12小节：动作同第一遍音乐1小节～12小节，只是基本动作时

263

变为翻转腕各两次（先由外向里翻腕，然后再由里向外转腕）。

13 小节～14 小节：动作基本同第一遍音乐 13 小节～14 小节，只是左右交替做四次撤步旁点托帽位。

15 小节～16 小节：动作基本同第一遍音乐 15 小节～16 小节，只是上两步，然后胸前双按掌位翻压腕四次。

17 小节～20 小节：动作同第一遍音乐 17 小节～20 小节。

四、成品舞

新疆儿童集体舞

1=D $\frac{2}{4}$

$$\underline{5}\,\underline{5}\,\underline{\dot{6}}\,\underline{\dot{1}}\,\dot{1} \mid \underline{7}\,\underline{\dot{1}}\,\underline{7}\,\underline{6}\,5 \mid \underline{6}\,\underline{\dot{6}}\,\underline{\dot{1}}\,\underline{5}\,\underline{6}\,\underline{5}\,4 \mid 3 \quad - \mid \underline{2}\,\underline{2}\,\underline{3}\,\underline{4}\,6 \mid \underline{5}\,\underline{6}\,\underline{5}\,\underline{4}\,3 \mid \underline{2}\,\underline{2}\,\underline{3}\,\underline{2}\,\underline{7} \mid 1 \quad - \parallel$$

跳法

全体站成双圈，两人一组，面向逆时针方向站好准备。

第一遍音乐

1 小节：右踏点步每拍一步，向前走。同时第一拍双手胸前击掌一次。第二拍双臂体前平伸，双手作里挽花后立腕。

2 小节～4 小节：动作同 1 小节，重复三遍。

5 小节～6 小节：右踏点步每拍一步，继续向前走。同时第一拍双手胸前击掌一次。第二、三、四拍里圈左托按掌位，外圈右托按掌位同时每拍作里挽花一次，两人互看。

7 小节～8 小节：里外圈转成面对面，原地踏点步四次，同时双手胸前击掌四次。

第二遍音乐

1 小节～2 小节：外圈小朋友蹲，里圈点步绕外圈小朋友一周回原位。

3 小节～4 小节：动作同 1 小节～2 小节，里外圈相反。

5 小节：里外圈面对面站立原地点步两次。同时第一拍双臂平行向体前晃手，手心向上。第二拍双臂由体西侧撩掌成双托掌。

6 小节：动作同 5 小节。

7 小节～8 小节：双臂屈肘于胸前，双手交叉扶肩成宝宝式，同时里圈原地每拍点步一次，外圈向右蹦跳步错位一人，换新的舞伴。

五、活动建议

第一，此舞蹈适合幼儿园大班幼儿学习。

第二，教师要准备好有关维吾尔族风土人情的图片或视频、伴奏。

第三，教师可以带领幼儿利用小铃鼓来打节奏，并以铃鼓为道具编排舞蹈《铃鼓响叮当》。

第三节　蒙古族舞

一、风格与特点介绍

蒙古族分布在内蒙古、吉林、黑龙江、辽宁、宁夏、甘肃、青海、河北、河南等地。主要集中居住在内蒙古高原上，辽阔的草原畜牧生活，培养了蒙古族人民勇敢热情，爽直的性格。长期的生活方式，生产形式，生活地区的不同，形成了蒙古族民间舞蹈，热情剽悍有力的基本风格特点。

蒙古族民间舞音乐的特点是热情奔放，悍健有力，节奏欢快，富有草原风格和浓郁的生活气息。调式多为羽调式。音域较宽。音程跳动较大。

马步音乐活泼，跳跃，常连续使用 $\times\ \times\ \times\ |\ \times\ \times\ \times\ |$ 的节奏型。表现以雁为题材的舞曲多为民歌经常使用散板或自由节奏以衬托辽阔草原的意境。摔跤舞一般在节日进行．音乐热烈，有节日气氛。表现挤奶内容的舞蹈音乐则有较强的劳动气息。

二、基本动作介绍

(一)常用脚位、手位

1. 常用脚位

(1)自然位：脚跟并拢，脚尖左右分开，夹角约大于 $60°$，重心落在两脚上，面向正前方。

(2)基本位：以右脚为例，左脚自然位，右脚尖点地于正前方，膝关节朝前方或稍微向右外旋。

（3）大八字位：同于大八字步。

（4）踏步位：用于小踏步和大踏步做法，身体重心可在前脚也可在后脚。

2. 基本手形

四指伸直并拢，拇指稍翘与四个指间稍分开，五个指在一个平面内形板状掌形。

3. 常用手位

（1）一位：双臂平行前伸于小腹前，手心向下。

（2）二位：双臂体前斜下举，手心向下。

（3）三位：双臂侧平举，手心向下。

（4）四位：双臂斜上举，掌心向外。

（5）五位：双手于右（左）胯侧按掌。

（6）六位：双臂肩侧屈，手指触肩。

（7）七位：双手握拳，拇指伸出叉腰，手背朝上。

（8）八位：双臂后背于体后按掌。

（二）基本舞步

1. 平步

身体端正，每拍向前走或后退每拍一步。走时男性一般全脚落地，肩略有自然的晃动，以示彪悍，健壮，女性可立半脚尖走，以示轻快，活泼。

2. 踏跺步

左小踏步准备，以右脚为例，第一拍右脚向右侧划弧迈步，经过脚掌到全部落地，屈膝，同时左腿也屈膝脚掌离地，身体重心下沉，第二拍左脚掌踏地，左腿挺膝，同时右脚离地，后脚一直是前脚掌踏地，每一步身体随之有上下的弹性起伏。

3. 马步

（1）马走：第一种，原地马走步，靠双腿膝关节的交替微颤，身体重心上下移动，可一拍或两拍一次以示马在慢步行走。

第二种，行进起步右脚为例，前半拍，左腿挺膝立半脚尖，同时右腿通过提膝，向正前方掏小腿迈步。后半拍右脚落地后屈膝重心前移，左腿变动力腿准备起步，继续重复前面的动作。

（2）小跑马步：正步准备，运用幼儿基本舞步中的小跑步，半拍一步，以示小马轻快地跑动。

(3)吸跳马步(亦叫高抬腿马步)：正步准备动作时，主力腿蹬地跳起，同时动力腿正吸腿，两腿交替进行，以示大马奔跑嘶鸣，吸跳马步一般一拍一步。

(4)长跑马步：基本位准备，动作时，前半拍右脚向正前方跳一大步，后半拍左脚经右脚内侧继续向前迈一步，紧接着右脚再上一小步。步法节奏是× × × | × × × | 。以示马的急速奔驰。

(5)踏点马步：基本位准备。动作时，重心可在前脚，也可在后脚，行走方向可原地也可行进。主要靠主力腿的膝关节富有弹性的屈伸。右脚为例，右踏步准备，前半拍左腿弯膝全脚落地，右腿屈膝，脚掌离地，后半拍右脚落地，左脚离地，以示马的行走。

(6)进退马步：以右脚为例，第一拍前半拍右脚向8点用前脚掌点地，同时左腿向上提膝，脚掌离地，后半拍左脚掌落地，右脚掌离地，第二拍前半拍，右脚后撤于4点，脚掌点地，同时左腿向上提膝脚掌离地，后半拍左脚掌落地，右腿向上，提膝脚掌离地。这样交替重复进行，以原地动作象征马的奔跑。动作时身体重心保持在中间，双腿膝放松并向8、2点打开，进退点地可单点也可做双点以示马跑的不同速度。

(7)摇篮马步：双腿交叉，双脚外侧着地，双踝紧靠。以右脚为例，身体重心在右脚，右脚全脚落地。动作时，经过双膝屈伸，身体重心移至左脚，全脚落地，右脚外缘着地，同时双腿屈膝。连续做时，动作相同，方向相反。摇篮马步以示马行走的欢快幽默感。

(8)滑步马步：自然位准备，右脚为例，第一拍双腿并拢，自然屈膝，前脚掌原地交替踏两步(先右后左)。第二拍右脚落地屈膝，重心移至右脚，中腰右侧移，但身体正，眼看前方。同时左腿滑出向旁伸腿踢起，后半拍迅速收回成自然位，连续做时，动作相同，方向相反。

(三)基本动作

1. 腕的动作

(1)硬腕：靠手腕的上下一拍一次有节奏的提压腕。提压腕节奏要鲜明，动作要有弹性，一般硬腕常做成单双手提压腕、双手交替提压腕、横腕三种。

(2)柔腕：靠手腕的上下柔韧的慢节奏的提压腕。

2. 肩的动作

(1)硬肩(也叫整肩)：双肩有鲜明节奏的前后交替移动，一般每拍双肩移动一次。

（2）耸肩：单肩或双肩每拍上下跳或弹动一次。

（3）笑肩：连续快速的耸肩。

（4）圆肩：双肩一起或交替前后（从下向前再向上或从下向后再向前）画圆，动作节奏快慢可随舞蹈表演需要变化。

（5）颤肩：双肩放松马步表演，随上下微小的自然颤动。

（6）碎肩（也叫抖肩）：双肩放松，快速连续的向前后抖动。

3. 骑马手臂动作

（1）勒马（拉缰绳）：里挽花后手于胸前压腕拉缰绳，臂肘下屈，小臂平行舞蹈中可单手拉缰绳，也可双手拉缰绳。

（2）举鞭：右手持鞭，由下向前向头上举叫举鞭，也叫扬鞭。

（3）加鞭：右手持鞭（模仿动作）由上经前、向后甩鞭叫加鞭。

（4）挥鞭：右手持鞭，高举头上抖动腕叫挥鞭。

三、基本组合

舞　曲

欢快、活泼地

1=F 2/4

前奏：(2 2 35 1 | 6 6) | 66 7 66 | 22 1 6 6 | 22 35 1 | 2 1 6 | 66 53 2 |

5 3　561 | 2·5　3232 | 6　6 | 22　323 | 5　5 | 33　535 | 6　6 |

% 1 5　32 | 1 3　21 0 22　35 1 6 6 :‖

组合基本动作：

基本马步：马步、跺滑马步，小跑马步、进退马步，滴答马步。

单双手勒马、加鞭（甩鞭）、扬鞭、挥鞭。

组合动作顺序：

前奏：左手勒马，右手叉腰，左肩在前右肩在后，左脚为主力脚，全脚落地，右屈膝，右脚尖点地，准备从舞台 4 点出场。

第一遍音乐

1 小节：第一拍右脚向 8 点窜一步，同时左脚跟上，左脚尖在右脚旁点地（屈膝、半蹲）。第二拍，右腿膝关节屈伸一次。

2 小节：动作同 1 小节。左右相反。继续向 8 点上步。

3 小节～4 小节：上身舞姿保持，左右腿交替向 8 点每拍上一步共走四步。

5 小节～6 小节：动作同 1 小节～4 小节，重复三遍。走成一斜排（面向 8 点）。

第二遍音乐

1 小节：第一拍，双腿屈膝，蹦跳步一次，同时双手勒马。第二拍，左腿屈膝半蹲，右腿绷直向旁抬起，此动作亦叫踩滑马步。

2 小节：动作同 1 小节，左右方向相反。

3 小节～8 小节：动作同 1 小节～2 小节，重复三遍。全体向后退成一横排。

9 小节～10 小节：向 8 点做小跑马步（半拍一步）八步，走成一斜排左手勒马，右手加鞭。

11 小节～12 小节：动作司 9 小节～10 小节，右手变挥鞭。

13 小节～15 小节：左手勒马，右手叉腰，各由自己的左侧向台后小跑马步 14 步（半拍一步）。变成背向观众的一横排。

16 小节：第一拍，双手勒马，原地蹦跳步一次，转身向 7 点。第二拍，左手勒马右手叉腰成前奏的动作姿态。

第三遍音乐

1 小节～16 小节：动作同第一遍音乐 1 小节～16 小节。只是变为右手勒马。向 2 点走成一斜排。

第四遍音乐

1 小节～4 小节：双手在体前交叉，走下弧线分掌，打开成左手勒马，右手挥鞭，滴答马步 8 次（一拍一次），各自向左自转一周。

5 小节～8 小节：由第一个人带头小跑马步 8 次（半拍一步）向 7 点跑成一横排。双手姿势同上。

9 小节～12 小节：面向 8 点做进退马步四次（二拍一次）。舞姿同上。

13 小节～16 小节：左手勒马，右手向观众摆手再见，做小跑马步向 7 点下场。

四、成品舞

鄂尔多斯舞曲

1=C 2/4

```
6 6  6 6  2 3̇ | 1̇ 6  6 6  5 | 6 6  1̇ 2̇  1̇ 2̇ | 3  -  | 6 6  6 6  2 3̇ |

1̇ 6  6 6  5 3 | 2 2  2 2  1 2 3 1 | 6̣ 6̣  6̣ 6̣  6̣ | 6̣.  2 3̇ | 1̇  6  5 |

6̣.  1̇ 2̇  1̇ 2̇ | 3  -  | 6̣.  2 3̇ | 1̇  6  5 3 | 2̣.  2 1 2 3 1 |

6̣  -  ‖
```

跳法：

准备：左脚提膝，脚尖于右脚内侧点地，右手成单手勒马姿势，左手叉腰，面向侧前方。

1 小节~2 小节：左脚起步走四步，勒马四次。

3 小节~4 小节：脚和左手动作同上，左手加鞭后举至头上为挥鞭动作。

5 小节~8 小节：扬鞭勒马，左手伸向前方表示勒马，右手伸向后方表示扬鞭，身体前倾趴在马背上，脚做小跑步表示快速前进。

9 小节~10 小节：身体向前窜，双手向前勒马，右腿后踢，然后身体直立左脚站立，右腿正吸，双手勒马在胸前，此动作重复一遍。

11 小节~12 小节：第一拍双腿正步全蹲，第二拍右腿直立，左腿正吸，此动作重复做一遍。

13 小节~16 小节：左手叉腰，右手勒马双脚跺地自转一圈，最后一节恢复成准备状态。

五、活动建议

第一，此舞蹈名称为《小巡逻兵》，适合大班教学。

第二，教师可以采用"小马赛跑"等活动来加强学生对马步、扬鞭、挥鞭等动作的练习。

第三，教师需准备《小巡逻兵》的操作卡片、鄂尔多斯舞曲、蒙古族风土人情的视频或图片。

第四，播放背景图片，开展语言活动"美丽的大草原"，引导幼儿描述图片上的景物和故事，并引导学生和家长一起为图片配上合适的音乐和舞蹈。

第四节　傣族舞①

一、风格与特点介绍

傣族是我国少数民族之一，主要分布在云南省。傣族民间舞蹈内容丰富多彩，形式多样。动作优美、灵活、朴实、矫健、感情含蓄。舞姿富有雕塑式的造型美。下肢多保持半蹲状态，躯干和手臂保持一定的弯度，形成了特有的舞姿造型，俗称"三道弯"。

舞蹈时，以双腿半蹲，双手叉腰，上体向旁倾斜为基本姿态。腿在半蹲状态在音乐重拍时做向下动作（身体重心下沉），做有节奏均匀的屈伸，带动身体上下颤动为基本的动律特点。流传傣族地区的舞蹈有"戛光舞""象脚鼓舞""孔雀舞"等。

二、基本动作介绍

（一）基本手形

1. 掌形

四指并拢，虎口张开，拇指稍向内合，手指与手掌用力伸直，使手指向上翘。常用的掌形有托式掌、立式掌、提腕掌。

2. 冠形

食指与拇指相对，指尖相靠，形成一个环形。其余三指伸直，像扇形张开。手型好似孔雀头，伸直的三指象征孔雀头顶上的羽冠。

3. 爪形

食指第二关节屈，拇指第一关节屈（或拇指伸直），两指相对形成一个爪

---

① 李军、石秀茹：《舞蹈》，171～179 页，北京，人民教育出版社，1989。

字形，其余三指成扇形，手型像孔雀爪一样。

4. 嘴形

食指、拇指相对伸直，相靠成尖嘴形，其余三指伸直成扇形。手型像孔雀的尖嘴。

5. 叶形

拇指伸直与食指相靠，其余四指成扇形，使手掌外沿向上翘。手型像椰子树叶状。

6. 曲掌

四指并拢稍屈，拇指伸直，虎口打开，成掌心向上曲掌状。

(二)基本脚位

1. 正步(也叫丁丁位)

与古典舞基本脚位正步做法相同。动作：双腿直立并拢，双脚紧靠。脚尖对正前方，身体与头均向正前方，两眼平视前方，双臂自然松弛地垂于身侧。重心支撑点有意识地移到前脚掌上。

2. 丁字步(也叫丁岗位)

常用的有两种：一种是点丁字步，一种是跟点丁字步。做法：以右丁字步为例，右脚沿脚尖方向移动，使右脚跟与左脚弓内侧相距 10 公分，右脚掌点地。用右脚跟点地叫跟点丁字步。

3. 之字位(也叫丁兵位)

脚的位置成之字形，以右之字步为例，右脚在前，左脚在后，右脚全脚落地或脚掌点地。

(三)基本手位

1. 低展翅

有单低展翅(脚点丁字位，右臂弯向一旁放好，掌心向外，左臂弯曲放在左胯旁，掌心向下)、双低展翅。低展翅有立掌和横掌两种手形。

2. 平展翅

有单平展翅、双平展翅(双臂弯曲在身体两旁，与肩同高，掌心向外)。

3. 高展翅

有提腕掌高展翅(右手做提腕掌形，在头顶上方，左手旁心向下，在左胯旁)、托式掌高展翅(同提腕掌高展翅，右手做托氏掌形，左手不变)。

4. 顺展翅

立式掌形，右手弯臂在头顶上方，左手弯臂在平展翅位置上，两个指尖相对。

5. 侧展翅（立式掌）

立式掌形，右手在低展翅的位置上，左手在胸前，手腕相对，形成一条斜线。

6. 双合翅（提腕掌）

提腕掌形，双手双臂弯曲在头顶上方，手背相对，手心向外。

7. 合抱翅

有平合抱翅（提腕掌形，右臂弯曲在胸前，左手在低展翅的位置）、高合抱翅（手做提腕掌，右臂弯曲在头顶上方，做合翅，左臂旁曲在胸前，做单抱翅）。

8. 双抱翅（立式掌）

双臂交叉立于胸前，双手成立式掌。

（四）基本舞步

1. 平步

正步准备（以右脚为例）。前半拍，右脚向前一步，全脚掌落地。同时，右腿屈膝身体重心移至右腿。后半拍，右腿直膝，同时左脚有挠地感离地，小腿后撩，身体重心上移。动作时膝关节要匀速屈伸。平步时，胯要随出脚同一方向崴动。

2. 踮步

以右脚为例，左踏步准备。动作时，前半拍，右脚原地或向某方向上一步，全脚落地随即屈膝，同时左脚离地。后半拍，左脚单踮地，右脚离地。用踮地脚（动力脚），推动另一只脚（主力脚）原地或向某一方向上一步。两脚可交替进行，踮步行进方向可变化，主力腿的屈伸动作要柔和，身体重心随之起伏。

（1）单踮步：单腿向旁行进的踮步。

（2）吸踮步：动力腿在上步前加做小正吸腿。

（3）碎踮步：以右腿为例。正步准备。双腿稍屈膝，移动时身体重心始终落在右腿上，要平稳。

（4）跳踮步：以右脚为例。右丁字步准备。第一拍前半拍右脚向2点上一步，上步时向前跳窜，同时上体转向8点。右肩转向2点，右手向2点推成曲掌，左手于左胯侧成曲掌。后半拍左脚原地踮步一次。第二拍双手翻腕成立式掌。同时右脚离地再踮一步。

3. 点步

(1)旁点步：右之字步准备。动作时，右旁吸腿脚尖垂直地面(绷脚)，点地立即离地面(犹如蜻蜓点水)。点地前稍慢蹲，点地后快速起立，上体保持基本姿势，脚收回原位。

(2)点上步：点地后向前上一步。强调小腿上吸的动作，膝关节动作颤动要大。

(3)点退步：点地后向后退步。

(4)点跳步(前、后点跳步)：每次点地后，主力腿跳离地面。

4. 戛光步

戛光在傣语中的意思是跳鼓，也就是大家围着鼓跳。动作时，每拍都要保持颤动。以右脚为例，前半拍左腿为主力腿，双腿屈膝，身体向下颤动时右脚后擦地。后半拍左腿直膝，身体颤动(向上)时，右腿抬起。

(五)手、头、肩的基本动作

1. 手的基本动作

(1)翻腕：曲掌(或立掌)，由里向外转腕成立掌，再由外向里翻腕成曲掌。翻腕时动作要有力，有韧性。曲掌和立掌时要有停顿。

(2)内曲(也叫下穿手)：右手于托掌位，左手于体侧下垂，左点丁字步(为准备动作)。右手从手指、腕关节开始向内屈，再屈肘，经体前于右腰侧下穿。同时，左手向2点方向端掌上举至托掌位。整个动作要连贯，没有停顿。动作时肩关节保持微开，稍挺胸。身体随手向右稍转动成右点丁字步。

(3)外掏：正步准备，双臂屈肘于体前。动作时(以右手为例)，手腕带动右臂于下经胸前、左臂内掏手，向右斜前上方摆手。同时，左臂由上经体前向左斜下方晃手。然后接做两臂相反动作，可重复进行。小外掏主要是指小臂于胸前外掏。大外掏是指两臂于体前向左右、上下延伸外掏。

(4)晃手翻腕：动作时要大臂带小臂，掌心向外，翻腕要求同前。单臂晃手时，手在空中所走路线似月牙形。向里晃动幅度要大，向外晃动幅度稍小。

(5)轮手：两臂体侧下垂，右臂经前后绕一周，为单轮手。两臂交替轮手为双轮手(轮手方向可变化)。

2. 头的基本动作

(1)左右动头：向左右摆动头。

（2）左右歪头：以颈为轴，左右移动成歪头。

3. 肩的基本动作

（1）碎抖肩：两肩交替前后快速抖动。

（2）单耸肩：单肩上下移动，重拍肩落下。

（3）双耸肩：双肩上下移动，重拍肩落下。

（4）单转肩：单肩向前、向上、向后或先向后，再向上，向前转动。

三、基本组合

走步组合

优美

1=C **2/4**

$5 \quad - \| : \underline{565} \ \underline{35} | \underline{135} \ \underline{635} | \underline{135} \ \underline{635} | 6 \quad - | \underline{565} \ \underline{35\dot{1}} |$

$\overset{35}{6} \cdot \quad 5 | \underline{3535} \ \underline{23} | 5 \quad - \|$

组合的基本动作：

(1)基本舞步：平步、点步(前点步、旁点步、点退步)。

(2)手臂基本动作：翻腕轮手、耸肩。

(3)基本手位：低展翅、顺展翅、平展翅、双抱翅。

组合动作顺序：

前奏：双手叉腰，左点丁字步亮相不动。

1～32 小节

第一遍音乐

1 小节～8 小节：准备姿势不变，两拍深蹲，两拍慢起，重复做四次。

9 小节～12 小节：快蹲颤(每拍一次)，身体重心由右脚逐步移至左脚。双手向下经两侧至头上，再经体前下落成双手叉腰。

13 小节～16 小节：手不变右脚起原地平步一拍一次八次(重拍时双膝深蹲)。

第二遍音乐

1 小节～4 小节：右脚起步向右平步(每拍一步)走七步。第一拍，双手做推手曲掌(左手于左胯侧，右手于山膀位)。第二拍，翻腕成立式掌(此动作重复做)。第八拍时成右跟点丁字步，右臂为低展翅，左手于左胯侧按掌。

5 小节～8 小节：右脚起步向 6 点平步后退七步(每拍退一步)。左手姿势不变，右手顺时针方向晃手一周半至头顶。身体与胯随平步左右崴动。第八拍，左脚为轴从右转成面向 1 点，右点丁字步右手提腕掌高展翅亮相。

9 小节～16 小节：动作同 1 小节～8 小节，但方向相反。

17 小节～24 小节：由 2 点经 1 点向 8 点平步 16 步(每拍走一步)，自转一周(第一步步幅大，第二步步幅小，交替进行)。双臂为顺风旗位交替曲掌、翻腕立掌动作。动作中要注意身体的"三道弯"造型和崴胯的动作。

25 小节：第一拍右脚向右横迈一步，身体重心移至右脚，同时双臂屈肘于腰间，双手曲掌。第二拍左脚向 2 点上一步，脚尖点地成左虚步，向左后下腰。身体转向 1 点，双手翻腕立掌（右手高位，左手低位）。目顺左肩向上看，以示水面照影。

26 小节：舞姿不变，静止亮相。

27 小节～28 小节：舞姿不变，双手曲掌翻腕立掌各两次。

29 小节～32 小节：动作同 27 小节～28 小节，唯方向相反。

33～56 小节

第一遍音乐

33 小节～36 小节：右脚起步向 2 点走平步五步（每拍走一步）。同时双手曲掌推出（右臂成山膀位，左手于腰间），然后右手翻腕立掌收于胸前，同时左手翻腕立掌向 8 点推出与右手体前成双抱翅位。第六拍，上左脚成右踏步，同时向右后双晃手，左手平托掌高展翅，右手下穿，面向 2 点亮相。

37 小节～40 小节：舞姿不变，背向 6 点，右脚起步平步后退七步（每拍退一步）。第八拍，左手成爪形盖掌于胸前按掌位，左点丁字步亮相。

41 小节～48 小节：动作同 37 小节～40 小节，但方向相反。

第二遍音乐

33 小节～36 小节：主力腿左脚立（半脚尖），同时吸右腿，身体转向 7 点，走四步，左臂搭前面人的外肩（或于左胯侧按掌），右手从腰前平穿，经 8 点向 2 点打开。第五拍右脚向左脚前上一步成左小踏步。同时，右手向上撩掌翻腕成托掌位亮相。第六拍舞姿不动，第七、八拍双膝屈伸一次。

37 小节～40 小节：动作 33 小节～36 小节，向 3 点做。

41 小节～48 小节：动作同 37 小节～40 小节。

49 小节～52 小节：右脚起步两拍一步点退步。同时，第一拍双手于平展翅位曲掌。第二拍双手胸前收成双抱翅。

53 小节～54 小节：面向 1 点双抱翅，右肩略向前，每拍单耸肩一次，右脚起平步后退四步。

55 小节～56 小节：双臂由体两侧经头前，双分晃手，同时抖碎肩，最后落成双手叉腰，左点丁字步亮相结束。

四、成品舞

孔雀献给解放军

亲切地（歌表演）

1=D $\frac{3}{4}$

1 3̲5̲ 5 | 5 - 3 | 6·5̲ 3̲5̲ | 5 - - | 5̲ 5̲ | 3 - 5 | 2 6̣ 1̲ 2 |

小孔 雀呀　快 长 大，　绿羽毛　长 尾

2 - - | 6̣ 5̣ 1̲ | 2·1̲ 3 | 1 3̲ 5̲6̲ | 6 - - | 5 - 1̇ |

巴，　拍拍　翅膀　抬抬　　臂，　就像

3 - 1 | 5̣ - 2̲1̲ | 1 - - | 5 - 3 | 6 - 3 | 5·6̲ 5̲1̲ 3̲5̲ |

满 村缅桂花。　　哎 罗，哎 罗，哎 罗哎罗哎罗

5 - - | 3 - 1 | 5 - 3 | 3·5̲ 3̲1̲ 2̲3̲ | 3 - - | 1 1 4 |

哎!　哎 哎 罗，哎罗哎罗哎罗 哎! 孔雀献

6 - - | 1 4 5̲6̲ | 6 - - | 5 - 1̇ | 3 - 1 | 2·5̣ 6̲1̲ | 1 - - ‖

给 解放军 啊，边 塞飞 起金 彩 霞。

跳法：

1小节~2小节：面向2点左腿跪蹲。左手于左胯侧按掌。右手冠形于

278

头上，头稍低。

3 小节～4 小节：舞姿不变，身体慢慢直立，仰头。同时，左脚内收成正步。

5 小节～6 小节：屈双膝，上体前倾。右手冠形于头上，仰头得意的左右摇摆。

7 小节～8 小节：曲掌半蹲接双低展翅，上体前倾，仰头撅臂。每三拍蹲起一次。

9 小节：正步双臂于体侧，上下自由拍打。

10 小节：右点丁字步，平展翅，目视 8 点上方。

11 小节：重心移至右脚，左脚上步成小踏步半蹲。右手大外掏至头右上方成托式高展翅。

12 小节：舞姿不变，双腿蹲起一次。

13～16 小节：动作同 9 小节～12 小节。

17 小节～18 小节：相邻小朋友互拉，右脚做戛光步一次。

19 小节～20 小节：右脚起向左侧后踢步四次，然后接做双腿并拢直立。

21 小节～24 小节：动作同 19 小节～20 小节，唯方向相反。

25 小节～26 小节：双腿并拢，双腿屈膝。右手于头上冠形，面向 1 点，头自然左右摆动一次。

27 小节：右脚向 2 点上一步，左腿屈膝后举，同时双手高低手向 2 点伸出。

28 小节：落左脚成右点丁字步，右高合抱翅。

29 小节～30 小节：双臂上下自由拍打，碎步向右走转一周。

31 小节：撤右脚成右小踏步，双臂由体侧上撩成双合翅。

32 小节：舞姿不变（踏步半蹲），目视 2 点亮相结束。

五、活动建议

第一，此舞蹈适合大班幼儿学习。

第二，教师需要提前准备有关傣族风土人情的图片和视频、《孔雀献给解放军》的伴奏。

第三，播放《月光下的凤尾竹》《雨中梦》等背景音乐，展示傣族的风景图片，引导幼儿根据音乐和图片讲述故事，培养学生对音乐的想象力。

第四，可以通过游戏"小人赛跑"来加强幼儿对肩部动作的练习。

小·结

本章主要介绍了藏族舞、维吾尔族舞、蒙古族舞和傣族舞四个成品舞蹈，了解各种民族舞蹈的生活背景及动作特点，掌握舞蹈的基本动作，培养对集体舞蹈的感知、学习和创编能力，通过几个基本组合的练习，提高舞者的动作掌握程度，并通过提供一个自由开放的平台，引导舞者进行二度创作，从而培养对舞蹈的感知和创新。

关键术语

平步　靠步　拖步　抬踏步　横垫步　进退步　点步　马步　踮步　戛光步　甩袖　撩袖　摆袖　硬腕　柔腕　硬肩　颤肩　勒马　举鞭　挥鞭翻腕　外掏　碎抖肩　笋肩

思考题

1. 请说明如何训练幼儿的手脚协调性。
2. 怎么样教幼儿更好地掌握三道弯，请举例说明。
3. 请举例说明帮助幼儿辨别某舞蹈是哪个民族舞蹈的方法有哪些。
4. 在肩部动作的练习中，会遇到什么样的问题？如何解决？

练习题

请利用音乐《我是草原小牧民》，运用所学蒙古族舞蹈基本动作，编排儿童舞蹈。

我是草原小牧民

欢快地

1=F 2/4

(6 6 3 3 | 5 3 2 1 | 3 3 5 1 2 1 | 6· 2 3 | 6 0) |

6̣ 6̣ 3 | 2 1 6̣ | 3 6 2 3 | 6 - | 6̣ 6̣ 3 5 |
我 是 个 草 原 小 牧 民， 手 拿 着

1 2 3 | 2 5 3 1 | 6̣ - | 6 0 6 0 | 5 6 5 3 |
羊 鞭 多 自 豪。 草 儿 青 青

6 5 6 | ³²3 - | 1· 2 3 5 | 2 3 6 | 1̣ 6̣ 2 1 |
羊 儿 肥， 美 在 眼 里 喜 在 心， 喜 在

6̣ - | 6̣· 1 | 6̣ 5̣ 6̣ | 2· 5 | 3 2 3 |
心。 啊 哈 啊 哈 嗬， 啊 哈 啊 哈 嗬，

1· 2 3 5 | 2 3 6 | 1̣ 6̣ 2 1 | 6̣ - ‖
美 在 眼 里 喜 在 心， 喜 在 心。

第二十八章　外国儿童集体舞(一)

第一节　美国儿童集体舞

一、成品舞蹈

(一)音乐

小雨点

1=F $\frac{2}{4}$

$\underline{5}$ | $5\ \ 5\ \ 5\ \ 5$ | $5\ \underline{3}$　$0\ \underline{3}$ | $4\ \ 4\ \ 4\ \ 4$ | $2\ \ 0\ \underline{2}$ | $3\ \ 3\ \ 3\ \ 3$

小　雨 点 落 在　路 上，　小　雨 点 落 树　上，我　穿 上 我 的

$\underline{1}\ \underline{1}$　$\underline{1}\ \underline{1}$ | $\underline{2}\ \underline{2}$　$\underline{\dot{7}}\ \underline{\dot{7}}$ | 1　　　0 ‖

小　雨　　衣，　小　雨 点　落 身　上。

(二)动作

人数不限，手拉手站成一排。

音乐响起

1 小节～3 小节：随音乐左右摆动。

282

4小节~5小节：右侧小朋友小碎步双手虎口掌绕半圆路线行进至舞台中央。

6小节~7小节：小朋友依照歌词"我穿上我的小雨衣"做双手搭肩动作。（可以做双手搭肩，可以踮起脚小碎步转圈，总之幼儿可以自己创作）

8小节：小碎步虎口掌叉腰绕到队伍左侧。音乐多次放，小朋友依次做。

二、活动建议

第一，此舞蹈适合小班的幼儿学习。

第二，教师可以用贴纸剪成雨滴形状在地板上围成一个半圆，以及与幼儿人数相等的雨点头饰。

第三，为锻炼幼儿的表现力，在6小节~7小节可以引导幼儿自由创编动作，除了双手搭肩外，踮起小碎步转圈等。并组织在游戏的情境中表演，激发表现欲和创作的积极性编创雨点落在身体各个部位的动作。

第四，6小节~7小节，还可以自由创编歌词，如将"我穿上我的小雨衣"，变成"我撑开我的小雨伞"，并做动作，激发幼儿的想象力和创造力。

第二节 瑞典儿童集体舞

一、成品舞蹈

(一)音乐

在晴朗的夏天

瑞典民歌

欧非 邓映易译配

$1=\flat B \frac{4}{4}$

在 晴朗的 夏天 时 候,我 们穿过 树林和 草 地,谁
春 风轻轻 吹过的 时 候,晚 上和白天 一样的 明 亮歌
在 那快成 熟的麦 田 里,我 们大家 漫游着 歌 唱歌

5

```
i i·i i 3 i·i | 4 - 6  4 | 3 i 2 7 | i i·i i i i·5 5·4 |
```
也不怕那路途 遥 远,
手们也要高声 歌 唱,╮我 们到处歌 唱,啦啦啦啦!年轻朋
声使老人变得 年 轻,╯

9

```
3·5 5 5·4 3 i i·7 | 6·6 6 5 4 4 4·3 | 2 4 4 3 2·7 7·6 |
```
友你若烦恼,就快到 这里来唱歌。我们的 合唱队员们都爬到

12

```
5·5 5 5·4 3 5 | i i·i i 3 i·i | 4 - 6 4 | 3 i 2 7 |
```
小山顶上去,在 晴 朗 的 夏 天 的 时 候,我 们到处歌

```
i·i i·i i ‖
```
唱,啦 啦 啦 啦!

（二）动作

此舞蹈适合群舞。

人数为双数,分为两组:一组扮演绿色植物;二组扮演小朋友,两组间隔排列,横向面对舞台。

一组幼儿仰卧在地,扮演草地。

第一段音乐

1 小节~4 小节:二组幼儿向舞台右侧进退步(共 4 拍),转身再向舞台前方做同样的动作(共 4 拍)再向身体后侧做同样动作,同时弯腰,手臂前后波浪式摆动。

5 小节~6 小节:二组幼儿蹦跳步往 7 点方向(舞台左侧)蹦跳步(8 拍),手臂顺时针方向画圆摆动。

7 小节~8 小节:原地转圈,双手抬平,头微侧向上看。

9 小节~10 小节:动作同 5 小节~6 小节向 3 点方向。

11 小节～12 小节：原地随着拍子后踢步。

13 小节～14 小节：左右相邻的幼儿相向跑跳步，拉手。

15 小节～16 小节：拉手后，跑跳步绕圆转圈。一组小朋友，半跪。

第二段音乐

一组幼儿手持绿色鲜花垂直到头顶上方挥动。

二组幼儿一对一围着一组 转圈动作同 1—4，一组幼儿起来，两人一组错落做相同的动作，二组幼儿半跪，双手随音乐作拍手动作。一组小朋友原地上下晃动花束。二组幼儿站起来，原地跳步转圈，一起弯腰小碎步，撤出舞台。

一组幼儿来到舞台中央。

第三段音乐

动作同第一段。只是跑跳步后队形回归为两行，手中晃动鲜花。

二、活动建议

第一，此舞蹈适合大班幼儿学习。

第二，教师在教学前应该准备好绿色鲜花花束、蓝色和绿色的头饰、关于夏天的影像资料，必要时还要准备幼儿户外郊游的前期经验。

第三，针对幼儿不能准确变化队形的问题，可以在地板上用即时贴贴上树坑的形状，帮助幼儿找到自己的位置。

第四，针对幼儿在集体舞蹈中表情不足的情况，可以设计"表情娃娃"游戏。选取情感色彩不同的几首乐曲，播放后让幼儿根据音乐做表情。老师用语言和表情启发幼儿"快乐的娃娃是（做表情）""悲伤的娃娃是"，帮助他们提高音乐的感受力。

第三节　日本儿童集体舞

一、成品舞蹈：樱花

（一）音乐

樱　花

1=♭E 4/4

```
6  6  7  -  | 6  6  7  -  | 6  7  1  7  | 6  7̲6̲ 4  -  |
樱 花  啊，   樱 花 啊！    暮 春 三 月   天   空   里，

3  1  3  4  | 3  3̲1̲ 7  -  | 6  7  1  7  | 6  7̲6̲ 4  -  |
万 里 无 云   多  明   净，   如 同 彩 霞   如   白   云，

3  1  3  4  | 3  3̲1̲ 7  -  | 6  6  7  -  | 6  6  7  -  |
芬 芳 扑 鼻   多  美   丽，   快  来  呀，    快  来  呀！

3  4  7̲6̲ 4  | 3  -  -  0 :‖
同 去 看  樱    花。
```

（二）动作

人数不限，但不提倡多，应该符合音乐的静谧风格。这里以 4 人为例，4 人前后两排错落站立。（小八字步准备）

1 小节～4 小节：小八字步，脚位不变，跟随音乐节拍，双手提腕压掌，上半身与头部随音乐轻轻舞动。（每小节转一次）

5 小节～8 小节：右脚向前迈一步，双手抬至头部上方，手腕交叉挥舞。后两拍回到起始动作。

9 小节～12 小节：原地随音乐小碎步，右手身体前侧舞动，左手交替做。后两拍回到起始动作。

13 小节～14 小节：随音乐动作从芭蕾手位 1 到手位 5。

音乐重复：

1 小节～2 小节：由 5 手位回到胸前交叉，随音乐原地转圈。（8 拍）

3 小节～4 小节：身体转向 3 点，双手打开，小碎步，提腕压掌，随音乐舞动。

5 小节～8 小节：同第一段 5 小节～8 小节。

9 小节～12 小节：同第一段 9 小节～12 小节。

13 小节～14 小节：双脚与肩同宽，双手提腕压掌，随音乐舞动。

注：此舞蹈中注意眼神可以是金的眼睛（平视前方）和月亮的眼睛（目视前斜上方），可以随着音乐的形象，启发幼儿领悟。

二、活动建议

第一，此舞蹈适合中班或者大班的幼儿学习。

第一，教师应该准备好樱花乐曲，并在一日生活中播放，帮助幼儿储备经验；准备花瓣头饰等，帮助幼儿进入情境；准备多媒体课件，让幼儿体会樱花飘落的景象，激发他们对情境的感受。

第三，家长帮助幼儿收集日本的图片、音乐、民俗等，使幼儿获得前期经验。

第四，针对眼神的问题，设计游戏，来练习金的眼睛和月亮的眼睛，结合音乐的形象，启发幼儿领悟。

小结

本章主要介绍了美国儿童集体舞、瑞典儿童集体舞、日本儿童集体舞三个成品舞蹈，帮助幼儿了解外国舞蹈的创作背景和动作特点，掌握基本动作和舞蹈队形，能够根据所掌握的舞蹈动作和队形，进行舞蹈的编排，从而培养学习和创编舞蹈的能力。

关键术语

美国儿童集体舞　瑞典儿童集体舞　日本儿童集体舞

思考题

1. 集体舞教学中如何激发幼儿创编的积极性？谈谈你的想法。

2. 针对大型集体舞，如何促进幼儿科学、合理地分工，又如何培养他们的合作意识？

3. 集体舞蹈中针对幼儿情绪不投入的问题，如何解决？

练习题

根据音乐《铃儿响叮当》创编儿童舞蹈，尝试将美国儿童集体舞蹈的特点在舞蹈中有所表现。

铃儿响叮当

（美）彼尔彭特词曲
邓映易译配

第二十九章　外国儿童集体舞(二)

第一节　印度儿童集体舞

一、成品舞蹈

(一)音乐

奴里之歌

印度电影《奴里》插曲

1=G 2/4

‖: 0 ³3 3 | 3 5 3 2 3 | 3 1 2 | 3 4 3 2 | 2 2 2 2 | ¹2 ~2 |

　　阿加 勒　　　来啊，满足我的 渴望我的　渴 望，

0 6 1 | 1·2 3 2 | 1 1 2 1 | 6 1 6 5 | 5 - | 5 (5 6 |

来　　满足我　的渴　　望，

1 6 5 | 6 5 | 5) ²3 3 | 3 5 3 2 3 | 3 1 2 | 3 4 3 2 | 2 2 2 2 |
　　　　　　　　阿 加 勒　　　　来 啊 来　给 我 信 心 和

¹2 2 0 | 6 1 | 1·2 3 2 | 1 1 2 1 | 6 5 6 | 5 5 — |
力 量，　来 给 我　信 心 和　力 量

5 3 5 3 2 | 3 3 3 | 3·5 3 5 3 2 | 3 — | 3 — | 3·5 5 | 5 — |
啊　　　阿 加 勒　　　　　　啊

6·5 5 | 5 — | 6·5 5 | 5 — | （间奏略）：‖
奴 里，　　　奴 里

0 4 4 4 | 5 4 5 6 | 0 6 5 4 4 | 5 4 5 6 | 0 6 5 4 4 | 5 4 5 6 5 |
晨 曦啊照　进 我　的 心 灵，探 问 我 心　中

5 5 | 5 3 5 ⁵3 | 0 4 4 | 5 4 5 6 | 0 6 5 4 4 | 5 4 5 6 | 0 6 5 4 4 |
他 是 谁，　　来 啊 来　啊 来 告诉 我　来 告诉

5 4 5 6 4 5 | 5 5 | 5 3 0 | 0 3 3 | 3·5 3 5 3 2 | 3 — | 3 — | 3·5 5 | 5 — |
我　这 人 他 是 谁。　阿 加 勒　　　　　　啊

6·5 5 | 5 — | 6·5 5 | 5 — ‖ 6·5 5 | 5 — | 5 0 ‖
奴 里，　　　奴 里　　D.S. 奴 里

（二）动作

人数不限，双数为例。面向舞台横向排四排。前后错落排列。

1 小节~2 小节：随音乐拍手，左右各一次。（每拍一次）

3 小节~6 小节：随音乐往右横踮步，甩胯，双手腰部握拳随音乐自然摆动。

7 小节~10 小节：同 3 小节~6 小节动作方面相反。

11 小节~13 小节：随音乐原地转圈，手位为新疆舞顺风旗位。

14 小节~19 小节：原地随音乐踮步，甩胯。双手合十。

19 小节~25 小节：同 14 小节~19 小节方向相反。

26 小节~30 小节：双手打开与两臂，原地踮步，转圈。

31 小节~36 小节：双手叠掌与胸前，随音乐走步，将队形变换为前后对应排列，同时两列小朋友相对。

37 小节~40 小节：相对的人，互拉手高举至头上，脚步随音乐踮步（注意因为方向相对，两个人出脚的方向应该相反）。

41 小节~44 小节：撒开一侧手，一侧手保持互拉，随音乐前后垫步。

45 小节~48 小节：同 37 小节~40 小节。

49 小节~52 小节：同 41 小节~44 小节。

53 小节~56 小节：双手保持，脚步变为随音乐往前走。

57 小节~60 小节：动作同 53 小节~56 小节，方向为往后走。

61 小节~65 小节：摆结尾姿势（所有人聚拢，前排下蹲，后排踮脚站，中间弯腰。所有人双手打开，形成孔雀开屏式。）

二、活动建议

第一，此舞蹈适合大班幼儿学习。

第二，教师应该准备好乐曲录音，在一日生活中播放，帮助幼儿储备经验。还有关于《奴里》的多媒体资料，帮助幼儿进入印度舞蹈的情境。和家长配合，帮助幼儿收集印度的图片、音乐等资料，让幼儿获得前期经验。

第三，针对幼儿队形变化后不能找准位置的情况，用即时贴在地板上做图案标记，帮助他们准确快速地找到自己的位置。多次变化队形可以用不同的图案，以示分别。

第四，让幼儿观看印度歌舞电影，引导他们体会印度舞蹈的热烈，并在情境下自由创编舞蹈动作。发展他们的想象力和表现力。

第二节 英国儿童集体舞

一、成品舞蹈

(一)音乐

大家来跳舞

英格兰民歌

1=G 12/8

1 1 1 3 1 5.5.	1 1 1 3 1 2.2.	1 1 1 3 1 5.5.
我们 来跳舞，	我们 来唱歌，	我们 在一起，

5 6 5	4 3 2	1.	0 5	4/4 1 1	1 1	1.
跳 舞	又 欢 唱	（我）	伸出	右手	去	
				伸出	左手	去
				伸出	右脚	去
				伸出	左脚	去
				向前	跳一	步

2	3 3 3 3 3·3	5 5 6 6	5 3 1 2	3 3 2 2	1 - ‖
我	收回 右手 来，我	伸出 右手	摇一摇，我	大步 转身	来
我	收回 左手 来，我	伸出 左手	摇一摇，我	大步 转身	来
我	收回 右脚 来，我	伸出 右脚	摇一摇，我	大步 转身	来
我	收回 左脚 来，我	伸出 左脚	摇一摇，我	大步 转身	来
我	向后 跳一 步，我	伸出 双手	摇一摇，我	大步 转身	来

(二)动作

单圆圈，面向圆心，手拉手。

第一段

1小节~3小节：逆时针方向走步（或后踢步）自然摆动相互拉着的双手。

4小节：两人一对，面对面踏步站立，双手叉腰。

5 小节～6 小节：两腿靠拢，一拍上下颤动一次。5 时，右手向前伸出。6 时，同时收回右手叉腰。

7 小节：右手在头右侧，手心向前，做摇摆动作，膝部动作同前。

8 小节：各自原地跑跳步，向右旋转一圈。

第二段

同第一段跳法，动作方向相反。

第三段

1 小节～4 小节：同第一段 1 小节～4 小节。

5 小节～6 小节：5 右脚向前伸出，脚跟着地，左腿膝盖弯曲，一拍上下颤动一次。6 右脚收回双腿直立。

7 小节：右脚伸出，脚跟着地，脚尖左右摇动。

8 小节：同第一段 8 小节。

第四段

同第三段，动作方向相反。

第五段

1 小节～4 小节：同第一段。

5 小节～6 小节：双手叉腰，向前、后各做一个双腿蹦跳步，回原位。

7 小节：双腿直立，双臂上举，做双摆手动作。

8 小节：同第一段 8 小节。

反复跳时，音乐速度可逐步加快。

二、活动建议

第一，此舞蹈适合中到大班幼儿学习。

第二，教师应准备好乐曲的录音以及幼儿的前期经验（对左右的掌握）。

第三，在 5 小节～7 小节时，设计游戏"比一比"随意变换方向做动作。教师说，幼儿做，锻炼他们的方向感和反应能力。

第四，教师不做镜面示范：帮助幼儿理解客体为中心的左右。

第五，设计游戏，启发幼儿进行歌词的创编。并组织表演，激发创编积极性，培养幼儿的创新性。

第三节　俄罗斯儿童集体舞

一、成品舞蹈

（一）音乐

三套马车

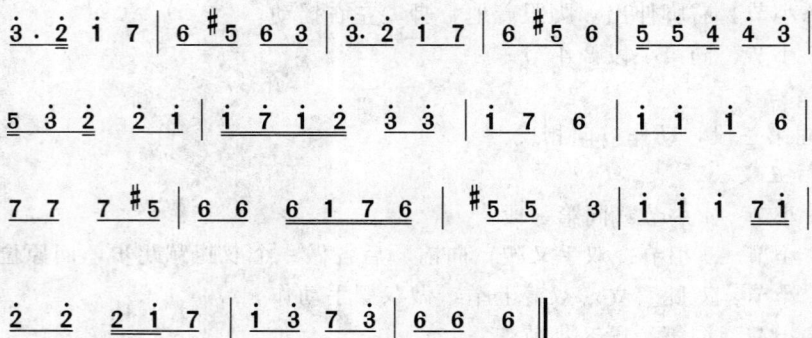

（二）动作

三人横排为一组，中间是男孩（或高个子小朋友）右边女孩右手叉腰，其余二人右手从背后抱旁边人的腰。左手前伸握拳，拉马缰绳，形成一辆马车的样子。逆时针方向站好，若干组围站成一个大圆圈。

1小节：右脚起步向右斜前方小跑三步，第四步左脚尖在右脚内侧点地一下，向前伸的手，一拍扣压腕一次。

2小节：动作同1小节，方向相反。

3小节～4小节：右脚起步逆时针方向小跑步八步。

5小节～6小节：中间与靠圆心的小朋友互拉的手上举成"拱门"，原地跑跳步。最外边小朋友跑跳步钻过拱门，回到原位，直到中间小朋友也从自己左臂下原地转一圈回原位止。

7小节～8小节：动作同5小节～6小节。唯换里边人先钻"门"（里圈小朋友钻拱门后，不回原位而向大圈沿顺时针方向跑）。

9小节～11小节：所有人接成一个大圆圈，右脚开始沿顺时针方向小跑步十二步。

12 小节：随音乐节奏右脚原地跺脚三次，××× ｜。

13 小节～15 小节：相反方向小跑步八步。

16 小节：原来的三人，小跑步跑回舞蹈开始的预备队形，还原成预备姿态。

音乐从头开始，舞蹈可以继续进行。

二、活动建议

第一，此舞蹈适合大班幼儿。

第二，教师应准备好乐曲录音，在一日生活中播放，帮助幼儿提前熟悉乐曲。和家长配合，帮助幼儿收集俄罗斯的图片、音乐、民俗等资料，帮助幼儿获得前期的经验。

第三，第 12 小节，教师启发幼儿自由创编节奏，并组织表演，激发他们的创编积极性。教师通过讲故事的方式，或者让幼儿观看电影《三套马车》，让他们体会俄罗斯音乐的长调特点，帮助他们进入情境，且有感情的舞蹈，以培养幼儿的感受力和表现力。

小结

本章主要介绍了印度儿童集体舞、英国儿童集体舞、俄罗斯儿童集体舞三个成品舞蹈，帮助学生了解国外舞蹈的创作背影和风格，掌握基本动作，学习舞蹈队形，培养对集体舞蹈的感知和创编能力。

关键术语

印度儿童集体舞　英国儿童集体舞　俄罗斯儿童集体舞

思考题

1. 集体舞蹈中针对幼儿脚步跟不上拍子的问题，如何设计解决办法？
2. 尝试运用本章英国儿童集体舞蹈教学知识，实现与数学教学的整合。
3. 集体舞蹈中针对幼儿情绪投入不足的情况，如何设计解决办法？

✦ 练习题

根据音乐《喀秋莎》创编儿童舞蹈，尝试将俄罗斯儿童集体舞蹈的特点在舞蹈中有所表现。

喀秋莎

勃兰切尔曲

伊萨科夫斯基词

1=F 2/4

2· 3 | 4· 2 | 4 4 3 2 | 3 6̣ | 3· 4 | 5· 3 | 5 5 5 4 3 | 2 - | 6 2̇ |

| 正当 | 梨花 | 开遍了天 | 涯， | 河上 | 飘着 | 柔漫的轻 | 纱； | 喀秋莎 |

| 姑娘 | 唱着 | 美妙的歌 | 曲， | 她在 | 歌唱 | 草原的雄 | 鹰； | 她在 |

| 啊这 | 歌声 | 姑娘的歌 | 声， | 跟着 | 光明 | 的太阳飞去 | 吧！ | 去向 |

| 驻守 | 边疆 | 年轻的战 | 士， | 心中 | 怀念 | 遥远的姑 | 娘； | 勇敢 |

| 正当 | 梨花 | 开遍了天 | 涯， | 河上 | 飘着 | 柔漫的轻 | 纱； | 喀秋莎 |

i̇ 2̇ i̇ | ♭7 6 5 | 6 2 | 0 ♭7 5 | 6· 4 | *1.* 3 6 4 3 | 2 - : | *2.* 3 6 4 3 |

| 站 | 在峻峭的 | 岸上， | 歌声好像 | 明媚的春 | 光。 | | 明媚的春 |

| 歌 | 唱心爱的 | 人儿， | 她还藏着 | 爱人的书 | 信。 | | 爱人的书 |

| 远 | 方边疆的 | 战士， | 把喀秋莎的 | 问候传 | 达。 | | 问候传 |

| 战 | 斗保卫 | 祖国， | 喀秋莎爱情 | 永远属于 | 他。 | | 永远属于 |

| 站 | 在峻峭的 | 岸上， | 歌声好像 | 明媚的春 | 光。 | | 明媚的春 |

2 - ‖

光。

信。

达。

他。

光。

第三十章　幼儿表演舞和即兴舞蹈

第一节　幼儿表演舞蹈

一、成品舞①

(一)名称

小鸭背小鸡

人物

鸡妈妈：由一个女孩子扮演。

众小鸡：由六个女孩子扮演。

鸭爸爸：由一个男孩子扮演。

众小鸭：由六个男孩子扮演。

情节

鸡妈妈带领一群小鸡走来。

鸡妈妈问："孩子们，今天天气很好，咱们到郊外去春游好吗？"

众小鸡说："叽叽叽，好！"

小鸡们围在妈妈身边，边走边玩。走到一个小河面前，停住了。

---

① 李军，石秀茹：《舞蹈》，90～97 页，北京，人民教育出版社，1989。

鸡妈妈说："孩子们，前面有一条小河，我们过不去了。"

众小鸡说："那可怎么办呀？"

正当小鸡们发愁的时候，鸡妈妈突然发现远处来了一群小鸭子，忙说："孩子们看啊！小鸭子们游来了！"

六只小鸭在鸭爸爸的带领下游过来。众鸡拍手欢迎。

鸡妈妈跑过去说："鸭大哥，好久不见了！"

鸭爸爸说："鸡大嫂，你们在这儿干什么哪？"

鸡妈妈说："孩子们想过河去，可是不会游泳过不去呀！"

小鸭们听了在一起商量一下，然后说："嘎嘎嘎我们背你们过河好吗？"

小鸡们听了不大相信，问："那你们背得动吗？"

小鸭子拍拍胸脯，说："我们游泳最棒！"

鸭爸爸想考验一下他的孩子，就向小鸭们说："孩子们，咱们游给他们看好吗？"

众小鸭齐声答道："好！"

于是，众鸭就在众鸡面前神气活现地游了一段。

游过以后，众鸭把翅膀一翘说："请上来吧！"

众鸡说声："谢谢！"就一个个蹦到众鸭的背上。

鸭爸爸带领着小鸭人高高兴兴地背着妈妈和她的孩子们游到河对岸去了。

音乐

曲一、二

中速，有情趣地

1=D 2/4 中速，有情趣地

（1 5̇ 5̇ ｜1̲5̲5̲5̲ 5̲5̲ ｜1 5̇ 5̇ ｜1̲5̲5̲5̲ 5̲5̲ ）｜1̲ 2̲ 3 ｜3 - ｜
　　　　　　　　　　　　　　　　　　　　　　　小鸭小鸡

2̲ 3̲ 5 ｜5 - ｜1̲ 2̲ 3 ｜3̲0̲ 3̲0̲ ｜2̲ 3̲ 5 ｜5̲0̲ 5̲0̲ ｜
碰在　一　起，　小鸭嘎　嘎　嘎，　小鸡　叽　叽　叽

嘎嘎 嘎， 叽叽 叽， 嘎嘎 嘎， 叽叽 叽， 好像 说 话

又 像 游 戏。

曲三

稍快，活泼可爱地

1=D $\frac{2}{4}$

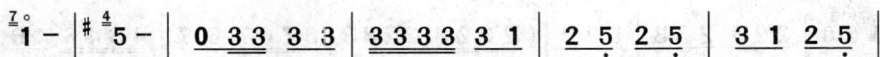

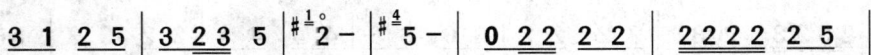

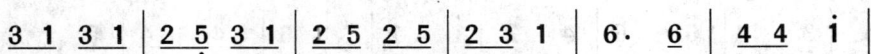

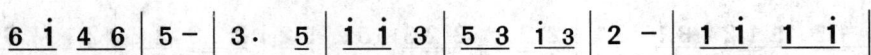

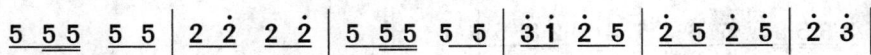

$\dot{1}$ — ‖

曲四

稍慢

1=C 2/4

$\overset{\cdot}{2}\overset{\cdot}{1}$ 76 | 5656 56 | 53 235 | 1 - | 112 112 | 3 10 |

112 112 | 3 10) | $\overset{\cdot}{1}\overset{\cdot}{2}\overset{\cdot}{1}\overset{\cdot}{2}$ $\overset{\cdot}{1}\overset{\cdot}{2}$ | $6\overset{\cdot}{1}6\overset{\cdot}{1}$ $6\overset{\cdot}{1}$ | 5656 56 | 3535

35 | 1$\overset{\cdot}{1}$ 1$\overset{\cdot}{1}$ | $\underset{\cdot}{6}\underset{\cdot}{6}$ $\underset{\cdot}{6}\underset{\cdot}{6}$ | $\underset{\cdot}{5}\underset{\cdot}{5}$ $\underset{\cdot}{5}\underset{\cdot}{5}$ | $\underset{\cdot}{3}\underset{\cdot}{3}$ $\underset{\cdot}{3}\underset{\cdot}{3}$ | 223 223 |

5 20 | 223 223 | 5 20 | ($\overset{\cdot}{2}3\overset{\cdot}{2}3$ $\overset{\cdot}{2}\overset{\cdot}{2}3\overset{\cdot}{3}$ | 676767 | 464646

| 2323 23) | 2$\overset{\cdot}{2}$ 2$\overset{\cdot}{2}$ | $\underset{\cdot}{6}6$ $\underset{\cdot}{6}6$ | $\underset{\cdot}{4}4$ $\underset{\cdot}{4}4$ | 2$\overset{\cdot}{2}$ 2$\overset{\cdot}{2}$ | 5·

5 | 3 1 | 6· 6 | 4 2 | $\overset{\cdot}{1}$· $\overset{\cdot}{1}$ | 7 6 | 54 34 | 5 - |

112 112 | 31 31 | 223 223 | 52 52 | 223 2$\overset{\cdot}{2}$ | $\overset{\cdot}{2}\overset{\cdot}{1}$ 76

| 5656 56 | 53 235 | 1 - ‖

曲五

稍快

1=D $\frac{2}{4}$

(1 5 $\underline{5\ 5}$ | $\underline{1\ 5\ 5\ 5}$ $\underline{5\ 5}$ | 1 5 $\underline{5\ 5}$ | $\underline{1\ 5\ 5\ 5}$ $\underline{5\ 5}$) | $\underline{1\ 2}$ 3 | 3 — |

                                                小鸭 小 鸡

$\underline{2\ 3}$ 5 | 5 — | $\underline{1\ 2}$ 3 | $\underline{3\ 0}$ $\underline{3\ 0}$ | $\underline{2\ 3}$ 5 | $\underline{5\ 0}$ $\underline{5\ 0}$ |

碰在 一 起,   小鸭 嘎 嘎 嘎, 小鸡 叽 叽 叽

$\underline{3\ 3}$ 3 | $\underline{5\ 5}$ 5 | $\underline{3\ 3}$ 3 | $\underline{5\ 5}$ 5 | $\underline{1\ 2}$ 3 | 3 — |

嘎嘎 嘎, 叽叽 叽, 嘎嘎 嘎, 叽叽 叽, 好像 说 话,

$\underline{2\ 3}$ 5 | 1 — | $\overset{7}{1}$ — | $\overset{\#4}{5}$ — | $\underline{0\ 3\ 3}$ $\underline{3\ 3}$ | $\underline{3\ 3\ 3\ 3}$ $\underline{3\ 1}$ |

又像 游   戏。

$\underline{2\ \dot{5}}$ $\underline{2\ \dot{5}}$ | $\underline{3\ 1}$ $\underline{2\ \dot{5}}$ | $\underline{2\ \dot{5}}$ $\underline{2\ \dot{5}}$ | $\underline{2\ 3\ 4}$ 5 | $\overset{\flat}{2}$ — | $\overset{\#4}{5}$ — |

$\underline{0\ 2\ 2}$ $\underline{2\ 2}$ | $\underline{2\ 2\ 2\ 2}$ $\underline{2\ \dot{5}}$ | $\underline{3\ 1}$ $\underline{3\ 1}$ | $\underline{2\ \dot{5}}$ $\underline{3\ 1}$ | $\underline{2\ \dot{5}}$ $\underline{2\ \dot{5}}$

$\underline{2\ 3}$ 1 | 6· $\underline{6}$ | $\underline{4\ 4}$ $\dot{1}$ | $\underline{6\ \dot{1}}$ $\underline{4\ 6}$ | 5 — | 3· $\underline{5}$

$\underline{\dot{1}\ \dot{1}}$ 3 | $\underline{5\ 3}$ $\underline{\dot{1}\ 3}$ | 2 — | $\underline{\dot{1}\ \overset{7}{\dot{1}}}$ $\underline{\overset{7}{\dot{1}}\ \dot{1}}$ | $\underline{5\ 5\ 5}$ $\underline{5\ 5}$ | $\underline{2\ \overset{\flat}{\dot{1}}}$ $\dot{2}$

$\underline{\dot{1}\ \dot{2}}$ $\underline{\dot{1}\ \dot{2}}$ | $\underline{5\ 5\ 5}$ $\underline{5\ 5}$ | $\underline{\dot{3}\ 1}$ $\underline{\dot{3}\ 1}$ | $\underline{2\ \dot{5}}$ $\underline{2\ \dot{5}}$ | $\underline{\dot{3}\ 1}$ $\underline{2\ \dot{5}}$ | $\underline{2\ \dot{5}}$ $\underline{2\ \dot{5}}$

$\dot{2}\ 0$ | $\dot{3}\ 0$ | $\dot{1}$ — | $\underline{\dot{1}\ 0}$ $\underline{5\ 5\ 5}$ | $\dot{1}$ 0 ‖

动作说明

(1)小鸡走路动作。

第1拍：右脚向前迈一步。

第2拍：左脚跟过来用脚掌在右脚旁"刨"一下地，然后绷脚吸起。

第3～4拍：动作同第1～2拍，方向相反。

①小鸡抖翅动作一：双臂伸直后伸，手心向下，上身前倾，手腕压提一拍一次，上下拍动。

②小鸡抖翅动作二：双臂伸直在头上边。碎而均匀地抖动手腕。

③小鸡抖翅动作三：双臂屈肘在腋下，一拍一下抖动手腕。

④小鸡抖动翅动作四：右手在头上，左手在胯旁，手腕扣起，一拍一下拍动。

(2)小鸭走路动作。

①小鸭走路动作一：双脚大八字分开，半蹲，同时双臂伸直下垂（稍向后），手腕翘起，手心向下，一拍一步左右摇摆地走步。

②小鸭走路动作二：脚的位置同动作一，碎步行走，同时双臂背后手腕翘起，碎而均匀地左右摇动手腕。

③小鸭走路动作三：脚的动作同动作一，左手托右臂肘，右小臂立起，五指并拢，指尖向前，一拍向前探一下，模仿小鸭子嘴的动作。

(3)小鸭游泳动作。

①小鸭游泳动作一：双腿大八字分开，半蹲，一拍一次原地颤动或走步。同时，双臂前伸，然后向旁分掌拨水打开。

第1拍～2拍：双手并齐，从胸前向前伸直双臂，上身向前俯下。

第3拍～4拍：双手向两旁分开，上身直起，成鸭子基本形态。

②小鸭游泳动作二：脚的动作同动作一，手的动作：

第1拍～2拍：双臂向后背起，手心相对，碎抖手腕，同时上身向前俯下碎晃头，模仿小鸭子在水中觅食形象。

第3拍～4拍：双臂在胯旁碎抖手腕，手心向下，上身向后仰起，碎晃头。

场记

符号说明：

◀：鸡妈妈。

◁：众小鸡。

⬤：鸭爸爸。

◯：众小鸭。

音乐：曲一 1 小节～8 小节。

说明：鸡妈妈带领众小鸡手拉手做"小鸡走路动作"至台中（图30-1）

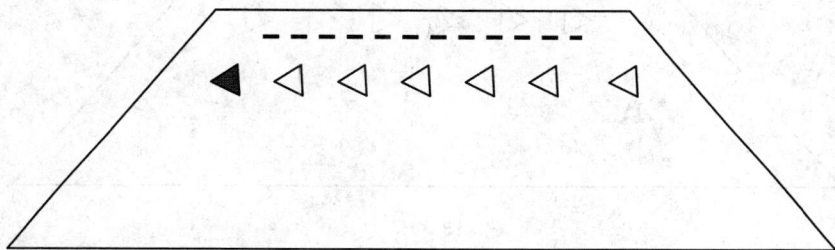

图 30-1

音乐：曲一 9 小节～16 小节。

说明：9 小节～10 小节，众小鸡两只一对，面对面各向右蹦跳中蹲，双手做"小鸡抖翅动作一"——鸡妈妈跳出队列，左脚站立，右脚一拍一次原地"刨"地，双手做"小鸡抖翅动作二"——头看众小鸡。11 小节～12 小节同 9 小节～10 小节，小鸡动作方向相反。13 小节～16 小节，众小鸡面对面向右转圈做"小鸡走路动作"，转一圈回原位以后停（图30-2），鸡妈妈动作仍同 9 小节～10 小节。

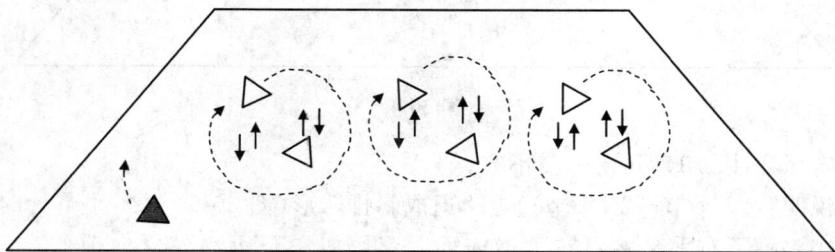

图 30-2

鸡妈妈：（看看天气）"孩子们，今天天气很好，咱们到郊外去春游好吗？"

众小鸡："叽叽叽，好！"（高兴跳起，双手举起，扣手腕）

音乐：曲二1小节～8小节。

说明：众小鸡碎步从鸡妈妈翅膀下面钻过，双手做"小鸡抖翅动作四"——仰头看鸡妈妈；鸡妈妈左腿站立，右腿吸起小腿，双手做"小鸡抖翅动作二"低头看小鸡（图30-3）。

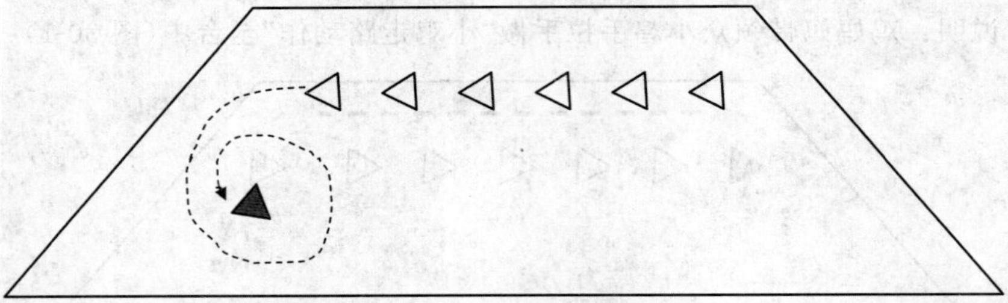

图 30-3

音乐：曲二9小节～16小节。

说明：众小鸡在鸡妈妈周围半蹲着，一拍一步往前走，双手做"小鸡抖翅动作四（图30-4）"；鸡妈妈双手做"小鸡抖翅动作二"。直至第16小节，众小鸡发现前面拦路的一条小河，齐声指着说："小河！"

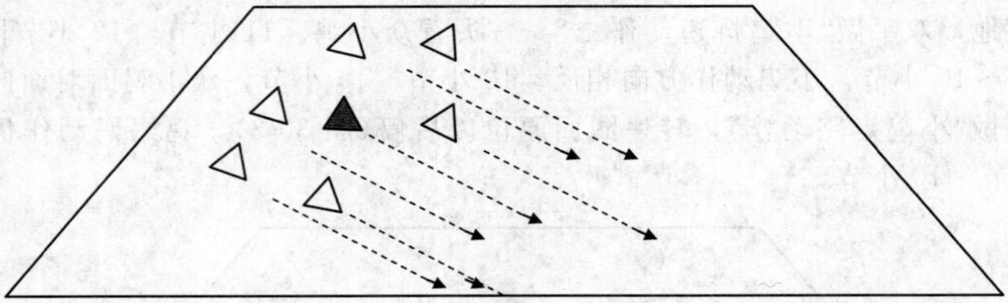

图 30-4

音乐：曲二17小节～32小节。

说明：17小节～20小节边走边退成斜排队形（图30-5）。21小节～24小节众小鸡蹲下右手叉腰，左手指前面，鸡妈妈单腿重心站立向前俯身，做"小鸡抖翅动作二"。25小节～28小节众小鸡左手托住右肘，右手食指按脸颊，发愁；鸡妈妈碎步向旁往返一次，头看前面的小河。29小节～32小节鸡妈妈跑到众小鸡前边用食指指小河。

图 30-5

音乐：停。

说明：鸡妈妈说（突然地）："孩子们看啊，小鸭子们游来了！"众小鸡和鸡妈妈一起边拍手边退下（图 30-6）队形。

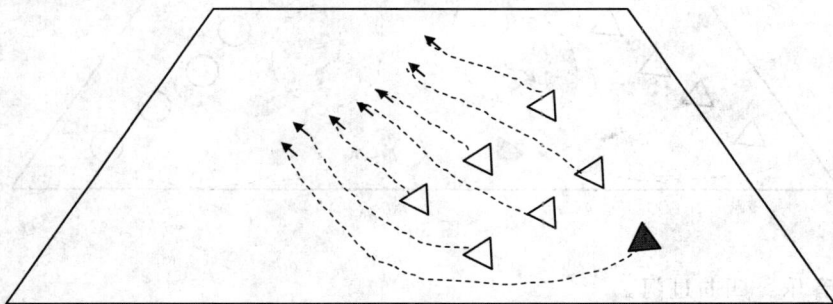

图 30-6

音乐：曲三一遍。

说明：1 小节～8 小节鸭爸爸带领众小鸭做"小鸭走路动作一"上场。9 小节～12 小节做"小鸭走路动作三"原地向左后自转一圈。13 小节～15 小节原地向前做"小鸭走路动作三"成（图 30-7）队形。

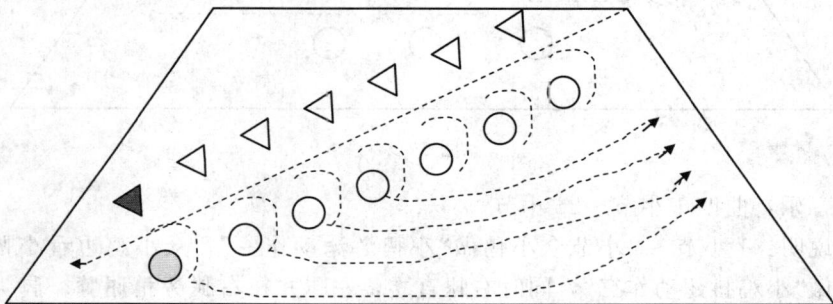

图 30-7

音乐：停。

说明：跑动路线均见（图 30-8）路线示意图。鸡妈妈（跑过去）说："鸭大哥，好久不见了！"鸭爸爸（跑过来）问："鸡大嫂，你们在这儿干什么哪？"鸡妈妈（发愁地）："孩子们想过河去，可是不会游泳过不去呀！"众小鸭（围拢过来商量一会儿，又跑回原位）："嘎嘎嘎，我们背你们过河好吗！"众小鸡（围拢过来商量一会儿，又跑回原位）。"那你们背得动我们吗？"众小鸭（拍拍胸脯，伸大拇指）："我们游泳最棒！"鸭爸爸："孩子们，咱们游给他们看好吗？"众小鸭："好！"

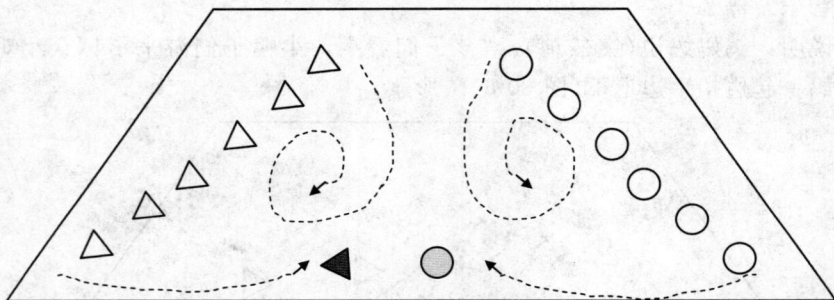

图 30-8

音乐：四曲过门。

说明：众小鸡，小鸭碎步跑至队形（图 30-9）

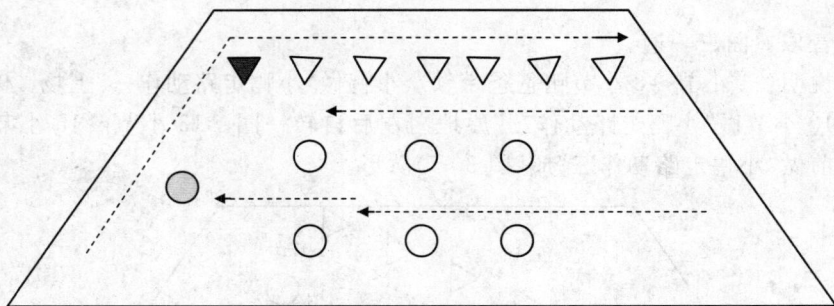

图 30-9

音乐：曲四1小节～24小节。

说明：1小节～4小节众小鸭做"小鸭游泳动作一"；众小鸡边看小鸭游泳边做"小鸡抖翅动作三"，同时右腿直立，左腿并在右腿旁稍屈膝，脚尖点地，膝关节一拍颤动一次，5 小节～8 小节众鸭做"小鸭游泳动作二"；众小鸡脚的动作同 1 小节～4 小节，同时拍手（不出声音）。9 小节～12 小节众小鸭边做"小鸭游泳动作一"，边移动脚步交换位置，鸭爸爸独自原地移动脚步转圈；众小鸡作 1 小节～4 小节；13 小节～16 小节众小鸭、众小鸡动作同 5 小节～8 小节；17 小节～24 小节众小鸭做"小鸭走路动作二"绕大圈；众小鸡动作同 1 小节～8 小节。（图 30-10）

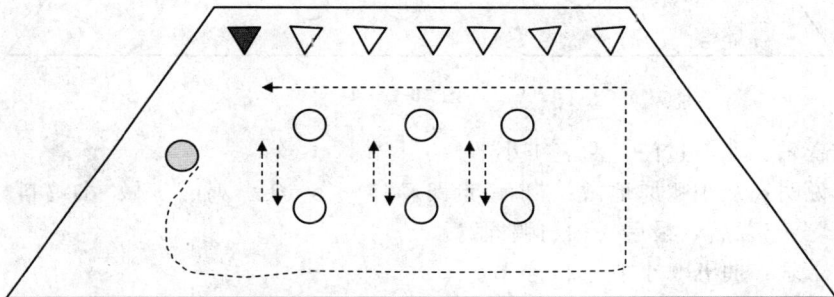

图 30-10

音乐：曲四 25 小节～33 小节。

说明：25 小节～28 小节众小鸭做"小鸭游泳动作二"，两小节向圈内，两小节向圈外围（图 30-11），箭头所示路线；众小鸡动作同 1 小节～4 小节。29 小节～33 小节众小鸭做"小鸭走路动作二"散开队形（图 30-12）；众小鸡动作同 5 小节～8 小节，至第 32 小节时，齐拍手（出声音）。

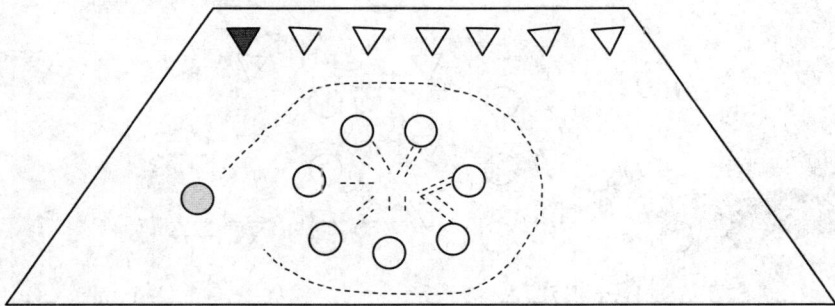

图 30-11

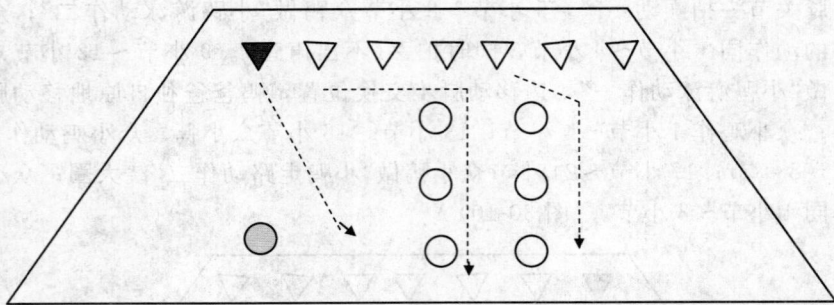

图 30-12

音乐：曲五过门，曲五1小节～8小节。

说明：众小鸭原地做："小鸭走路动作一"；众小鸡碎步做"小鸡抖翅动作二"至鸭背后，最后一拍与鸭同蹲。

音乐：曲五9小节～24小节。

说明：动作路线均见（图 30-13）所示路线。9小节～12小节。众小鸭做"小鸡抖翅动作二"，四拍碎步向旁退，四拍碎步回原位；众小鸭做"小鸭走路动作一"原地向左后转一圈。13小节～16小节；众小鸡原地继续做"小鸡抖翅动作一"，众小鸭原地继续做"小鸭走路动作一"至最后一小节时，全体半蹲停；同时众小鸡双手由上向下停，众小鸭双手由下向上停；17小节～24小节，小鸭背着小鸡走，小鸡做"小鸡展翅动作二"，小鸭做"小鸭走路动作二"。

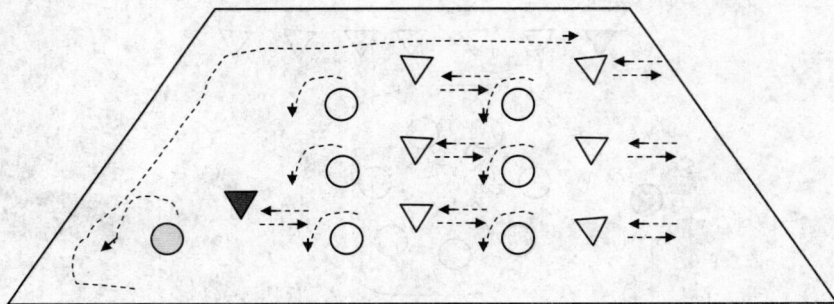

图 30-13

音乐：曲五25小节～40小节。

说明：动作同17小节～24小节，至台前横排队形时，众小鸭，众小鸡举起左手，边向观众招手再见，边下场(图 30-14)。

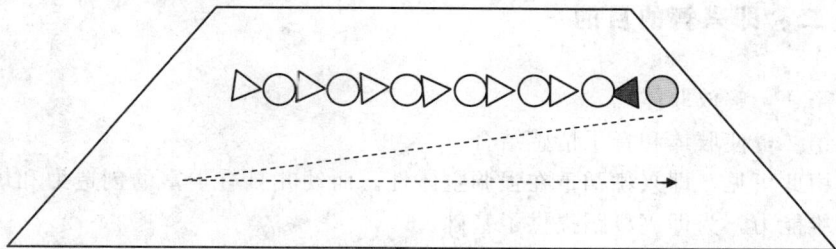

图 30-14

音乐：曲五 41 小节～52 小节。

说明：剩下最后一对小鸭、小鸡留在台上，边做动作边面对面向后退，向前顶头，自转一圈后，小鸭像背人一样地背上小鸡，小鸡在小鸭背上高兴地向观众招手下场(图 30-15)。

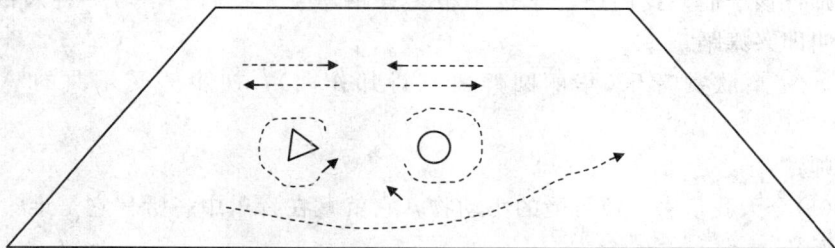

图 30-15

第二节 即兴舞蹈

即兴舞蹈：就是即刻即时，也就是此时此刻的意思。兴就是兴致的意思。因此，即兴舞蹈就是此时此刻随着兴致舞蹈(瞬间时刻配合着音乐或者节奏而有兴致地跳舞)。

一、即兴舞的特点

第一，无准备的舞蹈。
第二，无法重复，不必刻意记忆的舞蹈。

二、即兴舞的目的

第一，解放肢体。

第二，使肢体和音乐情感结合。

由此可见，即兴舞蹈重在强调主体性。而幼儿具有丰富的创造力和敏感的思维能力，为即兴舞蹈提供了基础。

三、活动练习

小猫圆舞曲

引入

师：孩子们，我们已经学过了很多舞蹈，今天我们要学习一种新的形式，叫即兴舞蹈。

1. 完整欣赏音乐《华丽圆舞曲》（肖邦作曲），初步感受乐曲的 ABA 结构。

师：

(1)今天我请来一位可爱的小动物，它就藏在音乐中，听！它是谁？（播放音乐）

(2)请告诉我它是谁，并说出理由。（幼儿回答）

(3)刚才大家发挥想象力，猜出很多的动物，到底是谁呢？下面我把它请出来。（老师做疑问的表情，出示小猫的图片）

注：发挥他们的想象，让他们尽情地说出自己的想法，教师做出评价。最后利用图片的形式揭晓答案。

(4)请大家再欣赏一遍音乐，听一听共有几个乐段？（自由回答）

这首音乐一共有三个乐段，第一段和第三段相似，而第二段和它们不同。用图谱来分别（脚印的疏密）

注：引导幼儿在安静倾听整首乐曲的基础上能够感受并说出"音乐前面和后面部分听起来比较缓慢，感觉优美，而中间部分比较欢快"。

小结：这是一首小猫跳舞的音乐，名字叫《小猫圆舞曲》。

2. 分段欣赏音乐。

(1)游戏：谁的耳朵灵？

师：我们一起欣赏第一段音乐，如果听到音乐中有小猫叫的地方，请大家马上用一个动作表现出来（教师可示范几个动作），我们来比赛，看谁的耳朵最灵，谁模仿得最像。

（播放 A 段音乐，寻找小猫的叫声，并用动作加以表现。在幼儿的倾听与模仿过程中，教师引导幼儿根据生活经验，模仿小猫叫的动作和表情。）

师：刚才小猫的叫声出现了几次，各出现在哪里？大家刚才模仿小猫的动作非常好，瞧！这就是小猫跳舞时留下的一串串小脚印，下面让我们跟随着小猫一起来跳舞吧！

附图谱 1 引导幼儿根据图谱学习舞蹈动作。

（2）游戏：谁的舞姿妙？

（播放 B 段音乐，教师观察幼儿对音乐的自主表现，同时以自己的情绪带动他们，音乐结束后鼓励他们表达出自己的感受。）

师：这段音乐和前一段相比，有什么变化呢？变得欢快了，让我们听着有一种跳跃的感觉。那你们想一想，这次小猫留下的脚印和刚才一样吗？（稍做停顿）让我们一起来看一看吧。（出示第二段音乐图谱并欣赏）

附图谱二：

师：欢快的音乐表达了一种什么样的心情？小猫会怎样跳舞呢？让我们都来学一学，比一比，看谁能把小猫的心情通过动作表现出来。（尊重幼儿的想象以及榜样的作用，老师也参与其中做脚尖跳、旋转跳等动作）

（3）游戏：捉迷藏。

师：我们接着往下听，听一听这段音乐和哪一段很像？你还听到了什么？（播放第三段音乐）

再次播放第三段音乐时，幼儿们很容易发现它与第一段音乐的相似。结尾的"一声狗叫"带来的"躲藏"，使他们又一次地感受到了音乐的诙谐有趣。

小结：这段音乐和第一段很相像，但有一点不同，是什么呢？（还听到了狗叫的声音）。

师：想一想，发生了什么事情？（幼儿讨论）

师：你们想得都很好，小狗来捣乱，小猫吓得躲藏了起来。

师：小猫跳累了，舞步也慢了，想一想，这次小猫会留下什么样的脚印呢？（再次播放第三段）

附图谱三（同图谱一）

鼓励幼儿探求多种跳舞的方法。

3. 完整欣赏音乐。

师：小猫想邀请我们一起加入它的舞蹈，让我们跟随小猫的脚印，一起跳舞吧。（完整播放音乐，鼓励幼儿用动作大胆表现小猫的动作）

4. 故事再现。

师：刚才的音乐描述的是哪种动物？

师：小猫在做什么事情？

师：它跳了几次？哪两段的音乐是一样的？

师：哦，你们说得真好，那让我们来演一演吧？

一个幼儿戴上小狗的头饰扮演小狗，其他幼儿戴上小猫头饰扮演小猫。播放音乐，进行表演。如果人数较多时，可多选几个人扮演小狗。

小结

本章主要介绍了幼儿表演舞蹈和即兴舞蹈两种舞蹈形式。学生可通过本章学习提升表演成品舞蹈的能力；能够结合对音乐的理解和感受，运用肢体动作和表情，灵活地运用和编排已经掌握的基本动作；能够进行队形的设计，大胆地进行表演和即兴创编舞蹈。

关键术语

幼儿表演舞蹈　即兴舞蹈

思考题

1. 在幼儿表演舞中，如何帮助幼儿自行分配角色？

2. 在即兴舞蹈教学中，如何调动幼儿的积极性？

3. 在即兴舞蹈教学中，如何启发幼儿的表现力？

练习题

根据音乐《小狗圆舞曲》（肖邦作曲）设计即兴舞蹈教案。

第五编

美术技能

第三十一章　美术技能基础知识介绍

　　幼儿园美术教育活动是幼儿园艺术教育领域的重要组成部分，是提高幼儿感受美、理解美和创造美的能力的重要途径。在幼儿园美术教育中，需要教师有较高的美术技能，包括对材料和工具的运用和操作技能等。

　　掌握幼儿园教师所需要的美术技能，首先要对幼儿园美术教学活动有一个概括性的认识。

一、幼儿美术教育活动的定义

　　幼儿园的美术教育活动是教育者遵循幼儿教育的总体要求，根据幼儿身心发展的规律，有目的、有计划地通过美术欣赏和美术创作活动，感染幼儿，并培养其美术审美的表现力、想象力和创造能力，和反映幼儿对周围世界的认识、情感和思想，最终促进其人格和谐发展的一种审美教育。狭义上的美术教育是指教师在集体教育活动中对幼儿施加的教育影响；广义上的幼儿美术教育不仅仅包括教师在集体教育活动中进行的绘画教育、手工教育和美术欣赏教育，而且包括在区域活动和游戏活动中运用美术材料对幼儿进行的审美教育以及通过创设优美的环境对幼儿实施的潜移默化的教育。美术教育属于普通艺术范畴，但它是对幼儿实施全面发展教育的一个有机组成部分。对幼儿来说，它体现了情感教育、创造教育和操作教育①。

---

　　①　袁贵仁：《中国教师新百科：幼儿教卷》(第一版)，4页，北京，中国大百科全书出版社，2013。

二、幼儿美术教学活动的内容

幼儿美术教学活动是教师引导幼儿用笔、纸等工具和材料，运用线条、造型、色彩、构图等艺术语言创造的视觉形象，来表达幼儿对世界的认识。幼儿美术教学活动的内容是幼儿教学活动目标的媒介和目标是否达成的关键。幼儿美术教学活动从内容种类上来说大致可分为绘画、手工、美术欣赏，这是各自独立但又相互联系的三个领域。

绘画领域的教育活动包括要求幼儿认识各种绘画工具和材料，各种材料的表现手法以及学习用线条、色彩、构图来表现自己的生活感受和想象，认识和学习绘画的形式语言，了解幼儿绘画的题材种类。

幼儿手工是指徒手或借助简单工具，运用折叠、切割、撕、贴、塑、组合等加工、变形手段或用物质材料做成占有一定空间的平面或立体形象的造型活动。它可以锻炼幼儿动作的灵活性与协调性，培养幼儿实际操作的能力以及工作的计划性和条理性。幼儿手工教育活动主要包括学习运用多种美术工具和材料、掌握手工制作的基本技法（折纸、剪纸、泥工、粘贴、废旧材料利用）。

幼儿美术欣赏教学是一种培养幼儿欣赏能力的教育活动，是指教师引导儿童欣赏和感受美术作品，"了解对称、均衡等形式美的初步概念，感受其形式美和内容美，从而丰富他们的美感经验，培养其审美情感和审美评价能力和审美创造力的教育活动"。介于本书重在读者美术技能的训练，因此我们将重点讨论绘画和手工两部分。

三、幼儿园美术教育的目标及教学建议

幼儿对事物的感受和理解不同于成人，他们表达自己认识和情感的方式也有别于成人。幼儿独特的笔触、动作和语言往往蕴含着丰富的想象和情感，成人应对幼儿的艺术表现给予充分的理解和尊重，不能用自己的审美标准去评判幼儿，更不能为追求结果的"完美"，而对幼儿进行千篇一律的训练，扼杀其想象与创造的萌芽。就美术方面而言，参照《3～6岁儿童学习与发展指南》，可将儿童美术技能的发展目标划分如下。

（一）喜欢进行艺术活动并大胆表现

3～4 岁	4～5 岁	5～6 岁
经常涂涂画画、粘粘贴贴并乐在其中。	经常用绘画、捏泥、美术制作等多种方式表现自己的所见所想。	积极参与美术活动，有自己比较喜欢的活动形式。 能用多种工具、材料或不同的表现手法表达自己的感受和想象。 美术活动中能与他人相互配合，也能独立表现。

教育建议：

1. 提供丰富的便于幼儿取放的画笔、剪刀、纸张、泥团等工具和材料，支持幼儿进行自主绘画及手工活动。

2. 充分利用各种自然、废旧材料和常见物品，让幼儿进行画、剪、折、粘等美工活动。

3. 经常和幼儿一起绘画、制作，共同分享美术活动的乐趣。

4. 在幼儿自主表达创作过程中，不做过多干预或把自己的意愿强加给幼儿，在幼儿需要时再给予具体的帮助。

5. 了解并倾听幼儿艺术表现的想法或感受，领会并尊重幼儿的创作意图，不简单用"像不像""好不好"等成人标准来评价。

6. 展示幼儿的作品，鼓励幼儿用自己的作品或艺术品布置环境。

（二）具有初步的艺术表现与创造能力

3～4 岁	4～5 岁	5～6 岁
能用简单的线条和色彩大体画出自己想画的人或事物。	能运用绘画、美术制作等表现自己观察到或想象的事物。	能为表演选择和搭配简单的服饰、道具或布景。 能用自己制作的美术作品布置环境、美化生活。

教育建议：

1. 鼓励幼儿在生活中细心观察、体验，为美术活动积累经验与素材。如，观察不同树种的形态、色彩等。

2. 提供丰富的材料，如图书、照片、绘画等，让幼儿自主选择，用自己喜欢的方式去模仿或创作，成人不做过多要求。

3. 根据幼儿的生活经验，与幼儿共同确定美术表现的主题，引导幼儿围绕主题展开想象，进行艺术表现。

4. 幼儿绘画时，不宜提供范画，特别不应要求幼儿完全按照范画来画。

5. 肯定幼儿作品的优点，用表达自己感受的方式引导其提高其绘画能力。如，"你的画用了这么多红颜色，感觉就像过年一样喜庆"。

小·结

幼儿园美术教学活动是教育者遵循幼儿教育的总体要求，根据幼儿身心发展的规律，有目的、有计划地通过美术欣赏和美术创作活动，感染幼儿，并培养其美术审美的表现力、想象力和创造能力，和反映幼儿对周围世界的认识、情感和思想，最终促进其人格和谐发展的一种审美教育。

幼儿园美术教学活动的内容包括绘画教育、手工教育以及美术欣赏教育。

幼儿园美术技能的目标可划分为：第一，喜欢进行艺术活动并大胆表现；第二，具有初步的艺术表现与创造能力。每个目标后都有相应的教育建议。

关键术语

幼儿园美术教育　教育建议

思考题

如何将幼儿美术教育融入幼儿的日常生活中，使之成为幼儿喜欢的活动？

建议的活动

观摩幼儿园的美术教育活动，并与美术老师交流，了解幼儿美术教育（尤其是美术技能教育）中存在的问题，分组讨论，提出解决的策略。

第三十二章　折纸技能

　　折纸又称"工艺折纸"，是一种以纸张折成各种不同形状的艺术活动。在大部分的折纸比赛中，多数要求参赛者以一张无损伤的完整正方形纸张折出作品。折纸发源于中国，在日本得到很好的发展，折纸慢慢发展成不只是儿童的玩具，也是一种有益身心、开发智力和思维的活动。

　　手工折纸富于变化，造型生动可爱，宜于幼儿想象和智力的开发，它粗看起来只是一种简单的模仿游戏，而实际上，却可以综合培养幼儿的观察能力、动手能力、手眼协调能力以及对空间的感知能力。折纸过程是游戏、学习的过程，同时折纸作品可以作为幼儿游戏的玩具和辅助教学的教具。

　　作为将来的指导者，学生应学会认读折纸图谱，掌握折纸符号的意义，熟悉作品的制作方法，同时了解教学的步骤和注意事项。

一、折纸的识图方法（见图 32-1 至图 32-3）

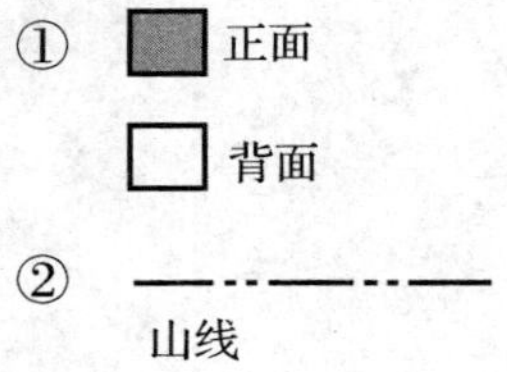

① ■ 正面
　 □ 背面

② ——··——··——
　　山线

图 32-1

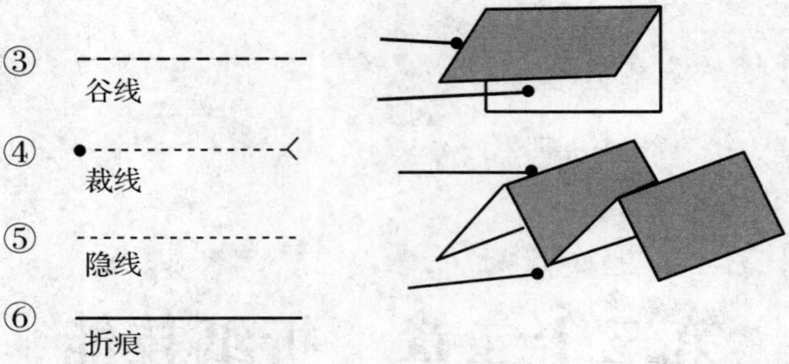

③ 谷线

④ 裁线

⑤ 隐线

⑥ 折痕

图 32-1（续）

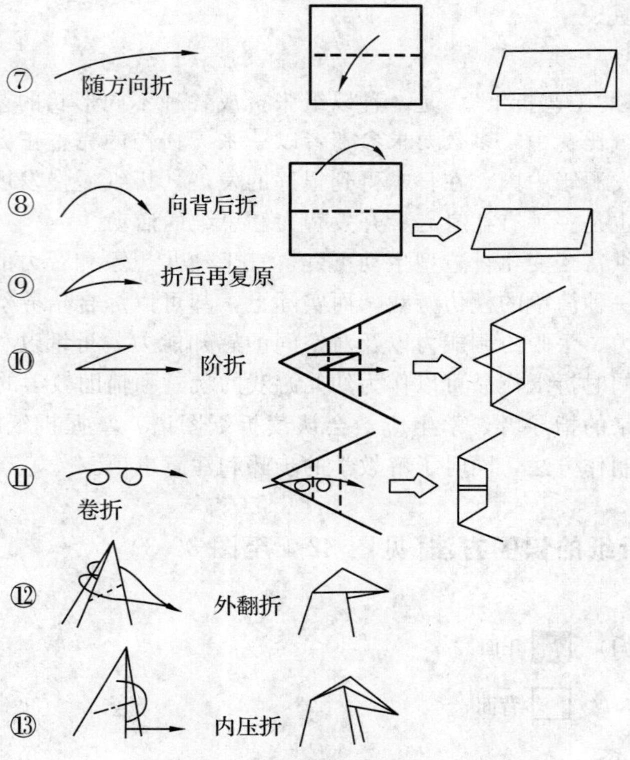

⑦ 随方向折

⑧ 向背后折

⑨ 折后再复原

⑩ 阶折

⑪ 卷折

⑫ 外翻折

⑬ 内压折

图 32-2

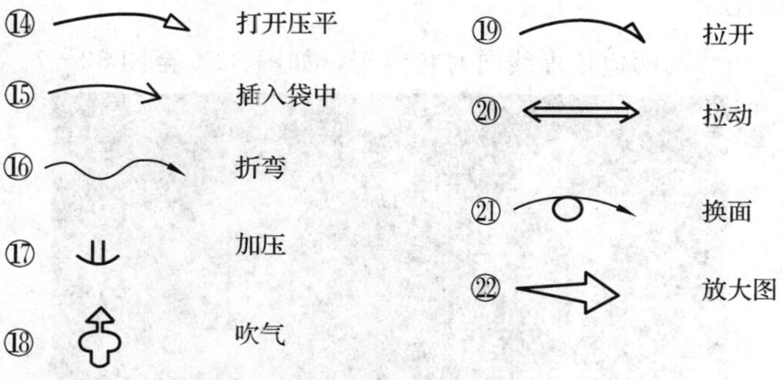

⑭ ——→ 打开压平　　　⑲ ——⌐ 拉开

⑮ ——→ 插入袋中　　　⑳ ⟷ 拉动

⑯ ∼∼→ 折弯　　　　　㉑ ⌢○⌢ 换面

⑰ ⤋ 加压　　　　　　㉒ ⟹ 放大图

⑱ ⇧ 吹气

图 32-3

二、折纸的基本技能

（一）对边折

方形纸相对的两边对折，如图 32-4。

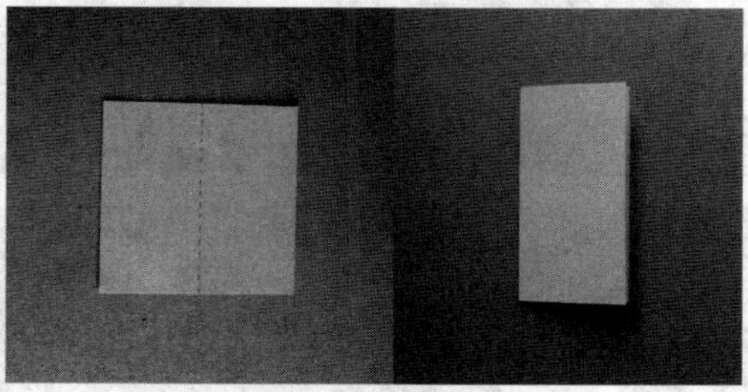

图 32-4

（二）对角折

正方形相对的两角对折，如图 32-5。

图 32-5

（三）集中折

正方形相邻的两边依虚线向对角线折，如图 32-6 至图 32—7。

图 32-6

图 32-7

(四)向中心折

正方形相对的两角向中心折，如图32-8。

图 32-8

(五)双正方形

将纸先对边折，再根据中线，一角向前、一角向后折成三角形，再从中间捋开，压平，如图32-9。

图 32-9

(六)单菱形

先将纸折成正方形，再根据中线，将开口端的四个边向内折叠，然后下拉成菱形，如图32-10。

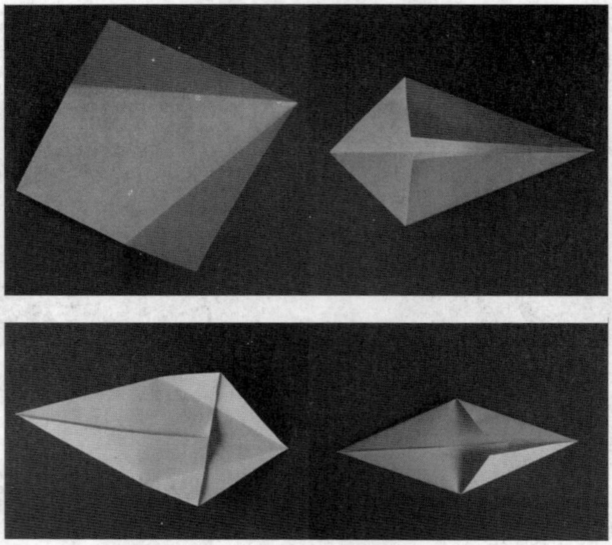

图 32-10

(七)双菱形

先折双正方形，再折其中一面，背面相同压出折线后展开，如所画虚线所示，撑开上层同时沿虚线折菱形，背面相同，最后完成。如图 32-11。

图 32-11

(八)双三角形

先对折，再对边折，拉开并压折，背面折法相同，最后完成。如图32-12。

图 32-12

(九)反正折

沿山线、谷线来回对折。如图 32-13。

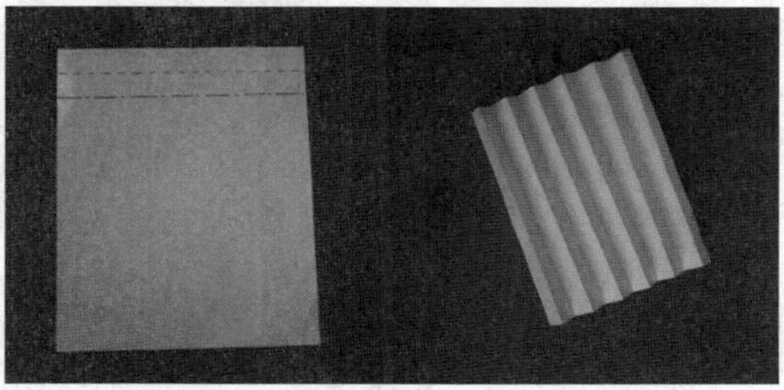

图 32-13

(十)反折

沿对角线向内或向下反折。如图 32-14，图 32-15。

图 32-14

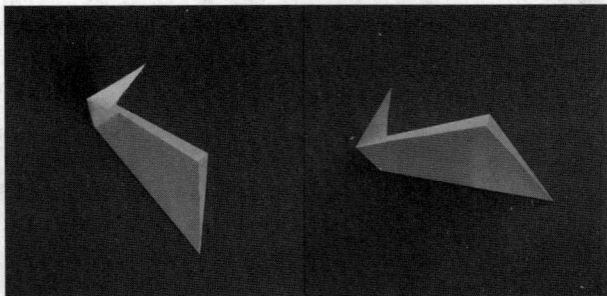

图 32-15

三、注意事项

第一，折叠之前，首先研究图解及仔细阅读有关文字批注，并了解各图解之间的关系，从而得到一个完整概念。

第二，折叠时，每条折痕必须压紧，否则会越折越松散。

第三，基于纸张是有厚度的，经过多次的折叠，便会厚得难以再折。因此，要在适当的地方预留空间，才可避免在往后的折叠出现互相挤压。

第四，需要耐心尝试，遇到困难时要反复验证先前是否出现了问题，然后再想办法克服。

第五，若觉得折出来的东西总是不对劲，这可能是比例上出现了问题。要在翻折时，注意或改变关键部位上的比例。

四、折纸范例

范例一：青蛙

材料：步骤图、正方形纸。

制作步骤：如图 32-16。

1. 首先将方形的纸张对折。

2. 接着将底边折向另一边的横向折。

3. 然后再将另一顶边角也折向另一边的横向，折出三角形，步骤如第 2 步所示。

4. 接着将三角形下的半边纸向上折，如步骤 3 所示。

5. 下边的两个边向中心折，如步骤 4 所示。

6. 再将下面向上折如步骤 5 所示，把下边两个角打开如步骤 6 所示，再回折如步骤 7 所示。

7. 然后根据谷线折出四个角，如步骤 9 所示。

8. 最后来一个阶折，如步骤 10 所示。

9. 折完之后我们把青蛙翻转过来，在画上美丽的花纹，一个小青蛙就做好啦。

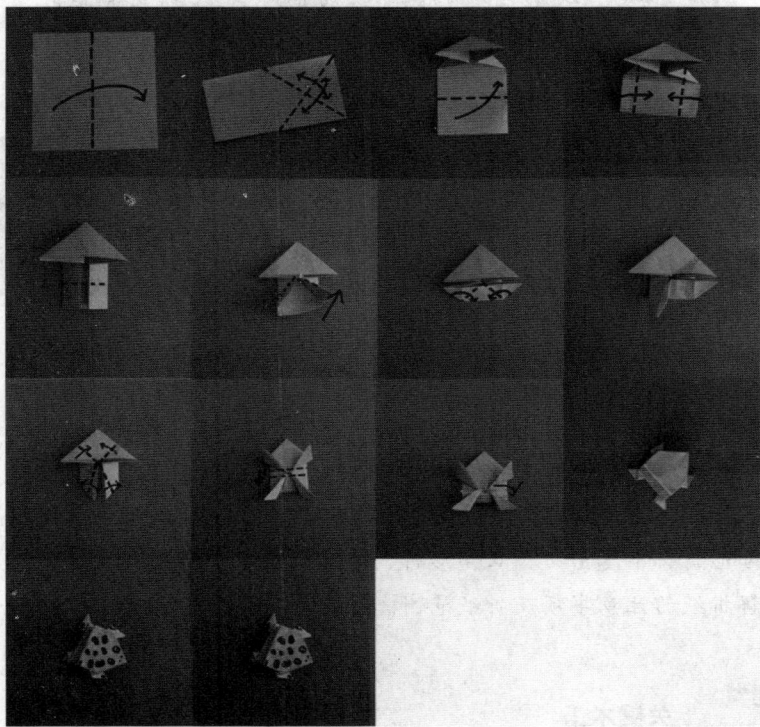

图 32-16

范例二：小钢琴

材料：步骤图、正方形纸、剪刀。

制作步骤：如图 32-17。

1. 将正方形纸对折。

2. 根据第 2 步的折痕，将两个边向中间折，如步骤 2 所示。

3. 把上边两个角打开，如步骤 3 所示。

4. 完成上述步骤后，把多出来的三角形部分剪去，如步骤 4 所示。把中间的部分向上折，如步骤 5 所示。

5. 折上去的部分向下折，如步骤 6 所示，做出钢琴键盘厚度。

6. 把两边向中间折，如步骤 7 所示。

7. 最后画一个键盘样式的纸放在钢琴上，这样一个小钢琴就完成啦。

图 32-17

📚 小·结

本章介绍了折纸的概念，折纸对幼儿发展的影响；折纸的识图方法；折纸的基本技能。重点是折纸的技能，包括对边折、对角折、集中折、向中心折、正方形折、单菱形折、双菱形折、双三角折、正反折、反折。

了解折纸的注意事项及折纸范例。

📚 关键术语

折纸　识图方法　基本方法

✏️ 练习题

1. 请用"正反折"折手风琴。

2. 请用"双三角折"折热带鱼造型。

3. 请用"单菱形"折飞鸟。

4. 请用"向中心折"折"大嘴巴"，并贴上动物造型。

🎇 建议的活动

分小组设计主题活动"交通工具"，综合运用各种折法，折出活动所涉及的交通工具的造型。

第三十三章　剪纸、撕纸技能

剪纸，又叫刻纸，是汉族最古老的民间艺术之一，早在汉唐就有了，具有悠久的历史。逢年过节或新婚喜庆，人们把美丽鲜艳的剪纸贴在雪白的墙上或明亮的玻璃窗上、门上、灯笼上等，节日的气氛便被渲染得非常浓郁喜庆。其载体可以是纸张、金银箔、树皮、树叶、布、皮革等片状材料。其特点主要表现在空间观念的二维性，刀味纸感，线条与装饰，写意与寓意等许多方面。

儿童剪纸是在剪纸活动过程中促使儿童动脑动手，培养儿童的感知能力，实现学习与游戏、想象与表现、实践与认识的结合，起到科学地开发儿童智力，创造性地深化儿童的知识结构，发展其审美能力和艺术创造力的作用。

一、剪纸基本方法

(一)对称折叠剪

对称折叠剪法需要在剪之前将纸张左右对折或上下对折或将纸按不同折法折叠，然后根据设计画出半个图形，再照着画出的纹样剪裁，有时剪细部还可以用刻刀来刻，剪刻出对称的图形。

1. 范例一：灯笼

(1)把彩色纸对折，靠着闭口处剪出灯笼的一半。在此，纸张颜色和灯笼轮廓的大小依个人喜好而定(如图 33-1)。

（2）接着把灯笼中间的半圆形上下对折，我们看到灯笼折成了 1/4 圆，这样剪一条曲线，几条折线，灯笼罩口的装饰花纹就剪出来了。在此，也可以试试其他类型的线，如波浪线（如图 33-2）。

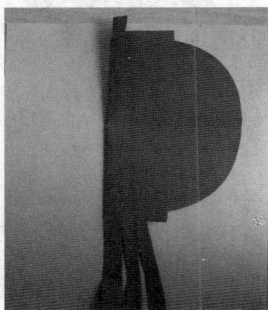 

图 33-1　　　　　　　　　　　图 33-2

（3）同样，折成 1/4 圆还可以剪出灯笼中间的装饰花纹，花纹的线条要流畅、富有变化、粗细均匀。注意，一定不能把剪纸剪断（如图 33-3）。

（4）把剪纸打开，一个可爱的灯笼就完成了（如图 33-4）。

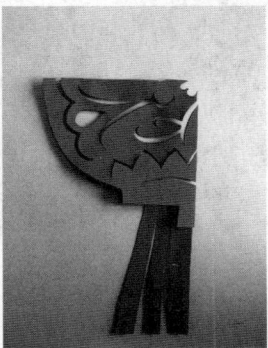 

图 33-3　　　　　　　　　　　图 33-4

2. 范例二：蝴蝶

（1）先把彩纸对折，剪出蝴蝶外形的一半。注意触须部分要小心，不要剪断了（如图 33-5）。

（2）剪出蝴蝶头部和身体的线条（如图 33-6）。

图 33-5

图 33-6

（3）把蝴蝶的翅膀按十字形对折，剪出花纹。花纹依个人喜好剪裁即可，注意不要把纸剪断（如图 33-7）。

（4）把剪纸打开就完成了漂亮的蝴蝶剪纸（如图 33-8）。

图 33-7

图 33-8

（二）连续对称剪

连续对称剪主要是剪花边，把长条形纸连续对折，画上纹样，剪下后成连缀排列的花样。

剪纸技法如图：

（1）将纸张裁成长条状。

（2）将长条状纸张对折、再对折、直到满意的大小为止（如图 33-9）。

（3）在纸上画出天鹅纹样。注意，纸条折痕处不可以被完全裁剪，否则，作品就不能呈现后缀排列的状态，导致活动失败。

（4）最后，可以借助刻刀等工具对作品进行修饰、进一步美化。

（5）展开，即完成作品（如图 33-10）。

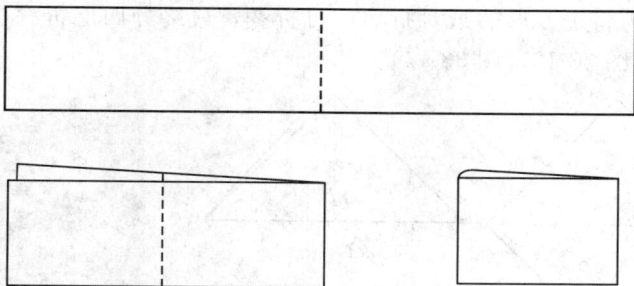

图 33-9

图 33-10

（三）放射对称折剪

放射对称折剪是剪纸的一种布局格式，呈圆形或方形中心放射性对称花样、四面均齐。这种装饰格式在剪纸中尤能显示其优异性，正方形对角折，折叠二次、三次、四次不等，便可剪出四面均齐的花样，传统剪纸中用这种方法剪成的团花，具有团圆、美满的含义，是民间喜庆节日常用的装饰。

1. 三折剪（范例：三折团花）

三折剪是将正方形对折后，再折叠两次，形成三层折叠，然后画出图案，再剪刻成型（如图 33-11、图 33-12）。

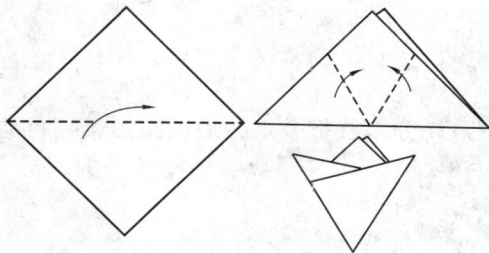

图 33-11

图 33-12

2. 四折剪（范例：四折团花）

四折剪为将正方形的纸对折后，再折叠，最终分四层折叠，画出纹样，剪刻成型（如图 33-13、图 33-14）。

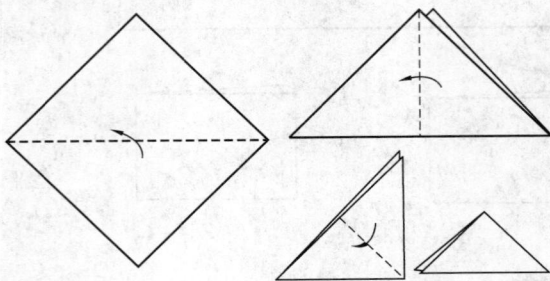 

图 33-13　　　　　　　　　　　　　　　图 33-14

3. 五折剪（范例：五角星）

五折剪是将正方形对折后，再分五层折叠，最后画出图案，再剪刻成型（如图 33-15、图 33-16）。

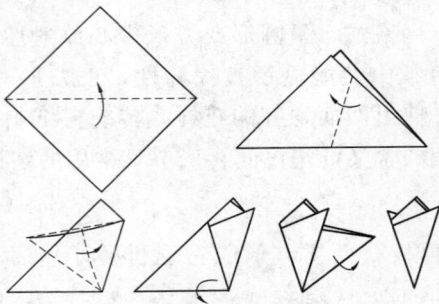 

图 33-15　　　　　　　　　　　　　　　图 33-16

4. 六折剪（范例：雪花）

六折剪是将正方形对折后，最终分六层折叠，然后画出图案，再剪刻成型（如图 33-17、图 33-18）。

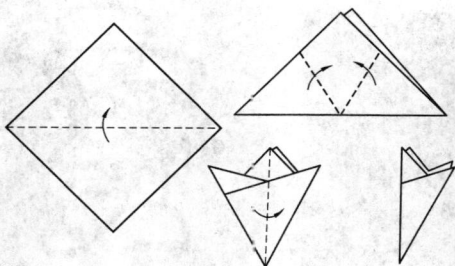

图 33-17

图 33-18

(四)不对称剪

不对称剪纸又称平剪法，制作自由，不受局限，很适宜进行各类题材的剪纸创作。可在纸上画出纹样再剪刻，也可凭想象或记忆造型直接剪刻出。

1. 范例：小猪

(1)设计小猪样式。小猪在设计时看着比较复杂，我们需要抓住基本特点。

(2)依照上一步中设计的样式，在彩纸上描出小猪的大致轮廓。

(3)内部的花纹就随意一些，可以自己试着设计。

(4)按照描线剪开，这样就可以剪刻出来一只可爱的小猪了（如图 33-19）。

(五)彩色剪纸

1. 套色剪纸

套色剪纸是在事先剪刻好的单色剪纸主稿（一般为阳刻）上再套上各色纸块衬托，有类似于套色版画的色彩效果。套色剪纸主稿通常用黑色，也可根据具体表现对象选择颜色。做法是先剪制好主稿，再将需要套色的部分用拷贝纸描下来，用事先设计好的颜色纸一一剪下，将剪制好的衬色纸依次贴于主稿背面①（如图 33-20）。

---

① 李金娜，赵霞：《学前儿童玩教具制作》（第二版），64 页，北京，科学出版社，2012。

图 33-19   图 33-20   图 33-21

2. 染色剪纸

染色剪纸，术语谓之"点色"。材料选用生宣纸、高丽纸或其他吸水性强的纸，以及透明性的水彩颜料和彩色墨水。做法是将不同颜色的颜料配好，盛在小盘里，再将剪刻以后的作品用水湿润，然后分别浸染不同的颜色，也可用毛笔蘸色在局部点染，半干后打开作品平夹在书中，全干后色彩滋润而生动，形成了既有水墨画的韵味，又有扎染布风格的剪纸。因纸薄易洇，渗透性强，每次能染数张①（如图 33-21）。

二、撕纸技能

撕纸就是以手撕代替剪刀剪，按照剪纸的特点撕出各种造型。对学前儿童而言撕纸安全性更强，同时也是一项能够开发智力、锻炼其手脑的协调性的有益活动（如图 33-22）。

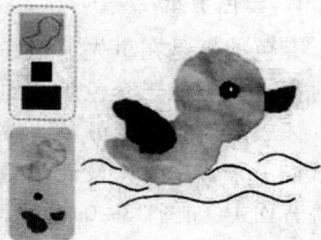

图 33-22

---

① 李金娜，赵霞：《学前儿童玩教具制作》（第二版），64 页，北京，科学出版社，2012。

小·结

本章简单介绍了剪纸的基本知识，及剪纸对儿童发展的意义。本章重点是练习剪纸基本方法：对称折叠剪，连续对称剪，放射对称折剪（三折剪、四折剪、五折剪、六折剪），不对称剪及彩色剪纸（套色剪纸、染色剪纸）。本章最后介绍了撕纸。

关键术语

剪纸　撕纸　基本方法

练习题

1. 设计纹样，用连续对祢剪剪出花边。
2. 设计纹样，练习多种放射对称折剪。
3. 运用所学的剪纸技法，设计以"春天"为主题的墙饰。

建议的活动

1. 收集欣赏中国传统民间剪纸。
2. 以"海底世界"为题，设计幼儿园教育活动，并用对折剪纸的方法剪出各种海底生物。

第三十四章　纸塑技能

一、纸塑的定义及基本方法

纸雕塑是一门新兴的艺术，它的特点是塑造立体空间形态，舒展于表层，只要我们掌握了其中的切割、圈曲、扭转、折叠及撕贴等多种技巧，幼儿都能创造出自己的新作。纸雕塑造型选择的材料一般是韧性较大的纸张，基本方法有切折、卷曲、粘贴等。

（一）基础造型方法

1. 卷曲

曲面的制造方法，使用笔杆、木棒等工具卷曲出适用的弧度，注意纸张的方向性。①

（1）用笔杆等圆柱形工具滚压纸面，使纸面形成一定的弧度（如图 34-1 至图 34-3）。

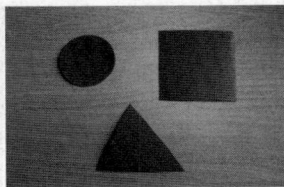  

图 34-1　　　　　　　图 34-2　　　　　　　图 34-3

---

① 李金娜，赵霞：《学前儿童玩教具制作》（第二版），39 页，北京，科学出版社，2012。

（2）把长条形纸绕在笔杆等圆柱形工具上，使指条呈螺旋状，可作为纸塑。

人物的须发（如图 34-4 至图 34-6）。

图 34-4　　　　　　　　　图 34-5　　　　　　　　　图 34-6

（3）用笔杆等圆柱形工具，在长形纸面的不同位置滚压，可形成波浪状（如图 34-7 至图 34-9）。

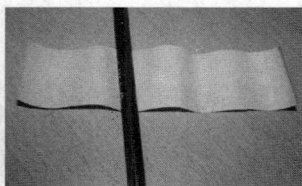
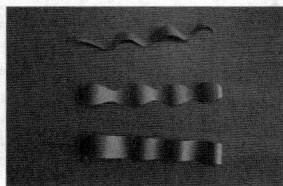

图 34-7　　　　　　　　　图 34-8　　　　　　　　　图 34-9

2. 切线

利用直与曲的折线，使平面的纸张具有立体效果。曲线切折，先在纸面上轻画切折的痕迹，再用刀沿线轻划，切线时注意弧度的顺畅，做出来才会美观，刀刃用力不要过重，以免切断纸面（如图 34-10 至图 34-13）。

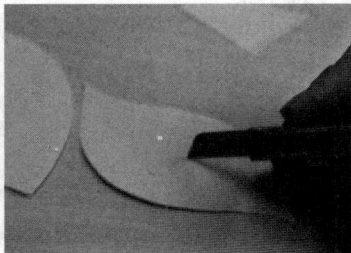

图 34-10　　　　　　　　　　　　图 34-11

图 34-12   图 34-13

3. 围合

利用卷、折、粘等手法，将平面围合形成柱体、方体、锥体等。锥体围合，可先剪去一部分，衬于锥体内，粘贴成锥形，方锥可用切折法（如图 34-14 至图 34-19）。①

图 34-14   图 34-15   图 34-16

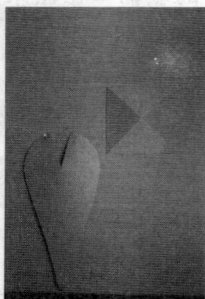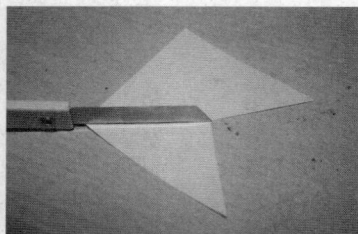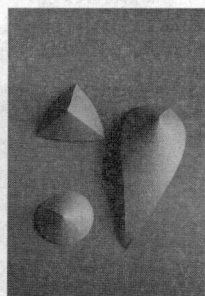

图 34-17   图 34-18   图 34-19

① 李金娜，赵霞：《学前儿童玩教具制作》(第二版)，39 页，北京，科学出版社，2012。

二、纸塑的基本制作形式

(一)纸浮雕装饰画

第一,先在素描纸上画出形象的基本造型。

第二,依照线条分解剪切出各个部分的形状,分别用笔杆压、凸 、卷曲、粘贴。

范例:白雪公主

(1)根据图稿剪出脸部,画上五官。剪出头发,在刘海处划出切口,把脸部嵌入头发。粘上发带。头发的边缘,做卷曲造型(如图 34-20、34-21、34-22)。

(2)剪出衣服各部分,用笔杆滚压卷曲,成立体浮雕状。用相同方法作四肢造型(如图 34-23、34-24、34-25)。

(3)把各部分组合粘贴在底板上完成(如图 34-26)。①

图 34-20

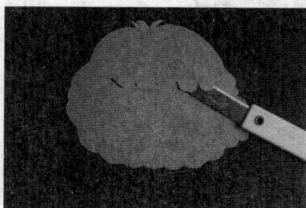

图 34-21

图 34-22

图 34-23

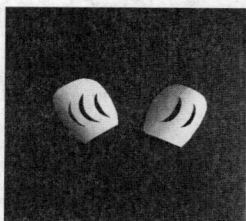

图 34-24

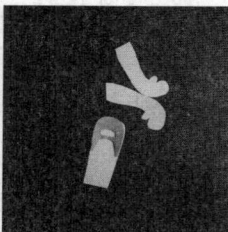

图 34-25

图 34-26

① 李金娜,赵霞:《学前儿童玩教具制作》(第二版),39 页,北京,科学出版社,2012。

（二）头饰、面具

头饰是幼儿园活动中常用的道具，在角色游戏、舞台剧表演、讲故事等活动中佩戴面具、头饰，可以提高幼儿参与的兴趣。幼儿园头饰、面具的设计制作形式多样，有平面、立体形式，可剪、可画、可折，形象设计要生动、可爱、富有情趣。

材料：绘图纸、卡纸、水粉色、彩色纸。

工具：剪刀、笔、胶水。

制作方法：因制作作品，略有区别，具体如下。

1. 头饰

（1）平面头饰（如图 34-27）。

在卡纸或绘画纸上画出形象，剪下。形象的设计要特征鲜明，富有童真童趣。

图 34-27

（2）立体头饰（如图 34-28、图 34-29）。

梯形立体头饰：画两个同心半圆，沿线剪下，粘贴成筒状；剪耳朵、嘴巴装饰。

此法可做头部较圆的动物，如青蛙、熊、熊猫、虎等。

图 34-28

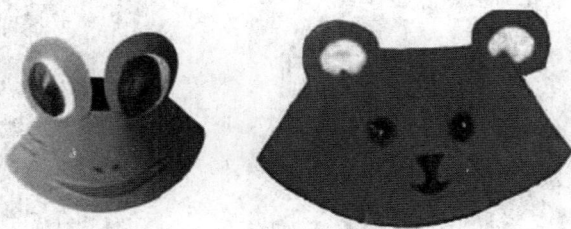

图 34-29

（3）三角形立体头饰。

三角形卡纸，依虚线对折，剪出耳朵等。此法适宜作头部较尖的动物，如老鼠、狐狸等（如图 34-30、图 34-31、图 34-32）。

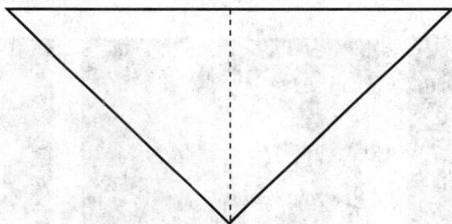

图 34-30

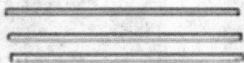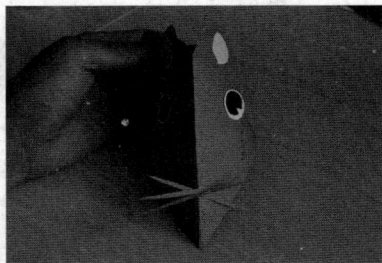

图 34-31　　　　　　　　　　　　　　图 34-32

2. 面具

面具是一个壳体造型，平面的纸可以通过剪切、曲折、收缩，形成壳体，也可以用模具，粘成壳体，再剪出眼睛，装饰其他五官。

（1）剪切面具（如图 34-33、图 34-34）。

图 34-33   图 34-34

（2）气球面具。

把报纸条，用胶水粘在充气气球表面，待其干透，扎破气球，留下报纸壳，剪成圆形，挖出眼睛嘴巴的形状，上色，装饰，就是逼真的面具了（如图 34-35 至图 34-39）。

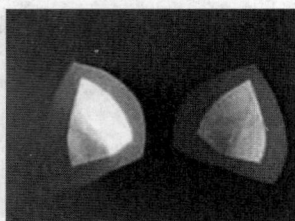

图 34-35   图 34-36   图 34-37

图 34-38   图 34-39

（三）纸塑玩偶

1. 纸筒玩偶（如图 34-40）

材料：质地较硬的纸张。

制作方法：

（1）围合造型做各种纸筒，作为基本形状。

（2）在纸筒上装饰图案，可画、可剪贴、卷折、组合粘贴，塑成人物、动物、植物、建筑等。

玩法：可放于桌面，也可套在手指或手掌上，用于表演故事、游戏等。

2. 剪折纸立体玩偶

剪折纸立体玩偶集剪纸、折纸优点于一体，剪折纸立体玩偶一般采取对称结构，空间感极强，能直立，在幼儿园中可作为桌面教具，用于幼儿游戏、学习活动中。

材料：各色绘图纸、卡纸

工具：剪刀、胶水、水彩笔

制作方法：

（1）把卡纸按身、颈、头、尾四个部分分成 4 块（图 34-41）。

（2）每部分对折后，画出基本造型（如图 34-42）。

（3）沿所画线剪出轮廓（如图 34-43）。

图 34-40

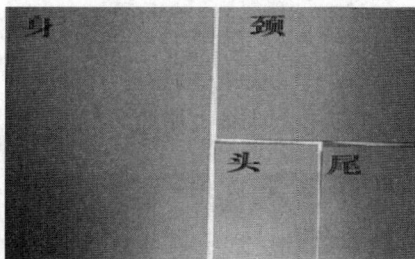

图 34-41

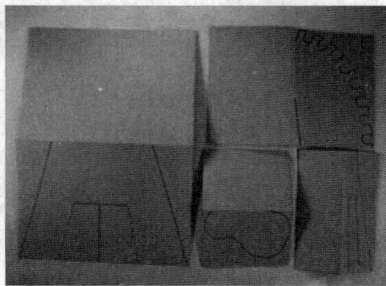

图 34-42

图 34-43

（4）整理马身的部分，使之站立（如图 34-44）。

（5）粘上马颈（如图 34-45）。

图 34-44

图 34-45

（6）粘上头尾（如图 34-46）。

（7）画上或粘上眼睛，粘上马鞍（如图 34-47）。

图 34-46

图 34-47

3. 插结纸玩偶

插结指利用纸的切口互相嵌入，两个或多个面互插，使造型获得立体效果。从不同的角度去看都有一定的体积，使形象更加丰富。

材料工具：硬纸卡或吹塑纸、铅笔、剪刀

制作方法：

（1）剪出两片或多片相同的形状，并画出插结的切口线，每条切口线长度相等，且都占形状长度的一半（如图 34-48 左图）。

（2）剪开切口线（如图 34-48 右图）。

图 34-48

（3）切口线对应插结（如图 34-49）。

图 34-49

图 34-50

4. 纸袋玩偶（如图 34-50）

纸袋偶是一种套在手上的纸偶，它主要用于集体表演和分组表演。集体表演是在幼儿刚掌握了故事内容，但还不很熟练的情况下进行的表演。教师把有关故事角色的各种纸袋摆放在幼儿面前，请幼儿自选扮演角色，然后由教师作示范，带领幼儿共同表演，这不仅有助于幼儿对故事内容的理解，进一步熟悉作品中的对话，而且还可以锻炼幼儿的合作意识。

材料：选用纸质稍韧的纸或旧纸袋

制作方法：

（1）设计纸偶的形象。

（2）把纸袋压平放置，形象的面部粘贴在纸袋的底部，下颌部贴在纸袋正面。

玩法：把纸袋套在手臂上，手指撑开动物嘴巴，使其一张一合，仿佛在说话。

小·结

本章介绍了纸塑的特点；纸塑的基础造型方法：卷曲、切折、围合；纸塑的基本制作形式：纸浮雕装饰画，头饰（平面头饰、立体头饰、三角头饰），面具（剪切面具、气球面具），纸塑玩偶（纸筒玩偶、剪折纸立体玩偶、插结纸玩偶、纸袋玩偶）。

关键术语

纸塑　造型方法　制作形式

练习题

1. 用纸浮雕装饰画的形式制作一幅幼儿园教学挂图。

2. 请制作一个万圣节的面具。

3. 制作各种造型的纸袋玩偶。

建议的活动

以小组为单位，设计制作童话剧中的角色头饰、面具，并进行表演。

第三十五章　泥塑技能

泥塑，俗称"彩塑"，是中国的一种古老的民间传统艺术之一。它以泥土为原料，捏制成的雕塑工艺品。或素或彩，以人物、动物为主。作为我国古朴的民间艺术，泥塑流传至今且仍被许多人所珍爱，原因就在于它的可塑性强、想象空间大、艺术成分高。

幼儿泥工是幼儿用黏土（胶泥）、橡皮泥、面团等为主要原料，用手和一些简单的工具塑造各种物体、动物、人物等立体玩教具的一种活动。幼儿园中所用的材料色彩鲜艳，并且作品的创作过程简单。因此，泥塑活动是幼儿十分喜爱的活动之一。在泥塑过程中不仅能训练幼儿手、眼、脑的配合，还可以激发幼儿的想象力、创造力。不仅如此，幼儿还可以通过泥塑来了解我国的古老文化，从中受到潜移默化的艺术熏陶和教育。

一、泥塑的材料

幼儿泥工的基本材料一般有橡皮泥、黏土（胶泥）和面团。除此之外，目前市场上也有很多种类的彩泥，它们除具有色彩鲜艳、使用方便的特点外，还具有柔软、可塑性强、不易污染衣物等优点，受到幼儿园的普遍欢迎。

根据塑制物品的需要，幼儿泥工还使用一些辅助材料，如树枝（作苹果柄）、火柴杆（作刺猬身上的刺）、毛线（作娃娃的头发）、羽毛（作孔雀尾巴）和小豆子、小石子（作人物、动物的眼睛）等。泥工的材料可以就地取材，但要注意安全、卫生。

另外，我们还需要了解不同种类材料的特点和活动过程中的注意事项，在此我们主要介绍以下几种：

橡皮泥黏性较大，干净不会开裂、使用方便，且有各种颜色，幼儿很喜欢，但在冬季易发硬。冬季做泥工前可将橡皮泥放入热水中（80℃左右）浸泡10分钟左右即可变软；夏季橡皮泥易变软沾手，可放入冷水中浸泡10分钟左右，使用起来可以不沾手，春、秋季使用最好。

黏土要经过水漂去掉杂质。和泥时水要适量，和成的泥不要太硬或太软，加入少量的盐水和油，可以保护幼儿的皮肤和防止作品干裂，和好的泥要摔打滋润，然后放在塑料袋中将口扎紧备用。

面团主要原料是食用面粉。这种材料制作简单、干净。如收放得当，可以使用较长时间。和面团有两种方法：一是用面粉掺和少量的盐，根据需要加入带颜色（食用色）的水和在一起，为了防止干裂，将少量菜油慢慢倒入面粉中搅匀、和好。和好的面团上锅蒸5分钟（待水开后再放面），凉后用手揉好即可使用。做好的面团放在塑料袋中保存备用。另一方法是用面粉加入少量碳酸和面，根据需要将水内加入少许食用油，和好后再放入锅内蒸5分钟（水开后放面团），凉后用手揉好即可使用。做好的面团放在塑料袋中保存，可使用较长时间。

二、泥塑的基本工具

幼儿泥工主要是徒手塑造，所需的工具较少，而且也很简单。一般说来，一个幼儿有一块泥工板，放几块湿布也就可以了。泥工板用来放置泥工材料，它可以用木板或三合板、塑料板、塑料布等代用，板面大小一般以边长20厘米的正方形为宜。湿布是幼儿塑造时擦手用的。当然，为了使塑造的形象更生动逼真，也需要教会幼儿利用其他一些简单的工具。如用切泥、在塑造完成的物体上刻画线条、花纹的塑料刀或小竹刀（用竹棍或木条修磨而成，长12厘米、宽1.5厘米，有柄）、木棍、竹棍（长约8厘米、宽约1厘米，一头圆、一头尖）等。

三、泥塑的基本技法

一般我们在泥工中塑造的基本形体有：圆形、圆柱体、卵圆形（体）、扁圆形（体）、球体、方形（体）、中空圆形（体）等，这些形体是运用以下几种基本技能完成的。

团：将泥块放在手上，两手合拢，手掌不断来回做划圈揉动，逐渐做成球体（如图35-1、图35-2）。

图 35-1

图 35-2

　　搓：将泥块放在手心上，双手前后运动，或将泥块放在泥工板上，用手前后运动做成圆柱体、卵圆体的物体。在此基础上稍加变化与刻画，便可塑成具有一定特征的基本实物的形状（如图 35-3）。

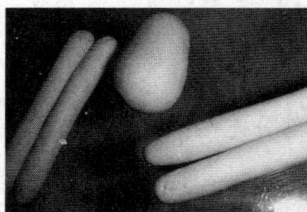

图 35-3

　　压：压的技能有两种，一是压扁，即将团搓好的泥块放在手心中，两手合拢，用手掌用力下压，使之变成扁平状；二是压坑，即将团搓好的泥块放在手心中，用另一手拇指按压，而成中空圆形(体)、中空方形(体)等物体（如图 35-4、图 35-5）。

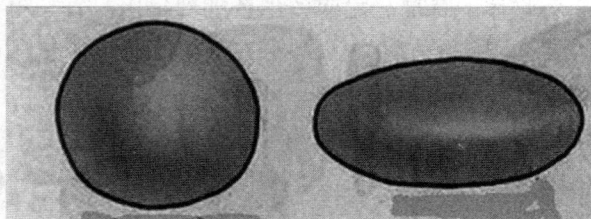

图 35-4　压扁

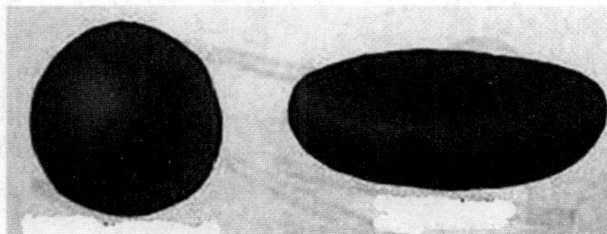

图 35-5　压坑

捏：用手的拇指和食指互相配合，捏出物体的细小部分或边缘（如图 35-6）。

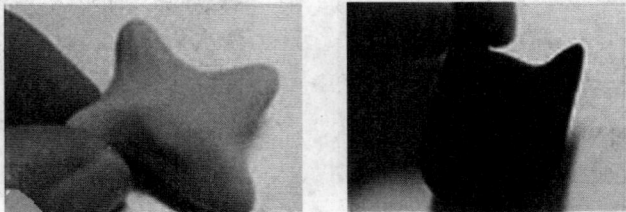

图 35-6

抻拉：从整块泥中，根据塑造物体某部分的需要，抻拉出部分泥来接合（黏合），即将分别塑造的各部分连接在一起，而成一个整体（如图 35-7）。

图 35-7

四、指导要点

（一）多观察

泥塑活动中，尤其是在对物体的构成不太明确之前，我们通常会对物体的各部分之间的配置感到很困惑。因此应尽可能多观察实物，认真观察并弄清其各部位之间的配置及相对大小的关系，然后在感性认识的基础上进行实践。

（二）掌握泥塑的基本规律

第一，是清楚从基本几何形体出发，可以塑造出哪些立体形象。例如，球体可以被想象成元宵、皮球等；从球体出发，在球体上插上一根细木棒就成了樱桃、葡萄等；如果用拇指和食指将球体的上下捏凹，再插上细枝，便成了苹果；如果将几个大的球体和小的球体用牙签插接，则可以塑造出一只熊猫。又如：圆柱体可以被联想成柱子；将圆柱体拉长后再将其中一头弯一弯可以做成拐杖；把圆柱体一头搓细、一头捏圆又可以做成胡萝卜和尖辣椒等。

第二，是从基本技法出发，可以塑造出哪些立体形象。例如，通过捏，可以塑造出碗、碟、勺、鸭嘴等。

（三）合理使用泥塑的辅助材料

如豆类可以做出动物的眼睛，羽毛可以做公鸡的尾巴，牙签可以将物体的两部分连接起来等。

(四)会创造

当完成一个主体塑造后，通常还可以添加一些比较简单的物体形象，构成简单的情节，这可以更好地发挥泥塑的功能。当已经掌握了一定的泥工塑造技能时，就可以尝试自由塑造，创造出更多的、更新鲜有趣的作品。

五、泥塑范例

(一)橡皮泥

橡皮泥的可塑性非常强，有各样的颜色和香气。橡皮泥也经过了时代变迁，材质和工艺都进行过改进。现在的橡皮泥基本上是油黏土，这类型的橡皮泥以碳酸钙等为原料，以液状石蜡为油性成分，加上甘油等配制而成。

橡皮泥材料具有无毒无臭，使用安全；稳定性好，室内不易蒸发变干；黏合性好，但不会黏手；可塑性强，可重复使用等特点。

在橡皮泥活动过程中，要注意选择无毒无害的黏土产品，以保障幼儿的健康；指导幼儿正确使用工具，防止幼儿在操作中受伤；在幼儿早期接触橡皮泥时应提醒幼儿橡皮泥不可食用，并注意观察，防止幼儿吞食橡皮泥。

范例一：愤怒的小鸟

(1)取红色橡皮泥，搓出来一个球体作为红色小鸟的身体、两个水滴状橡皮泥作为小鸟头顶的羽毛(如图35-8)。

(2)将两个水滴状橡皮泥依图黏合，备用(如图35-9)。

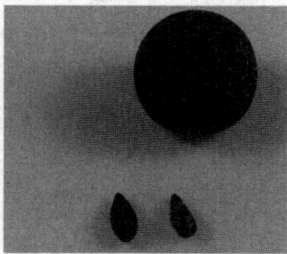 

图 35-8 图 35-9

(3)把小鸟头顶的羽毛黏合到小鸟头的适当位置。此步骤中，如果操作不便可以使用一些工具来帮助完成(如图35-10)。

(4)取适量白色橡皮泥，压制出适当大小的圆片，作为小鸟腹部(如图35-

11）。

图 35-10

图 35-11

（5）把上一步中的白色圆片粘贴到小鸟腹部（如图 35-12）。

（6）取黄色橡皮泥，做成圆锥形状，作为小鸟的嘴巴。注意大小要合适（如图 35-13）。

图 35-12

图 35-13

（7）将上一步中的黄色圆锥粘贴至小鸟头部（如图 35-14）。

（8）制作小鸟的眼睛。取白色橡皮泥，做成小鸟白色的眼底。同样，在此步骤中也要注意大小（如图 35-15）。

图 35-14

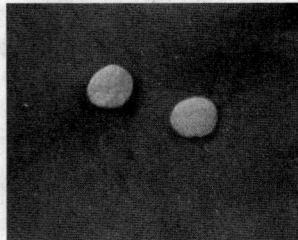

图 35-15

（9）粘贴（如图 35-16）。

（10）取黑色橡皮泥，搓成米粒大小作为小鸟的眼珠（如图 35-17）。

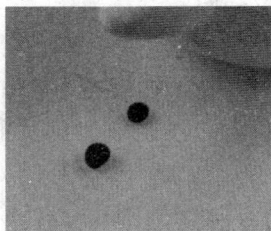

图 35-16　　　　　　　　　　图 35-17

（11）粘贴至白色眼底中央。在此步骤中，由于小鸟眼珠太小，也建议使用工具帮助进行黏合（如图 35-18、图 35-19）。

图 35-18　　　　　　　　　　图 5-19

（12）取适量黑色橡皮泥，搓成细长的椭球状，用剪刀纵向剪开，压扁。作为小鸟的眉毛（如图 35-20）。

（13）粘贴（如图 35-21）。

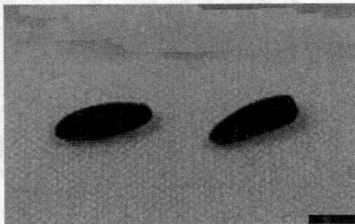

图 35-20　　　　　　　　　　图 35-21

（14）取两块大小相当且适量的黑色橡皮泥，搓出水滴的形状用来制作小鸟的尾巴（如图 35-22）。

（15）将上一步的两个水滴部分黏合，作为小鸟的尾巴（如图 35-23）。

（16）将小鸟的尾巴和身体黏合。注意位置要适当（如图 35-24）。

完成作品(如图 35-25)。

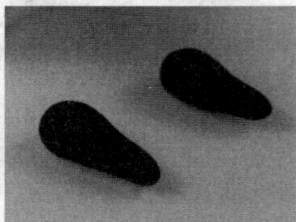

图 35-22

图 35-23

图 35-24

图 35-25

(二)软陶泥

软陶泥——也叫彩陶、软陶土,也有人称烧烤黏土,它是一种可塑性非常强的人工合成陶土。软陶和陶瓷不同,陶瓷易碎,软陶有韧性;软陶本身有颜色,陶瓷用釉来着色;陶瓷是上千度高温烘烤才能定型,软陶只需要家用的烤箱低温烘烤就可以定型,并且制作好的产品只要将它放进烤箱中轻微烘烤,就会生成质地坚硬、色彩艳丽且防水、防霉、不易碎、不怕虫咬、具永久保存性的彩陶工艺品。

调色原理

软陶的颜色有很多种,经由调色之后,能产生更多色彩。软陶的调色,依照科学原理,一样分为三原色(红、黄、蓝)及无色彩(黑、白),只要拥有这 5 种颜色的软陶,就可以自己变化出各种奇幻的色彩。

红色＋黄色＝橘色,黄色＋蓝色＝绿色,红色＋蓝色＝紫色,红色＋黄色＋蓝色＝咖啡色。当两个原色依照不同的比例调和在一起时,就会产生各种不同的颜色,例如:黄色＋蓝色＝绿色,当比例为黄：蓝＝5：2时,调出的颜色为黄绿色,当比例为黄：蓝＝1：1时,则调出的颜色为蓝绿色。

当三个原色依照不同的比例调和在一起时,就会产生各种不同的颜色,例如：红色＋黄色＋蓝色＝咖啡色；当比例为红：黄：蓝＝1：2：1.5时，则形成橄榄绿色。各种经由三原色所调出来的颜色，再加上不同比例的黑、白色，又会形成各种暗色及粉色，所以软陶的颜色是可以随自己喜好调配出来的。

注意事项

（1）软陶在正常的烘烤温度下烘烤110℃～150℃，并不会产生有毒或刺激性气体。但是若温度超过200℃时，不但会使成品烧焦、溶化，甚至可能引起燃烧，造成含有氯的刺激性烟雾。正常烘烤时，会闻到塑胶味，此为正常现象，不会对人体产生影响。但是，鸟类对烟雾有高度的敏感，在烘烤软陶时，最好将小鸟隔离，以免对小鸟造成刺激。

（2）为了保持清洁，软陶活动应选择一个表面平滑、坚硬耐割、面积广大的工作台面，如玻璃、大理石、陶瓷等；活动中，教师在儿童使用尖锐工具时要特别注意，指导幼儿正确使用工具，防止幼儿被工具划伤。

（3）完成的软陶泥作品在存放时，要注意避免阳光直射或高热的场所，以免软陶受紫外线及高温而变质。

范例：太阳花

基本步骤：

（1）搓4个圆球，橘黄色地捏成半圆形（如图35-26）。

（2）黄色的球按扁，把半圆橘黄色泥放在黄色泥上（如图35-27）。

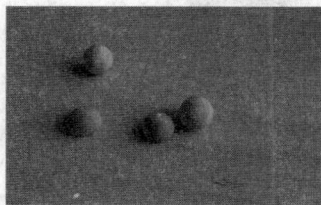

图 35-26

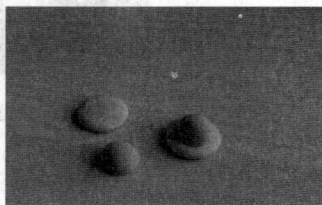

图 35-27

（3）用剪刀剪出向日葵的花瓣（如图35-28）。

（4）用工具修整边角（如图35-29）。

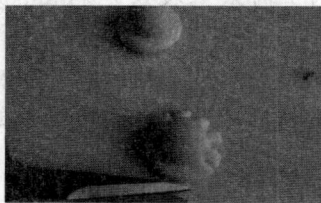

图 35-28

图 35-29

(5)用工具压出花瓣上的印子(如图 35-30)。

(6)取点绿色的泥,搓成长条,串在 T 字针上。另搓三个绿色的水滴形状,压扁用来做叶子,并压出叶子的纹路(如图 35-31)。

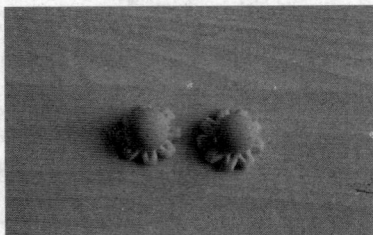

图 35-30

图 35-31

(7)注意:先把 T 字针串在向日葵上之后,再用工具轻轻画出嘴巴眼睛的部位,贴上泥。这样避免先做好脸部之后,再串,容易把脸捏变形(如图 35-32)。

图 35-32

小·结

本章介绍了泥塑的基本知识。泥塑的基本材料有橡皮泥、黏土(胶泥)和面团;泥塑的基本工具有泥工板、湿布、塑料刀或小竹刀等;泥塑的基本步骤有揉泥、塑成泥胎、涂底色、彩绘;泥塑的基本技法包括团、搓、压、捏、拉伸。

在泥塑活动中,教师要注意观察幼儿的发展水平,引导幼儿掌握泥塑的基本技能,合理使用泥塑的辅助材料,创造性地运用泥塑材料表达自己的思想。本章最后是制作范例及注意事项。

关键术语

泥塑　材料　工具　技法

练习题

1. 练习泥塑的基本技法团、搓、压、捏、拉伸。
2. 用橡皮泥制作果篮及各种水果。
3. 自己设计制作几个动物造型。

建议的活动

1. 以橡皮泥为主要材料，设计科学活动"沉与浮"。
2. 通过阅读书籍、浏览网络、参观等途径了解传统泥塑艺术，并讨论如何更好地将传统文化渗透到幼儿园教育活动中。

第三十六章　粘贴技能

一、粘贴画的定义与基础知识

(一)定义

粘贴画，是通过选择不同肌理、色彩的材料拼贴构成的画面。它融绘画和制作为一体，能够充分发挥幼儿动手的能力。

(二)粘贴材料和工具

粘贴材料中有底板材料和贴画材料两大类。

废旧挂历纸、画报纸、废墙纸、干枯的花草、旧草席、地毯、藤垫、粗麻布等都可用来作底板材料；各种碎布、人造革、挂历纸、包装纸、果壳、动物壳、铅笔屑、刨花片等都可以拿来贴画。例如：铅笔屑可以做裙子；刨花片有漂亮的纹理，可以做衣服、头发、山石；核桃壳可以做乌龟；葵花杆可以做蜻蜓；花生壳可以做小鸡、小鸭；开心果壳可以做小花、瓢虫、小鸟、小鱼；蛋壳可以做山石；蟹壳和龙虾壳可以做花朵等。当然，无论是底板材料还是贴画材料，我们在使用时也不必分得太清楚，例如：挂历纸、彩色图片既可以当底板，也可以通过描、剪进行贴画；绿地毯可以作底板，也可以用来粘贴成一块块的草地等。在制作一幅完整的画面时，我们可以利用同一种材料，也可以采用多种材料进行粘贴，只要是设计画面的需要，我们都可以指导幼儿进行合理选择、充分利用。

工具：胶水(白乳胶)、铅笔、剪刀、小镊子、棉签、抹布等。

（三）制作方法

1. 进行草图设计

在纸上进行设计、构思，确定作品的构图、人物动作、背景色彩等形式。在设计草图的同时，一定要考虑作品所使用的材料，用于粘贴的材料很多，像色纸、花布、旧挂历等。先定材料，然后利用材料的特性考虑画面。一般情况是把好看的和精致的材料用做作品的主要部分。在设计时，还要注意粘贴画的操作特点，要对形象进行大胆的取舍，以便利于剪刀的剪裁。

2. 定稿

把设计好的草图，按作品大小相同的比例，画在一张白纸上，再用剪刀把需要粘贴的部分剪下来。注意不要破坏稿子的完整。

3. 取材

找好准备粘贴的材料，将剪下的图形复写在材料上，再把材料撕剪成型。

4. 做底色

先将作品的底衬着色或选择有色底衬（粘贴画要选择较厚的纸做底衬）。如果底衬色彩设计复杂，应按设计好的定稿在底衬上起草，然后着色。

5. 粘贴

先将粘贴图形的位置在底衬上标好（可以利用剪后的定稿来完成），再把撕剪好的材料摆放到画面上，看一下实际效果，经过调整、修改之后，将材料用胶水仔细地粘在衬纸上。粘贴时要按照先远景、后近景，先大面积、后小面积的原则来进行。

6. 全面检查

全面检查一下有没有需要补充的地方，修正好边框，题写好文字，一幅粘贴画就完成了。

（四）注意事项

- 尽量由幼儿自己创作图像。
- 一次粘贴活动中，不宜有太多种类的材料。
- 画面形象的轮廓要简单、不宜有太多的细小凹凸，形象的数量也要少些。
- 材料与底纸的颜色成对比，突出画面形象。

· 尽量利用自然物本身的形状、颜色及其他特性。

· 先确定主要的、大的形象，再补充次要的、小的形象。

· 涂抹糨糊时应注意分成小部分，一部分一部分地来进行，涂抹应均匀，不能到处乱抹。

· 除了技能上的指导以外，在粘贴中要注意培养幼儿良好的操作习惯，例如，不乱抹糨糊，保持手、衣服、用具和作品干净；剪剩的材料放入容器中；等等。①

二、粘贴画的范例

(一)树叶粘贴画

1. 树叶的采集与保存

(1)树叶的采集要先考虑其形状的变化。如多菱形的枫树叶、圆形的桦树叶、长形的楸树叶及椭圆的胡枝子叶等，都应采集，以保证图案结构的多样化。

(2)树叶的采集还要考虑颜色的多样性。

(3)树叶的采集要系列化，即每一种形状、颜色的树叶都能形成从小到大逐个渐进的序列。这样能保证制作时有充分选择的余地。同时也要收集一些花叶、花籽与梗等。

(4)采集树叶的同时要携带一定数量的吸水纸或废报纸，如果有纸张粗糙的旧书或杂志也可以。边采集边将树叶展平后摆放到吸水纸中。带回来以后用重物压紧，并且每天翻动两次，大约一周左右待树叶干透以后，分类夹放好就可以用了。

2. 树叶的选用与粘贴

粘贴前先选择适合画面需要的树叶，用镊子轻轻地夹放到画稿上去。经过精心的设计摆放，认为达到了画面要求时就可以在树叶的背面涂上胶水按照先后次序，放到预先设计好的位置上去。在上面蒙上一层薄纸后渐渐地展平树叶，放到一边待胶水干透后一幅画就完成了。注意不要重压，否则树叶容易破裂。

---

① 张念芸：《幼儿美术活动指导与设计》(第二版)，177 页，北京，北京师范大学出版社，2012。

3. 画面处理的方法

（1）一种树叶的多次利用。

利用树叶可以做很多风景、动物、器物的粘贴画。但是，一个画面的好坏，主要取决于树叶的形状与颜色的选择、搭配。同种大小、颜色不同的树叶在一起搭配粘贴能表现很多的内容。同时要兼顾树叶之间颜色的对比，色度的黑、白、灰。主体部分的色彩不宜太鲜艳，细节部分的色彩可鲜艳一些，这样交错搭配画面就比较协调。例如，准备粘贴一幅"孔雀开屏"的画面，可以选择绿色的柳树叶叠放成扇状，在孔雀屏空隙处摆放两层红与黄的柳树叶，正面放一叶浅黄色的柳树叶做孔雀的身体，用叶梗做孔雀的腿，这样，一只向每一位参观者展示自己风姿的绿孔雀就完成了。如果想粘贴一幅"葡萄"的画面，可以用大小不同、颜色不同的树叶相互叠放后形成硕果累累的画面后，由两片大菱形葡萄叶完成整幅画面。

（2）多种树叶的组合。

随着画面内容的不同，有些物体需要不同形状的树叶去完善，如，要贴一幅"金鱼戏水"的画面，金鱼的身体部分用浅色的长圆形树叶，尾巴用红绿相间的枫叶，用外层红、里层黑的花籽粘上眼睛，金鱼就惟妙惟肖了。画面下边用蕨草做水草，上边用松针模贴几条代表水平面。从画面上看，好像一条色彩斑斓的金鱼在水中悠闲自得的嬉游。

（3）花叶、花籽、花梗的使用。

花叶、花籽、花梗往往能完成很多特殊的画面，比如，想要贴一幅"小麦"的画面，主要是用草籽左右交错粘贴后用柳叶做麦叶，草梗做麦秆。给人一种颗粒饱满、丰收在望的景象。

需要大家注意的是，树叶粘贴画的季节性较强，宜选择金秋的时节，不失时机地备下充足的粘贴材料。

4. 范例：螃蟹

材料：树叶若干，白纸，胶水、棉签棒。

制作方法：

（1）整理收集来的树叶，将不平整的叶子喷水夹在书里备用。

（2）将所有可用的树叶整理好后，找出圆形的大片叶子贴在中间，做螃蟹的身体。

（3）选择材料中较大的叶子剪成 8 个长条形的"蟹腿"。用棉签棒和胶水固定于身体两旁，注意对称，保持美观。

（4）将小叶片进行组合，组合成"蟹钳"的模样，贴好即可（如图36-1）。

（二）碎布粘贴画

1. 基本知识

（1）确定一个主题，并用纸画好图样，再找一张硬纸板。

（2）根据主题所反映的内容选用相应质地的布料。例如制作夏天内容的布贴画，应选用质地较薄的布，这样才能

图 36-1

显示夏天的特征；制作小动物就需要选用质地厚的面料，如毛呢料子。并要注意选用符合画中形象特征的颜色，如树干可用青绿或咖啡色，纹理最好是直竖的线条。

（3）把事先画好的形象剪下来，正面蘸上糨糊，贴在布的反面，然后用剪刀沿形象的轮廓线剪下来，粘在底板上。再用其他颜料剪出细小的部分，同样也贴好。

（4）如果需要的话，可用彩笔添画出其他部分。

2. 范例：马

材料：色彩丰富的碎布头若干、胶水、彩笔图片（马的动态图）。

制作方法：

（1）挑选面积较大的碎布作为马的身体。

（2）将布裁剪成马身体的形状（相近的形状可不做修整）。

（3）剪出马的头部、四肢、马尾等主要部位，将碎布放在自己认为最合适的位置，整齐地粘贴，用胶水固定。

（4）用彩笔补全马的细节处（如眼睛、鼻子、马鞍等），使马更生动（如图36-2）。

图 36-2

(三)鸡蛋壳粘贴画

1. 基本知识

(1)将鸡蛋洗净，剥去内侧的薄膜，用彩笔在蛋壳外侧涂上颜色。

(2)油彩干后，把蛋壳弄成适当大小的碎块，然后按颜色分别放入小碟中。

(3)在图板上用铅笔画好草图，(不要太复杂，因为蛋壳没有办法弄成太精细的画面)用彩笔涂上颜色。

(4)在需要粘贴的部分涂满胶水(胶水、胶棒、双面胶)。

(5)用镊子将相应颜色的碎蛋壳贴在上面。

2. 范例：猪八戒

材料：蛋壳、胶棒、抹布、绿色纸板。

制作方法：

(1)在绿色纸板上画出猪八戒图案。

(2)在图案上涂上胶水。

(3)用未染色的红白蛋壳粘出基本轮廓，用染过色的蛋壳做装饰。

(4)将画倒过来，检查碎壳是否粘牢。

(5)最后用抹布小心覆盖到碎蛋壳上，将表面多余的胶水擦净(如图 36-3)。

图 36-3

(四)农作物粘贴画

1. 基本知识

(1)首先要想好画什么内容,再选择底板的颜色(如鱼类采用蓝色底板等),也可先选择各类种子,再根据种子的颜色选择底板的颜色。

(2)在选好的板上轻轻地把线的轮廓勾勒出来(最好选择粗线条的画)。

(3)各种种子都有各自的形态、色彩、肌理等视觉特征:厚重、轻薄、粗糙、细腻、鲜艳、灰暗各不相同。我们要合理地选用材料,根据画面选择合适的材料。

(4)涂胶水(用毛笔沿着轮廓涂上胶水)。

(5)选择好种子,沿着轮廓粘贴出来(如果是比较大的种子可以直接用手粘贴,如果是较小的种子可以用镊子帮忙,如果是芝麻、小米、萝卜种子等,更小的种子,也可以用撒的方法,最后用镊子或小刷子稍加整理)。

2. 范例:孔雀

材料:白胶、小刷子、绿豆、小米、黑米、芝麻、铅笔、纸板。

制作方法:

(1)用铅笔在纸板上勾勒出孔雀的轮廓。

(2)沿着轮廓刷上白胶,注意在涂胶的时候不要涂的超出轮廓太多。

(3)将选出的粮食沿着轮廓粘贴出来。

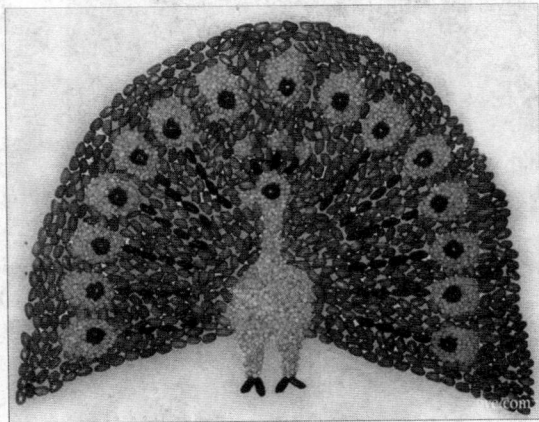

图 36-4

小结

本章介绍了幼儿园常见的粘贴画。粘贴画的材料包括底板料材和贴画材料；制作粘贴画的工具有糨糊（白乳胶）、铅笔、剪刀、小镊子、棉签、抹布等；粘贴画的制作步骤包括草图设计、定稿、取材、做底色、粘贴、全面检查并修补。本章还介绍了制作粘贴画的注意事项。

本章最后介绍了树叶粘贴画、碎布粘贴画、鸡蛋壳粘贴画、农作物粘贴画的基本知识和制作案例。

关键术语

粘贴画　　树叶粘贴画　　碎布粘贴画　　鸡蛋壳粘贴画　　农作物粘贴画

练习题

1. 请用农作物粘贴中国地图。
2. 请用碎布设计粘贴各种娃娃造型。

建议的活动

以"人类的好朋友"为题设计幼儿园教育活动，并用树叶粘贴各种小动物造型。

第三十七章　简笔画技能

第一节　简笔画的基础知识

一、简笔画的性质特点

(一)什么是简笔画

简笔画是一种简约、直观、形象、鲜明、生动的绘画形式。它的突出特点是笔画简单、生动活泼、只取形似、不计细节、简而实用、简而易学。它运用简洁的线条、笔画高度概括地状物造型，简明扼要的表情达意。简笔画不仅是一种实用性很强的通俗艺术形式，而且通过精练概括、简中求美、以少胜多的艺术思维和造型理念，广泛运用于多种艺术造型形式，给人以物质和精神的审美享受。用简笔画进行教学是一种行之有效的趣味教学形式。在幼儿园教学活动中，适当运用简笔画，能提高幼儿的注意力，调动幼儿的学习兴趣，能帮助幼儿理解语言文字，有助于培养幼儿的思维能力和想象力。

(二)简笔画教学的特点

- 简：对所画物象进行精妙的概括，图形简练，线条流畅。
- 准：形象鲜明，简不失形，概不丢神。
- 快：作图迅速、快捷、能自然的配合讲述节奏，几笔就能展现栩栩如生的形象。

· 辅助：在教学必要时才使用，充分发挥其突出教学重点，解决教学难点的特点，不喧宾夺主。

二、简笔画的基本线条与形状

线条与形状

1. 点

（1）点的种类有：细点、粗点、辅助点。

（2）点的练习（如图 37-1）。

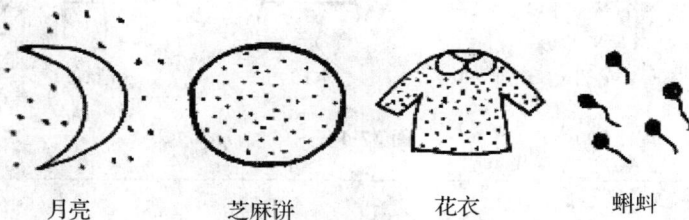

月亮　　　　　芝麻讲　　　　　花衣　　　　　蝌蚪

图 37-1

2. 线

（1）线的种类有：横线、竖线、斜线、曲线、弧线、波浪线、折线等。

（2）线的练习：先以短横、竖线逐步过渡到长的横、竖线练习，再进入到多种线的综合练习（可插入点与线的结合画，如图 37-2、37-3、37-4、37-5）。

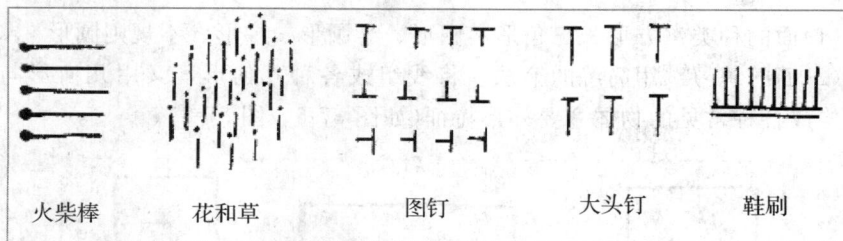

火柴棒　　　　花和草　　　　图钉　　　　大头钉　　　　鞋刷

图 37-2

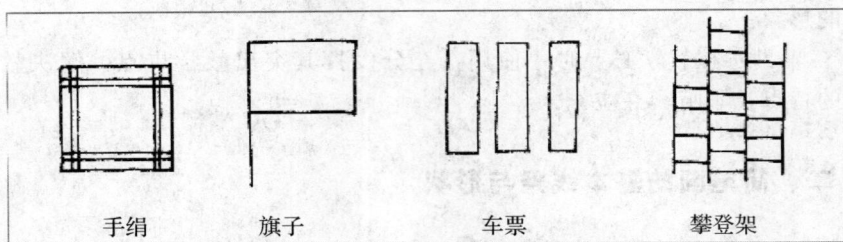

手绢　　　　旗子　　　　　车票　　　　攀登架

图 37-3

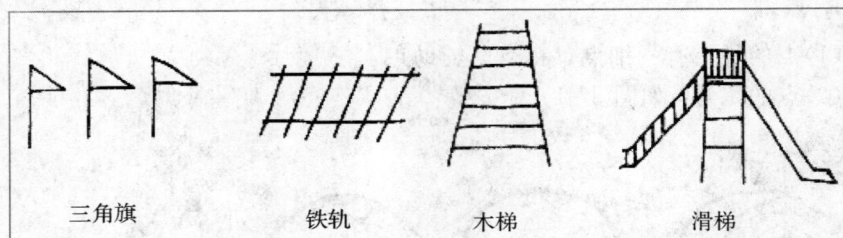

三角旗　　　　铁轨　　　　木梯　　　　滑梯

图 37-4

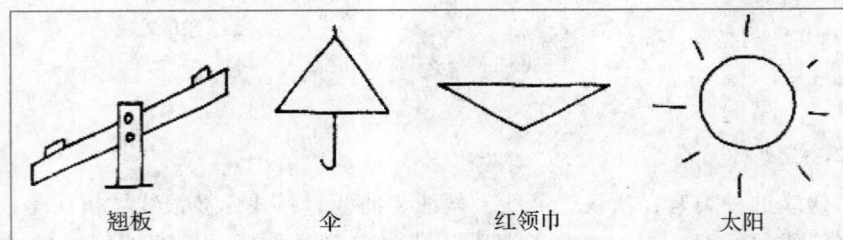

翘板　　　　伞　　　　红领巾　　　　太阳

图 37-5

3. 面

（1）面的种类：方形、三角形、圆形、半圆形、梯形、不规则圆形。

（2）面的练习：用简练的笔法，将线组成各种几何形，又用几何形与几何形构成各种常见的物体主要外形特征（如图 37-6、图 37-8）。

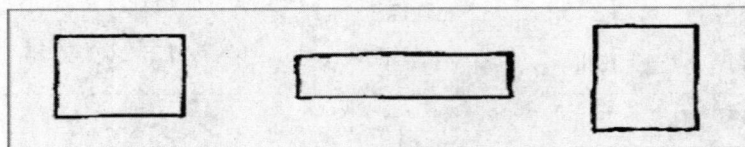

图 37-6

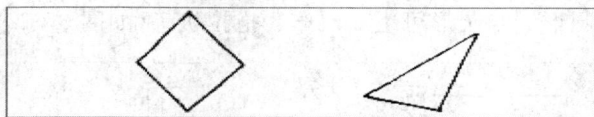

图 37-7

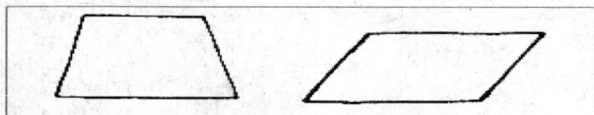

图 37-8

一条横线和一条弧线组成半圆形。两个半圆组成一个圆形(如图 37-9)。

图 37-9

长方形和梯形可组成房子。长方形、梯形、圆形可组成娃娃(如图 37-10)。

图 37-10

菱形、三角形、圆形可组成花卉(如图 37-11)。

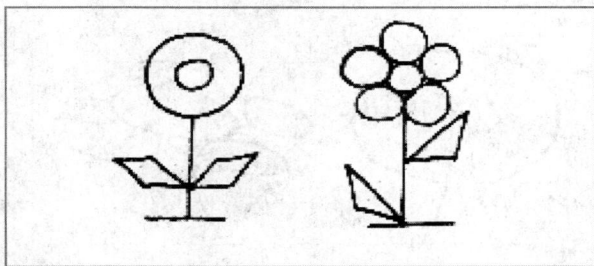

图 37-11

长方形、圆形、半圆形可组成汽车、拖拉机等(如图 37-12)。

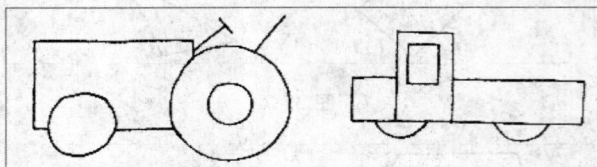

图 37-12

圆形、半圆形、长方形、三角形可组成鸟、小鸡(如图 37-13)。

图 37-13

三角形和半圆形组成的树(如图 37-14)。

图 37-14

圆形、椭圆形组成的树(如图 37-15)。

图 37-15

第二节 儿童简笔画的基本造型

一、器物类

如图 37-16 至图 37-20。

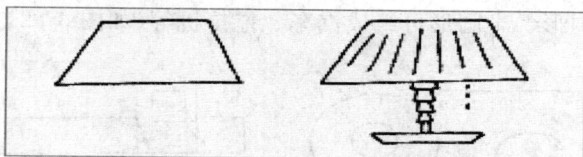

图 37-16

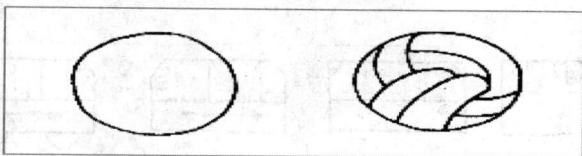

图 37-17

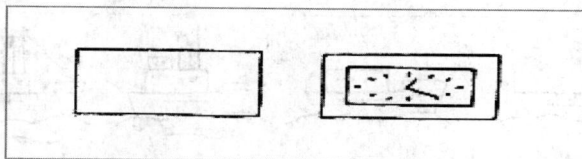

图 37-18

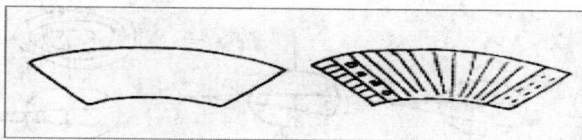

图 37-19

电扇　　　　　　灯笼

图 37-20

二、交通类

长方形、圆形、半圆形可组成汽车、拖拉机等（如图 37-21 至图 37-25）。

图 37-21

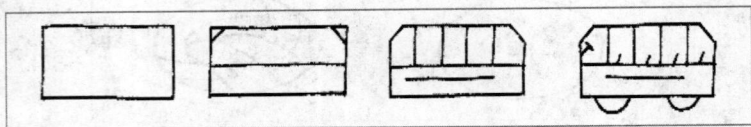

图 37-22

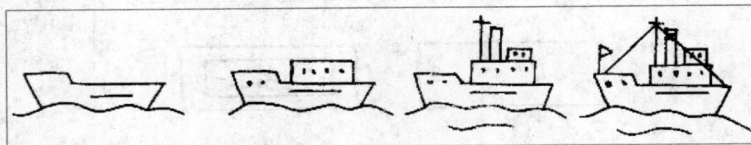

图 37-23

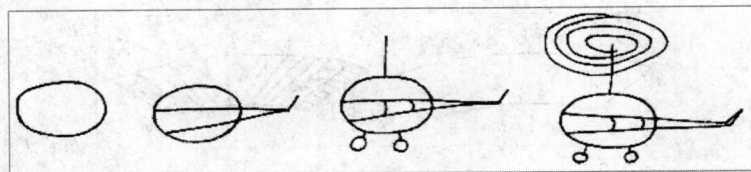

图 37-24

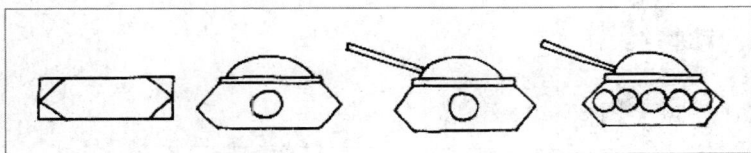

图 37-25

三、植物类

如图 37-26 至图 37-29。

图 37-26

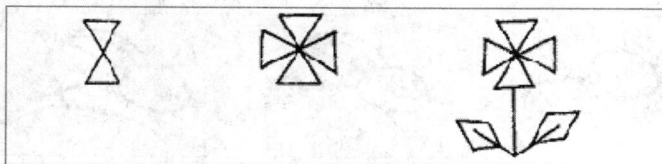

图 37-27

图 37-28

图 37-29

四、动物类

如图 37-30 至图 37-40。

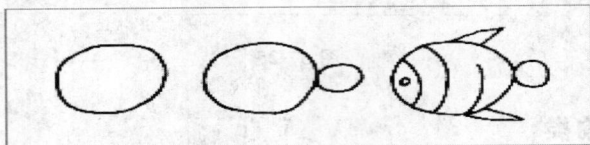

图 37-30

图 37-31

图 37-32

图 37-33

图 37-34

图 37-35

图 37-36

图 37-37

图 37-38

图 37-39

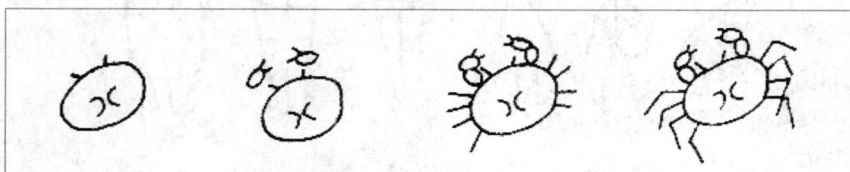

图 37-40

五、人物类

正面——五官、四肢、衣领、衣袋（如图 37-41）。

图 37-41

侧面——发型、足尖、鼻尖（如图 37-42）。

图 37-42

发型、服饰、足（如图 37-43）。

图 37-43

六、风景类

如图 37-44 至图 37-48。

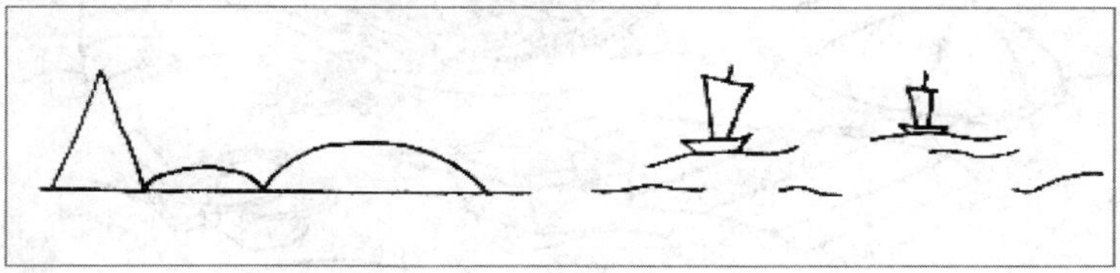

图 37-44

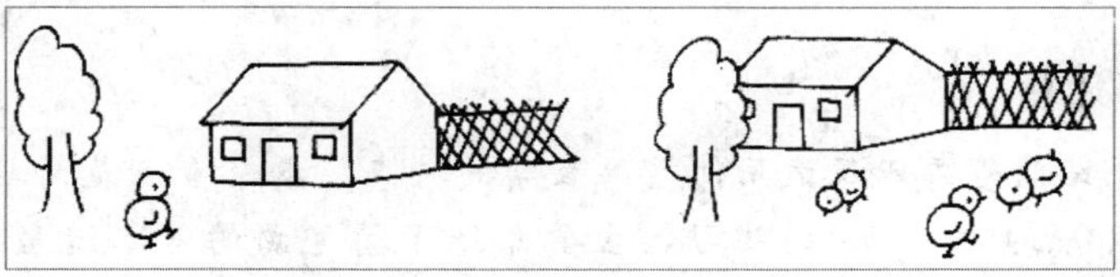

图 37-45

图 37-46

图 37-47

图 37-48

小·结

本章介绍简笔画以及运用简笔画教学的特点。本章重点是简笔画的基本
线条与形状(点、线、面)的练习,主要介绍了简笔画的基本造型:器物类、
交通类、植物类、动物类、人物类、风景类等。

关键术语

简笔画　特点　基本线条与形状　基本造型

练习题

1. 用简笔画画各种交通工具。
2. 用简笔画画各种动物造型。

建议的活动

以"认识自己"为主题设计幼儿园教育活动,并用简笔画画自画像。

第三十八章　油画棒的技能

一、油画棒及相关知识

(一)油画棒的特点与画法

油画棒是一种棒形画材，与油画颜料和水彩颜料不同，油画棒由颜料、油、蜡的特殊混合物制作而成，是一种固体颜料。这种不用媒介调和的固体颜料，非常适合学龄前儿童和低年级儿童使用，相较于彩铅、粉笔等其他固体类颜料，油画棒具有色彩鲜艳、涂色面积大、油性足、纸面附着力强等优点，也不需要混色或调色的准备工作，方便幼儿创作。

对于学龄前儿童来说，绘画活动主要是在涂色的过程中培养幼儿对颜色的兴趣，帮助孩子认识和区分不同的颜色，让孩子大胆地使用色彩，用孩子纯真的感受去表达他所认识的客观世界。因此油棒画简便易学，最适合幼儿创作。同时学画油棒画还能锻炼孩子的手脑协调能力，手部肌肉的灵活性，培养孩子的思维力、观察力和创造力。油画棒的技巧有很多，其中适合低年级儿童使用的有平涂法、侧涂法、点涂法、揉擦法、渐变法和刮画法等。

(二)色彩知识

色彩的三要素：色相、明度、纯度。

色相——指不同色彩的相貌或区别不同的色彩名称，就像每个人都有其独特的相貌和姓名一样；

明度——指色彩的明暗程度；

纯度——也叫鲜艳度、饱和度或彩度。指色彩的纯净程度。

在二十四色相环中，实线指向的是三原色红、黄、蓝。另外，红、橙、黄等系列的颜色，会使血液循环加快，明显地给人温暖之感受，所以称为暖色系统；绿色、蓝色系统的颜色，会使血液循环降低，身体产生凉爽、寒冷的感觉，所以这类系统的颜色，称之为冷色系统；紫色属于中性色，其冷暖感要视其所处的色彩环境，当它们与暖色搭配时有冷感，相反有暖感（如图 38-1）。

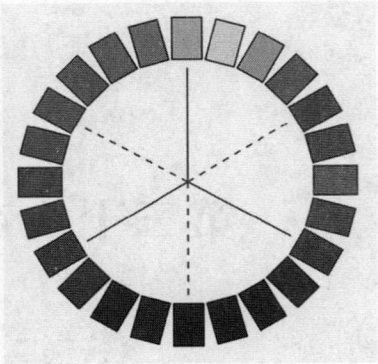

图 38-1

同类色——在色相环中，相距 45 度或者彼此相隔两三个数位的配色，为同类色关系。

同类色关系对比弱，色调主调非常明确，是极为协调、单纯的色相组合。如柠檬黄和黄绿、红和红橙等。

邻近色——在色相环中相距 90 度或者彼此相隔五六个数位的配色，为邻近色关系。邻近色属中对比效果的色组，最大的特点就是画面色调统一、和谐，又有变化；感情特征一致，如柠檬黄与橙色、红紫与紫等。

对比色——在色相环中相距 135 度或者彼此相隔八九个数位的配色，为对比色关系。对比色属中强对比效果的色组。如柠檬黄和大红、浅红和紫等。

互补色——在色相环中相距 180 度或者彼此相隔十二个数位的两个配色，是互补色关系。互补色是对比效果强烈的色组，具有刺激性、不安全感的特点，有极强的视觉冲击力。如绿和红、柠檬黄和紫、橙和黄。

二、材料与步骤

材料：油画棒、纸。

供选择的辅材料：不透明胶带、剪刀、美工刀、调色板、画笔、画刀、面巾（湿巾）、纸头（擦笔）。

步骤：

1. 起稿：起稿是决定一幅画是否成功的第一步。选择好想画的主题，可以用铅笔起稿也可以直接用勾线笔起稿（用铅笔起稿后需要用勾线笔再沿着铅笔画一遍，画好后用橡皮将整个画面的铅笔痕迹擦干净）。

2. 上色：选用与画面主题搭配的颜色，先上比较浅的颜色，再上比较深的颜色。通常都是先上主题颜色，再上背景颜色，如果遇到大的图形里有多个小的其他颜色的图形，哪个颜色比较浅就先为哪个图形上色。保持画纸的干净，常用面巾纸擦油画棒保持油画棒的整洁。

3. 整理修改：将不理想或涂到线外面的颜色用刮刀刮掉。

4. 再次勾线：因为油画棒的遮盖力比较好，所以在涂画过程中难免会把之前画好的线盖住，所以我们要用刮刀最细的部位沿着线的走向将图案重新刮一遍，刮掉线上覆盖的油画颜色。最后，再次用勾线笔将所有的线勾画一遍，一幅油画棒的作品就完成了。

三、油画棒的使用与技法

（一）平涂法

图 38-2

平涂法是孩子们最常用的一种涂色方法，平涂的要点就是颜色要均匀、饱满，但如果大面积使用同色平涂，会使颜色渐淡而造成画面单调。好的幼儿油棒画讲究色彩鲜艳饱满，填涂均匀，颜色搭配丰富（如图 38-2）。

图 38-3

(二)侧涂法

侧涂法将油画棒贴于纸面轻涂，涂抹面积大，与纸面的摩擦形成一定的肌理效果，适于用在画面大面积的背景表现上（如图 8-3）。

(三)点涂法

用笔尖接触纸面点涂。这种方法比较简单，通常要和其他的涂法结合或者对比使用，例如与侧涂法结合来表现草地，或者在大量使用平涂法时穿插使用，增加画面的变化（如图 38-4）。

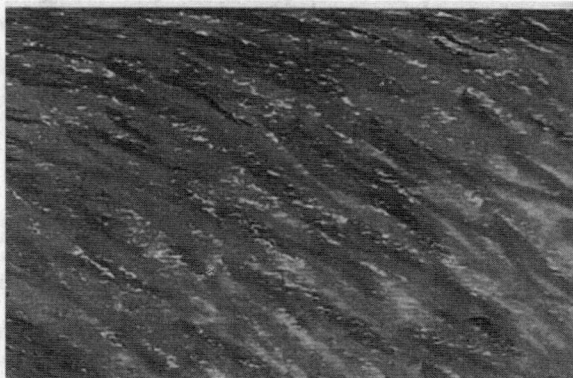

图 38-4

(四)揉擦法

在涂色的边缘进行揉擦，可以产生一种烟雾状的效果，值得注意的是，使用揉擦法要注意画面整洁（如图38-5）。

图 38-5

(五)渐变法

将相似色进行柔和过渡的一种涂色方法，需要掌握一定的色彩知识，用途广泛，画面立体感强，是很实用的一种涂色技巧（如图38-6）。

图 38-6

(六)刮画法

先涂上不同的鲜艳颜色，再覆盖一层较深的颜色，用刮画的方法刮出底色，类似于刮画的涂色方法（如图38-7）。

图 38-7

(七)综合画法

运用多种颜色组合产生丰富绚丽的效果（如图38-8）。

图 38-8

四、油画棒绘画注意事项

· 油画棒的选纸要选择有一定厚度且表面有细微凹凸的纸。

· 油画棒的材质虽然软硬适中，但在使用过程中，如果用力过度也会容易折断。如果想达到厚实分明的色彩效果，应多次反复涂抹，直至达到理想的效果。

· 在绘画过程中，一旦发现部分色彩不能达到理想效果时，应该及时用刮刀轻轻刮除纸上的颜色并重新上色。

· 在应用多层上色法绘画时，很容易将底色沾到另一种颜色的油画棒上。这时注意不能再使用上层颜色的油画棒涂抹其他画面以免对画纸造成污染。正确的做法是用卫生纸（纸巾）轻轻擦笔头，直至笔头完全恢复本来颜色。

· 使用完的油画棒要放回盒子里，不能摆放在画面上，以免造成纸张的污染。

· 年龄过小的儿童应在老师或家长的陪同下使用油画棒，避免误食。

小结

本章介绍油棒画的特点、油棒画的材料、步骤及简单的色彩知识。本章重点是油棒画的技法：平涂法、侧涂法、点涂法、揉擦法、渐变法、刮画法、综合画法等。

关键术语

油棒画　材料　步骤　技法

练习题

运用本章所学技法，创作几幅油棒画。

建议的活动

设计幼儿园教育活动"花园里面有什么"，并用油画棒作画。

第三十九章 刮版画技能

一、刮版画的基本知识

刮版画为版画的一种，并非一种创新的美术种类，追溯到远古时期的岩石雕刻、洞穴岩画等也都是刮版画艺术的前身。目前的刮版画艺术是一种源自于欧洲的古老艺术形式，真正意义上的刮版画发明可以追溯到 1850 年的英国和法国，当时主要用于商业插图的创作。由于刮版画的低廉成本、方便地使用及丰富细腻的表现形式，很快就取代了当时用于商业插图的铜蚀板画且风行一时。直到 1950 年随着摄影插图的普及而逐渐退出插画领域。

刮版画的再次兴起始于 1980 年，不过不再使用其拓印功能，艺术家直接在刮画板上创作及刮刻形成最终的作品。艺术家通过刮、擦、刻、磨、削等方法去掉刮画板表层的黑色，从而露出黑色涂层下的白色并显示出所刻画成的"具象"的画面，刮版画独特的表现形式令人感到其无比生动及震撼。

儿童彩色刮版画是一种新出现的画画方式。它的工具简便、易行，只需一张专用纸，一把木制刮画笔就可绘制。这种新的绘制方法改变了过去比较烦琐的版画制作过程，让儿童把精力完全集中在绘制、创作的过程当中。

刮版画之所以深受广大少年儿童喜爱，是因为它有一种视觉效果的转换及它的绘制过程有着很大的趣味性、创意性和技法变换的探索性。也深深地吸引着孩子们渴望求奇、求新、求知的心理，"刮版画"的学习对儿童发散思维及儿童审美素质的提高有着很大帮助，是不可缺少的一种绘画表现形式。①

二、刮版画的基本表现技法

(一)刮版画的工具与材料

1. 刮画纸

刮画纸是一种双层艺术类纸张，上层主要为黑色，下层为单色或迷彩色，刮去上层的黑色便露出下面的彩色，色彩靓丽，对比强烈，有着良好的视觉效果，深得小朋友的喜爱。专用的刮画纸可以到商店购买。

刮画纸的底层有金银激光、彩虹激光、迷彩色、单色等种类(如图 39-1)。

也可以自制刮画纸：

方法一：用家里信箱收到的各种彩色广告纸做底，上涂黑色油画棒，即可刮画。(如图 39-2)。

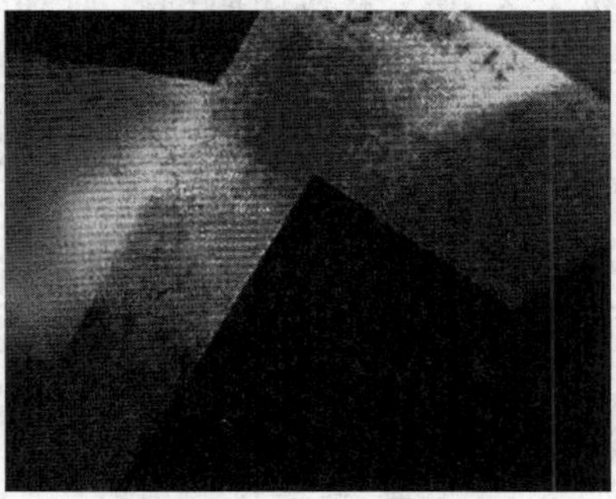

图 39-1

图 39-2

方法二：在白色素描纸上用浅色油画棒涂一遍色，可分成小块涂，面积越小最后颜色变化越丰富，把纸纹都覆盖上，涂满。然后用深色油画棒涂第二遍色，把第一遍的颜色覆盖(如图 39-3、39-4)。②

---

① 李永永：《少儿美术名师课堂丛书》，见王世平编：《版的趣味》，4 页，重庆，重庆出版社，2011。

② 同上。

图 39-3 图 39-4

2. 工具

竹笔由笔尖和笔尾两部分组成，笔尖可以刮细线，描绘细节；笔尾像大刀，可以刮出粗放的大笔触。通过不同笔触、不同线条的使用，画面层次分明，内容丰富，色调纯正。用竹笔刻画，易于表现线条和块面的视觉效果（如图 39-5）。

除了用竹笔在刮画纸上进行绘画创作以外，我们还可以用其他工具进行配合作画，丰富画面效果，如：削尖的筷子、小木棍、牙签、尺子的角、钥匙等硬物。用完水的圆珠笔、回形针等。尖的用来画细线条，更好地表现细节，扁平的有一定宽度的工具可以用来画粗犷的线条或面（如图 39-6）。①

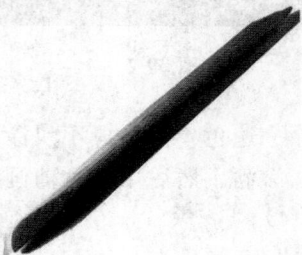 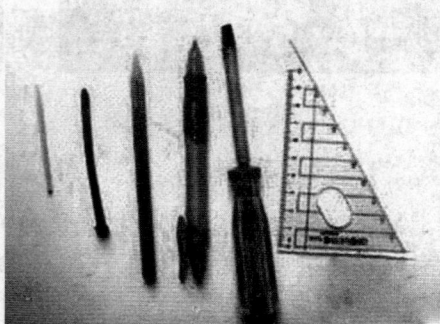

图 39-5 图 39-6

① 李永永：《少儿美术名师课堂丛书》，见王世平编：《版的趣味》，4 页，重庆，重庆出版社，2011。

(二)刮版画基本技法的练习

就像所有美术技法一样，基本的点、线条、形的练习是必需的。刮画本身就是由各种以上各项组成的，所以对于这些点、线、形的练习更要下工夫。

点：包括细点、粗点、有形点与无形点（如图39-7、39-8、39-9）。

 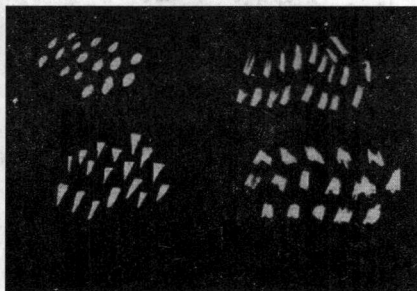

图 39-7　细点　　　　　　　　　　　　图 39-8　粗点

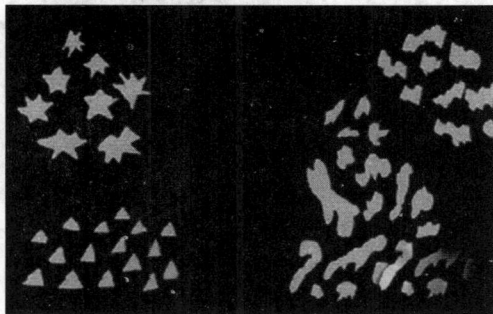

图 39-9　有形点（左）、无形点（右）

线：如图39-10、图39-11。

直线用所需工具画均匀等距的直线、斜线、横线、长线、短线、粗线、细线、上轻下重、上重下轻等有规律的直线。

曲线比直线的练习复杂而重要，触觉线条更有韵律感和流动感。我们在作曲线练习时要注意单向运笔，用力有轻有重此起彼伏。或两头轻中间重，下笔呈抛物状，有打圈圈的感觉。这样用笔可以使线条在交接和重叠时有条有序，不脏不乱，线条感觉柔和而有弹性。

图 39-10　有规律的排线

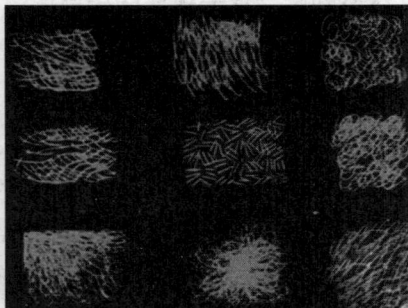

图 39-11　较随意的线

面：点或线排列和移动可产生面，面有规则的面和不规则的面，不同的面可组合成不同的形（如图 39-12、图 39-13）。

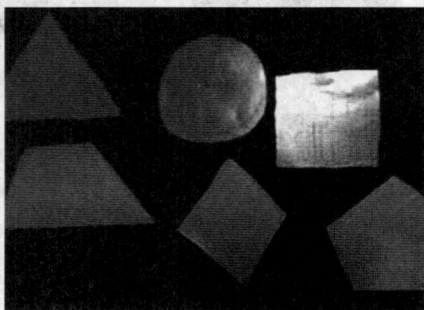

图 39-12　有规则的面

图 39-13　无规则的面

（三）图像转印

通常图像转印是用圆珠笔（或硬质铅笔）操作。方法如下：将画稿用胶带固定在刮画板上，再用圆珠笔在轮廓线上描画，这样由笔尖形成划痕不会被轻易擦掉且容易辨认，只是用的时候要确认图稿纸固定好了不会移位。这里要注意的是，不同品牌的刮画板表面的硬度是不同的，如果是初学者或是绘画水平有限的创作者，不要用颜料笔直接在刮画板上画。

（四）刮版画表现应注意的问题

· 大胆下笔，用线要肯定，不能去反复修改。

· 造型不要以像不像作为画得好不好的唯一标准，不要怕画错，有时可以将错就错，养成果断的作画习惯。

· 刮画纸不能折叠，无论是在画的过程中，还是完成了以后，都要保持画面平整、清洁。

· 为防止在刮画板表面留下污渍或手印，刮画时手与刮画板之间垫一块软布或纸巾。

· 通常较细的线条可用竹笔的笔尖部轻轻地划出，稍粗的线条仍可用笔尾部分即可。所刻线条的宽度可调节刀刃与版面的角度来变化，夹角越小，线条宽度越宽，反之亦然。

· 颜料层下面的粉末层很薄，所以在刮刻的时候注意不要太过用力而刮的太深以免刮透粉末层而露出基底颜色。

· 要经常用柔软的毛刷或软布或纸巾轻轻擦掉碎屑，以免碎屑遮盖住板面上的线条而导致刮错区域。一定不能用嘴吹掉碎屑以防碎屑被吹进眼睛，造成不必要的麻烦。①

（五）表现的一般步骤

第一，画出基本的物体形象。

第二，画出各形象的细节。

第三，对图像进行点线面处理及修饰美化。

二、范例：风车转呀转

材料：一张刮画纸、竹笔、小刷子等。

基本步骤：

1. 用竹笔在刮画纸上画出基本的人物和风车等物品的轮廓。在刮画过程中不时地用小刷子将碎屑扫去，以免妨碍作画。

2. 刻画各种主要形象的细节，如人物的头发、服饰、筐子的花纹等。同样的，也要不时地用小刷子清除碎屑以免碎屑妨碍作画（如图 39-14）。

3. 对图像进行进一步的装饰美化处理。在图上刮刻树、地面纹理等（如图 39-15）。

4. 最后丰富画面完成作品（如图 39-16）。

---

① 李永永：《少儿美术名师课堂丛书》，见王世平编：《版的趣味》，4 页，重庆，重庆出版社，2011。

图 39-14   图 39-15   图 39-16

小·结

本章简单介绍了刮版画及其特点、刮版画的工具和材料等。本章重点是刮版画的基本表现技法练习：点、线、面，本章最后介绍刮版画的一般制作步骤及案例。

关键术语

刮版画   工具   材料   表现技法   步骤

练习题

练习刮版画的基本技能。

建议的活动

请以"我们的幼儿园"为主题设计教育活动，并创作一幅刮版画。

第四十章　幼儿园其他创意美术技法

一、印拓

印拓是一项古老的技艺。严格地说，印和拓是两个概念。印，是用印章等浮雕物蘸上印油压盖在平面材料上，印出痕迹，形成图画。拓，是在刻铸有文字或图像的器物上蒙一层纸，捶打后，使纸凹凸分明，涂上墨，显出文字图像来。印出的图形和拓出的图形有一个很重要的区别，就是印出的图形与原件，即印章上的图形方向相反，呈镜面效果；而拓出的图形则与原件上图形的方向一致。但是，印和拓又有一个非常重要的共同点，就是它们都能够复制形象。这是这两项技艺得以留传并演变发展的原因。

印拓不适于描绘细节和呈现细微的层次过渡，但是在表现物体的大轮廓和结构上能产生强烈的效果。所以，一般来说，印拓绘制的形象简洁分明，视觉效果强烈。印拓的这一特点与幼儿绘画造型特点十分一致，因此，幼儿理解和掌握这一技法较容易，作品也能保持印拓的原有味道。此外，比起通常的绘画，印拓过程中的工具材料、操作的环节要多一些，造型相对简单，操作相对量大，这正好适应了幼儿好动、喜欢摆弄物体的特点。印也非常容易让幼儿联想到自己的感知经验，把印章在印台上按一下，再印到纸上，孩子们由此想到他的指印、在雪地中留下的脚印、泥泞道路上的车辙。通过不断地重复自己做的花纹，他们还体会到"重复、节奏、连续图案"等初步的美学规律的含义。尤其对于低幼儿童，印拓更是一项有趣、有益的活动。

(一)印

1. 印法与步骤

一般来说，完成一幅印制品要经过三个步骤：第一步是做一个类似于浮雕的印章，比如找一块马铃薯，在上面刻出图案，也可以用橡皮或塑料泡沫板；第二步是把做好的印章在印台上蘸一点印油或颜料，也可以用刷子蘸上颜料，涂在印章的表面；第三步是把印章按到纸上，移开印章后，纸上就出现了印痕，也就是要印的图形。

2. 印的材料

（1）印章。

印可易可难，适合各年龄的幼儿。幼儿初学时，可先不做印章，直接用手印。当幼儿掌握了印的基本程序之后，选一些小的物件作为印章，如小瓶盖、积木块、橡皮等，利用这些小物件原有的形状印出色块，稍加组合即可印出很好看的图案和形象。当幼儿较熟练的掌握了印的步骤后，可以自制印章。开始时，只需对印章材料的外轮廓作些修整，如将蔬菜切开，利用切面印出印记；进而把马铃薯切开，把切面的轮廓切削成其他形状，最后，才是在印章的面上进行刻画，做出真正的浮雕印章。

（2）印台。

教师需要为幼儿准备简易的印台，也就是能自己灌注印油的那种。一个印台一种颜色——黑、红、蓝、绿、紫。这样，孩子才有可能进行广泛的设计。幼儿用的简易印台比起一般成人用的印台要大许多。做一个颜料印台大约需要 6 层餐巾纸，或两三层毛巾布。把它们用水润湿，平铺到一个浅盘中。用之前，在印台上注入水粉颜料，用刷子抹开，面积有印章那么大即可。孩子每印一次，在印台上蘸一下，有时中途需要补充一些颜料。

（3）纸张。

用来印画的纸可以是各种各样的，颜色纸、白纸都行。如果要印油印，最好不用渗透性太强的纸。彩色墨水、颜料以及墨的印制效果都不错，各有各的特点。在布上印时，可以使用油印或是用丙烯颜料。在深背景上印白色的图形，更有特色。

3. 印法巧用

印的方法很多，也很灵活。可以在一张画纸上印一个单独完整的图形，经过裱贴成为一幅作品。也可以把一个图形重复多次，形成连续的图案。在幼儿园中，可以几个孩子各用一块材料，刻上小虫、汽车、房子之类的，然后，大家在一大张纸上印，形成一幅"壁画"。印之前，先拟定一些标题，比如，公园中的花朵和昆虫、在高速公路上奔驰的小汽车和大卡车、丛林中的动物、动物园等。大家围绕标题创作各自的印章。

印画可用做便笺、贺年卡、画册的插图、封面。连续印出的图案可以做盒子、纸筒的包装，还可以做书皮纸。

(二)拓

1. 底样

拓，首先需要一个底样，上面有凹凸的图形。和印一样，拓的底样制作可简可繁，可易可难。最简单的方法是选现成的材料作为底样，只要材料上的凹凸基本等高，在一个平面上就可以，如硬币、积塑片，还有树叶，是非常好的拓画材料。树叶的曲折轮廓和细密的纹理，经过拓，可以清晰地显现在纸上。自制底样简单的方法是，随意剪一些纸块，或将剪纸剩下的碎纸，分散粘在画纸上，这样拓出来的画好像是抽象作品。如果将纸块拼摆出形象和图案，可以拓出再现和装饰性的作品。用民间剪纸的方法，可以剪出复杂、漂亮的底样。

2. 拓法与步骤

拓的步骤是这样，把选好的底样放在平滑的桌面上。覆一张稍薄、韧性好的画纸在底样上。把普通铅笔或彩色铅笔、蜡笔、油画棒放倾斜，在画纸上横向来回涂抹。这类笔在涂抹时，由于遇到纸下面图样的边缘处受阻，会留下较多的颜料，形成相对较深的笔痕；于是，随着涂抹，底样的轮廓会渐渐地呈现出来，形成拓画形象。

总之，把拓印应用于幼儿美术中，可以产生丰富多彩的活动。每当幼儿看到印出的作品时，他们都会很惊喜，同时，他们也会发现能印出的图案是无穷无尽的。简单归纳一下，幼儿拓印可分为这样几类：手印、现成的材料印、自制印章印、趣味印与拓。[①]

范例一：　蔬菜印章画——五彩花树

材料：纸张、大小不同的青椒、土豆、黄瓜、小白菜等。

---

① 张念芸：《幼儿美术活动指导与设计》(第二版)，194 页，北京，北京师范大学出版社，2012。

基本方法：

（1）将青椒纵向切开分成两到三份；把土豆刻成不同大小的叶子形状；把黄瓜横向切成若干段；小白菜一刀把根切下来备用，注意留一些菜帮在根上；将其他蔬菜按照自己的兴趣进行处理做成印章备用。

（2）用大青椒蘸取棕褐色的颜料在纸上印出树干。

（3）用小些的青椒蘸取棕褐色颜料在树干上印出若干树枝。

（4）取土豆做成的叶子印章蘸取绿色颜料，在树枝上印出叶子。

（5）重复第三步，给大树的所有枝丫都印好树叶；注意要留出花朵的位置。

（6）添加花朵，用小白菜根和黄瓜蘸取不同颜色的颜料，在大树的适当位置印出小白菜根的痕迹—花朵；还可以将黄瓜放置一段时间，等黄瓜截面失水发蔫之后当印章使用，效果非常好。

（7）利用其他蔬菜印章依自己的兴趣、喜好给图画做适当装饰。

（8）再给图画添加线条等，如可以给图片画上白云、小鸟、青草、太阳。即完成作画。

范例二： 硬币拓印画——存钱罐

材料：硬币、纸张、彩色铅笔等。

基本方法：

（1）在纸上画一个小猪存钱罐。

（2）要把硬币放在小猪存钱罐下面。

（3）接着中指和食指分开按住，固定好硬币。

（4）侧握手中的彩色铅笔在纸上由轻到重涂印出来。

二、吹画

吹画又叫吹墨画，是作画形式中的一种。顾名思义，吹画是将墨汁或某种颜色的颜料沾一些在纸上，用嘴吹来代替画笔作画。它不仅非常简单易学，而且作画过程也趣味盎然，与此同时，画者可以根据自己的创意喜好等即兴地作画。吹画可以产生意想不到的效果，这也是许多人喜爱它的原因。

首先要有一张纸，能让色彩在上面流动。

其次是颜料，应该是液体的，或者调制成液体，把颜料滴在或泼在画纸上。

一般线条都是用吸管来吹墨珠，用嘴直接吹墨珠也行，但没吸管均匀，还可利用一些工具，像牙刷，刷子之类的，用刷子沾好墨水，来吹出一些特殊效果，如大面积的背景。

范例：　墨梅

材料：一张白纸、吸管、黑色墨水、红色墨水、纸巾等。

基本方法：

(1)将白纸平放在桌子上，在白纸底端滴一滴黑色墨水。注意别滴到桌子上。

(2)拿吸管轻轻对准纸上的墨滴吹，注意不要太用力。

(3)调整纸张方向或是吸管末端与墨滴的位置，继续吹气。

(4)重复第三步，最终吹出梅花树的枝干。

(5)把纸巾卷成适当粗细，蘸取红色墨水，零星点在梅花树的枝干上。

(6)适当装饰图画，即完成作画。

三、线描画

(一)线描画的基本知识

线描画用线条的变化来描绘对象及其形体结构的绘画方式，是最古老、最原始的一种绘画方式，也是我国传统绘画的方式之一。儿童线描画是用单线单色去描绘物体进行绘画创作的一种儿童美术绘画方式。儿童先描画也可称为儿童素描画。以单线条来描写所看到的物体．虽说线条单一，没有色彩那么丰富，但也可谓单一中有千万之变化。

儿童线描的造型特点，具有游戏性、随意性、象征性和装饰性。用具象和抽象结合，装饰与构成结合，通过线形的排列、组合对儿童进行美的感性训练，使他们掌握线描的基本功。

(二)儿童线描画的创作步骤

1. 构思

儿童线描画创作一般有命题，在命题的形式下先考虑画面需要出现的内容，在脑海中安排好这些内容的位置，由于儿童线描画创作需要较长时间，一幅画一般需 6～8 课时完成。作画时，可先画主体，再画背景(先画人物，再画背景)；也可以分区间进行小幅画画，最后组合成一幅完整的画面。

2. 构图

根据构思的内容进行构图，用铅笔轻轻起草，勾画轮廓，注意抓住物体的外形特征。

3. 填充

大轮廓画好后，直接用钢笔勾勒轮廓，刻画细节，填充各种基本线条和各种图案（如人物服饰等），也可以进行黑白处理。填充线条时要根据物体的质感、肌理和色彩应用线条的粗细、疏密、方向、形状的变化来表现。

线描画有时会因为线条太多使得物体与物体之间混淆，层次不清，拥挤不堪，这时可进行适当的点或黑白处理（点点要随意，涂黑要匀称）。增添物体与物体之间的层次感，使画面疏密有致。

4. 整理

整幅画完成后，再权衡一下形象特征是否准确，形象与实物是否吻合，布局、位置是否合理，形象的关系、虚实是否协调等，进行必要的修改。

5. 注意

在学员初次接触线描画时，应先从画简单线条开始（如图 40-1）。

然后再凭想象画树叶等一些简单的线描画（如图 40-2）。

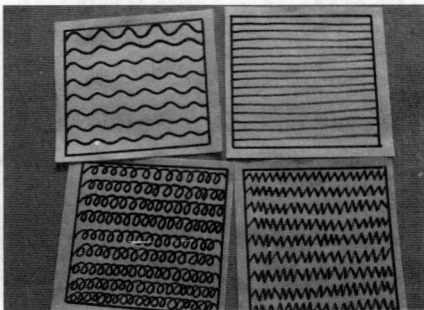 

图 40-1   图 40-2

四、手指画

(一)手指画的概念

手指画，又称指画、指头画或指墨，就是以手指代笔，蘸墨或着色，在纸或绢上作画的一种艺术样式。它源于笔画，是中国画里的一个特殊画种。

儿童手指画，发端于当今世界上备受推崇的意大利瑞吉欧儿童教育体系。儿童手指画具有独特的艺术魅力和早期启蒙的神奇效果，在短短的三十年流行欧美，成为欧洲家庭儿童游戏和幼儿园教育不可或缺的组成部分，故有"在欧洲，每个孩子的第一张画都是手指画"的说法。

儿童手指画是儿童早期教育的重要活动之一，它是指幼儿直接用手(包括指尖、手指、手掌、手背、手侧)蘸取适当颜料，在纸质平面媒介上进行指印、掌印、涂鸦等形式的艺术活动。和其他绘画方式相比，手指画几乎不需要任何技法学习即可进行创作，在孩子最富有创造力和想象力的阶段，彻底摆脱成人绘画技法的拖累和束缚，直接用自己灵巧的手指和色彩表现对客观世界的印象和内心情感，这是其他任何一种画法都无法比拟和替代的。

(二)手指画的特点

由于手指画所用工具不同，有它的局限性，同时，亦是其奇谲之处，成就了其自身的特立独行之处。

1. 线条独特

指画在画线画点方面，一般都是指甲指肉并用，落指是圆的，收指也是圆的，线条边缘处自然形成斑驳的质感，又因指头不能过多蓄水，长线全由短线相缀而成。因此每条线的画成，往往似断非断，似连非连，似曲非曲，似直非直，或粗或细，极为自然，这又是毛笔难以达到的。

2. 墨色独特

指头不能像毛笔一样含多量的墨和色，很快从指尖流淌下来，不能像毛笔笔尖出水那样慢，故用墨用色往往不是太湿就是太枯。然而，也极易于发挥枯墨法、焦墨法、泼墨法和误墨法等特点，把用墨用色效果推到极致。

3. 表象独特

独具特色的线条和特点鲜明的墨色，使指下所表现出来的物象可以达到似生非生，似拙非拙，似是而非的意想不到的效果。往往是神到形不到，韵到墨不到。

4. 构成独特

指画创作也讲究点线面，但在点线面的结合上，不能像笔画那样融和、匀净、自然、顺畅，但它形象突兀、构图险峻、对比强烈的构成特点，突破了笔画的程式化，令人耳目一新。

(三)儿童手指画的作用

幼儿由于生理体征发育还没有完成，肌肉的发育还处于不平衡阶段，手的动作还比较笨拙，适当的手部锻炼，可以帮助他们更好地锻炼自己，从而有效地开发他们的手部灵活性。

以手代笔、蘸取颜料在纸材上印压、涂抹等动作，直接拓展了幼儿对不同材质的认知和触觉体验，丰富了幼儿的事物感受视野。

在幼儿成长阶段，良好的绘画涂鸦环境不仅能够轻松自然地培养他们的艺术潜能，更重要的是可以促进他们的大脑智能、手眼协调能力、观察力、专注力等方面的发展。

儿童手指画作为幼儿绘画的一种表现形式，更能让他们充分地表达自己的内心世界，使他们借绘画表现、舒展自己内在的意愿和情感，从而培养他们健康的情感世界和陶冶美的情操。艺术并不神秘，它来自我们的生活，表达着我们的世界。

(四)儿童手指画所需的材料与方法

材料：手指画颜料、海绵印台、调色板、纸工作围兜和袖套。

基本方法：

(1)蘸颜料，注意在蘸颜料或印泥时要均匀。

(2)按图形，注意按图形时要力道适中，不要过轻也不要过重。

(3)添画，添画时要尽量发挥自己的想象力，不用拘束。

(五)儿童手指画的基本技法

1. 点触法

手指尖蘸色后在纸上点触，画出的是圆点形图样，适合画小花和人、动物的眼睛以及类似的形象(如图 40-3)。

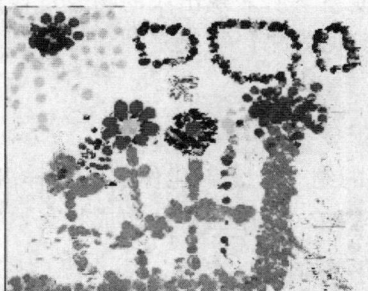 

图 40-3　　　　　　　　　　　　　　图 40-4

2. 平按法

手指的螺纹面蘸色平按在纸上，画出的是椭圆形图样，适合画气球或人、动物的身体以及类似的形象（如图 40-4）。[①]

3. 拖画法

手指头蘸色在纸上拖动，画出的是粗线条，适合手指涂鸦和手指画大形体形象创作（如图 40-5）。

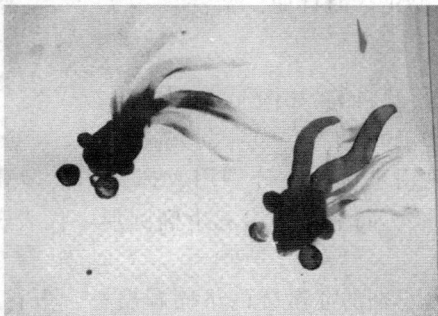

图 40-5

4. 笔触法

用手指头蘸色，像画笔一样一笔笔短而快地在纸上涂抹，适合手指涂鸦和背景涂抹（如图 40-6）。

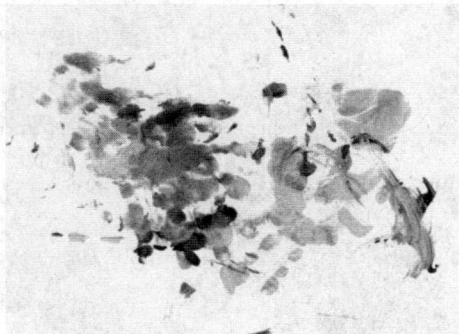

图 40-6

[①] 【美】艾德·安柏利：范晓星译，《跟着安柏利大师学画画：我们来画拇指小人》（第一版），5 页，上海，少年儿童出版社，2011。

5．其他

还有用手指的侧面、指甲、手掌、手掌侧面等部位画出更富于变化的图样，多见于成人创作中，教师也可示范，让孩子勇于尝试更多的技法。

(六)注意事项

· 选用无毒、无害的颜料。

· 在幼儿蘸颜料之前，可先在他的手上涂上一层护手霜，这样颜料就不容易伤害到幼儿的皮肤，而且便于清洗。

范例：　蛋卷冰激凌

材料：白纸、手绘颜料等（如图40-7）。

基本方法：

(1)将所需的颜料用水调好。分别用大拇指、食指和小指的指头肚儿蘸上不同颜色的颜料，依次向上，印出三个椭圆形，代表三种不同口味的冰激凌（如图40-8）。

(2)用彩色水笔在印好的冰激凌的下面画出一个蛋卷儿（如图40-9）。

(3)最后在冰激凌上画出几条线，蛋卷儿冰激凌就完成了（如图40-10）。

图 40-7

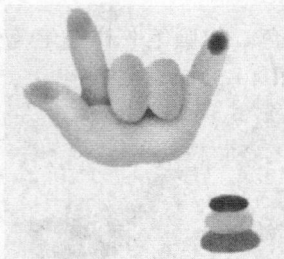

图 40-8

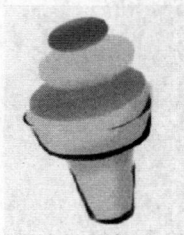

图 40-9

图 40-10

小·结

本章介绍幼儿园的一些美术活动，包括拓印、吹画、线描画和手指画。本章比较详细地介绍了印的步骤，印的材料（印章、印台、纸张）；拓的方法与步骤；吹画的基本知识和范例；线描画的基本知识和创作步骤；手指画的概念、手指画的特点、儿童手指画的作用、儿童手指画所需的材料与方法、儿童手指画的基本技法（点触法、平按法、拖画法、笔触法）、注意事项及案例。

关键术语

拓印　吹画　线描画　手指画

练习题

1. 请用蔬菜制作一幅印章画。
2. 请自由创作一幅吹画。
3. 请以风景为主题创作一幅线描画。

建议的活动

1. 请以"春天的小蝌蚪"为题设计幼儿园教育活动，并作一幅手指画。
2. 以"有趣的指纹"为题设计幼儿园教育活动，并用手指作画。

第四十一章 废旧材料制作技能

一、废旧材料的定义与类型

"废"，在《现代汉语小词典》中有"不再使用，不再继续；没有用的或失去了原来作用的"；"旧"，指的是"过去的，以前的，过时的，因经过长时间或经过使用而变色或变形的"；从上面的解释看，"废旧材料"可以理解成已经不被大家所需要的、废弃了的物品。

在幼儿园里，我们所认同的废旧材料是来源于大家的日常生活中的那些无毒、安全并且通常可再生的废物和旧品。废旧材料制作是利用废品和旧物，通过发挥主观能动性，建构出具体的立体形象的活动。

废旧材料在日常生活中十分常见，它的种类很多。

一位美国的著名玩具博士斯泰芬妮·奥尔巴特将幼儿园使用的废旧材料分为：

(1)建筑用的材料：如砖块、沙子、螺栓、纤维板、废木材。

(2)缝纫用品：如带子、扣环、手套、袜子、帽子、饰物、花边(范例一)。

(3)各种盒子：如礼品盒、帽盒、冰激凌盒、塑料盒、鞋盒(范例二)。

(4)废布料：如粗麻布、棉布、帏帐、毛毡、天鹅绒(范例三)。

(5)美发用品：如发夹(范例四)。

(6)家具用品：如瓶盖、废地毯片、绳索、蛋壳、衣架、包装材料、旧轮胎(范例五)。

(7)家务用品：如瓶子(不易破碎的)、杂品袋、牛奶箱(范例六)。

（8）废纸品：如硬纸板、卷轴、报纸、餐巾纸、纸盒子、吸管、包装纸（范例七）。

二、废旧材料的基本制作技法

串联——从物体的中间穿过。

弯曲——将纸卷曲，成为圆柱体、圆锥体等的方法；常有的弯曲有三种：一是用圆木棒或笔把纸卷在上面，使纸定型，放开后在纸卷内垫衬物体，再把它按压黏合；二是用手拿住纸的两边在桌边棱角上来回拉动，使纸弯曲再黏合；三是把较小的纸放在手掌上，用铅笔刮、压使之弯曲。

连接——用糨糊等将物体连接，用乳胶可以黏合木、竹等自然材料。布制品可以用针缝合。纸板、纸箱可以用胶带或订书钉黏合。橡皮泥有时也可以用来黏合比较轻便的物体。

渍染——将折好的纸插入染出。

点染——用笔蘸色点在纸上。

三、废旧材料制作的特点

(一)废旧材料丰富、易得

生活水平的不断提高为废旧材料的丰富性提供了物质基础。废旧材料多来源于日常生活，如各种包装纸、空的饮料瓶、果壳等，便于被幼儿所理解和接受。教师应引导幼儿学会做生活中的有心人，去发掘可利用的废旧材料，也要鼓励家长和幼儿一起参与到收集废旧材料这个活动中来。

(二)废旧材料制作是一种多样式操作活动，能很好地开启创造能力

1. 多角度感受

对于同种废旧材料，教师可以引导幼儿进行多角度观察。比如一张不规则的纸片，通过多次转动，启发他们根据不同的形状进行多种联想。

2. 组合想象

在具体利用废旧材料进行创作时，一种材料有时候很难想象，但把它们组合在一起时或许会发现很多灵感。比如把一个个火柴盒拼接起来组合成一张桌子。

3. 随意剪裁

教师不去限制幼儿的动手操作，他们的自主探究意识就会更强。通过教师的引导，使幼儿在体验材料的过程中，随意造型，充分融入自己的意象，使艺术表现丰富而多样，也培养了幼儿的创新思维。

(三)教育意义与实践能力结合

鼓励幼儿自己去收集各种废旧材料，锻炼他们的动手实践能力，然后老师对他们收集的废旧材料进行分类展示，还可以起到教育幼儿节约资源，绿色环保的目的，可谓一举多得。

范例一：小·熊

材料：袜子 2 双、装饰珠、丝绵。

工具：剪刀、针线。

制作步骤：

(1)把袜子剪成上中下三部分，制作小熊娃娃的头部、手臂(如图 41-1)。

图 41-1

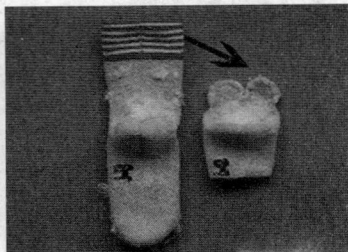

图 41-2

(2)如图把袜口部分制作成小熊的身体部分(如图 41-2)。

(3)把袜子翻到正面缝制小熊的尾巴(如图 41-3)。

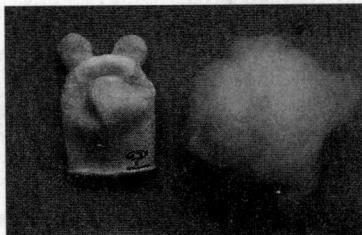

图 41-3

图 41-4

（4）袜口的封口缝制（如图41-4）。

（5）小熊娃娃的头部和下半身基本做好（很像米奇头吧），剪下的袜子口部分备用（如图41-5）。

图 41-5

图 41-6

（6）把袜口部分缝制在头部（和下半身）一半位置（如图41-6）。

（7）把袜口的顶端剪开，分成两小部分（如图41-7）。

图 41-7

图 41-8

（8）填入丝绵，缝好口，制作成小熊的手臂、尾巴和鼻子（如图41-8）。

（9）把上下两部分进行缝合，其实小熊就是两个相同的米奇头拼接在了一起（如图41-9）。

（10）缝制装饰珠制作小熊的眼睛，剪咖啡色小圆布缝制小熊的鼻子（如图41-10）。

图 41-9

图 41-10

范例二：小鸟的家

材料：牛奶盒、丙烯颜料、胶水、装饰花。

工具：剪刀、美工刀、小颜料刷。

制作步骤：

(1)把牛奶盒的两边侧翼折起，上半部分裁剪出一个圆，把外面的装饰包装刷上丙烯颜料(如图41-11)。

(2)给牛奶盒刷上自己喜欢的颜色(如图41-12)。

 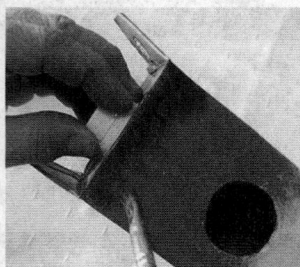

图 41-11   图 41-12

(3)准备纸壳，剪出小方形和箭头形长条(如图41-13)。

(4)根据牛奶盒的宽度剪出长方形纸壳，从中间折叠做出屋檐(如图41-14)。

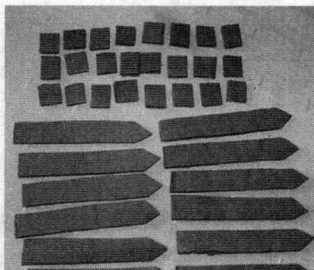 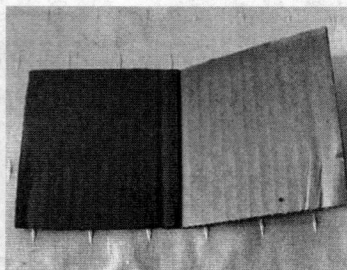

图 41-13   图 41-14

(5)这个为前部和后部的屋顶的中间部分(如图41-15)。

(6)装饰花的制作(如图41-16)。

图 41-15

图 41-16

（7）把剪下的房屋组成部分涂上颜色（如图 41-17）。

（8）把屋檐的屋顶的组成部分粘贴在一起（如图 41-18）。

（9）在牛奶盒的三角侧翼上涂上胶（如图 41-19）。

（10）把屋顶粘贴在牛奶盒的侧翼上（如图 41-20）。

图 41-17

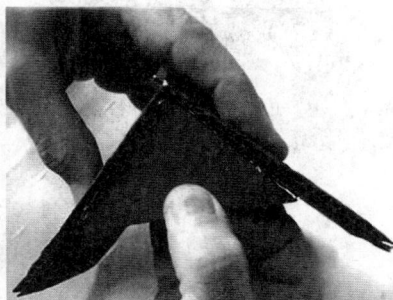

图 41-18

图 41-19

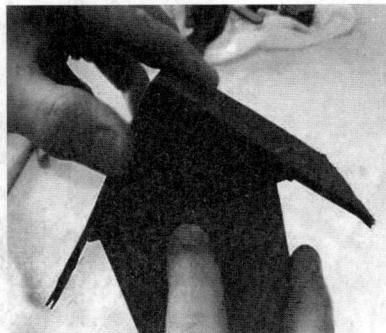

图 41-20

(11)正面屋顶的粘贴(如图 41-21)。

(12)在上半部分粘上装饰花(如图 41-22)。

图 41-21

图 41-22

(13)房子外围围栏的制作,先粘贴竖条(如图 41-23)。

(14)转角处的围栏,要稍微弯折一下涂胶(如图 41-24)。

图 41-23

图 41-24

(15)外围围栏完成图(如图 41-25)。

图 41-25

图 41-26

图 41-27

（16）牛奶盒里面放上装饰小鸟，围栏上放上装饰花（如图41-26）。

（17）牛奶盒制作小鸟装饰屋完成（如图41-27）。

范例三：　布艺储物盘

材料：碎布头。

工具：剪刀、针线。

制作步骤：

（1）准备一些碎布头。剪成正方形，尺寸可以根据自己需要来定，如果想做很大的储物盘，可以在布里加衬或者选择纸板来增加底部的硬度（如图41-28）。

（2）将布正面相对，缝合四周，要留返口。四个边剪一下，这样翻过来的角会很平整（如图41-29）。

图 41-28

图 41-29

（3）翻到正面，缝合返口，确定好底部大小后，再缝合一圈把两层布固定起来（如图41-30）。

（4）最后把四个角分别捏起来缝合（如图41-31）。

图 41-30

图 41-31

范例四：布艺发夹

材料：发夹、格子布由大到小三块（如图 41-32）。

工具：面胶一个、万能胶一个、剪刀。

制作步骤：

（1）在最大的那块布中间粘上双面胶，对折粘牢，然后，在布的中间再粘上双面胶（如图 41-33）。

（2）把它们对折黏牢，中间大小的那块布做法相同（如图 41-34）。

（3）用铁丝从中间扎成蝴蝶结，两个叠加起来，再用铁丝扎紧（如图 41-35）。

（4）最小的那块布上粘上双面胶，再对折，把小布条抱在铁丝位置并固定（如图 41-36）。

（5）最后，用胶水把发夹跟蝴蝶结粘好（如图 41-37）。

图 41-32

图 41-33

图 41-34

图 41-35

图 41-36

图 41-37

范例五： 趣味算盘

材料：瓶盖 100 个、长竹签 10 根、薄木板。

工具：铁锤、铁钉。

制作步骤：

(1)先用铁钉和铁锤将瓶盖中心打眼。

(2)用长竹签将瓶盖串好，每根竹签十个瓶盖。

(3)找两块儿长条形木板，计算好竹签间的最佳间距，将木板上打出十个等距的孔。

(4)将竹签和木板再次固定。

(5)完成作品(如图 41-38)。

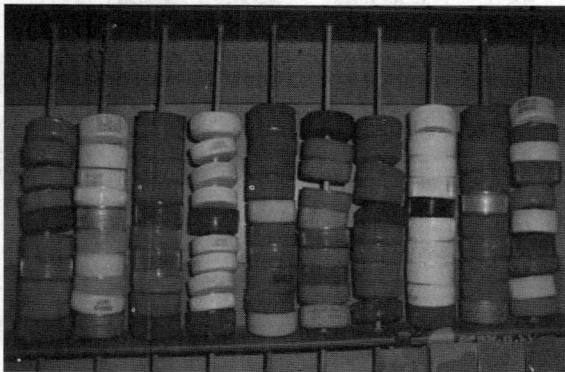

图 41-38

范例六：小鼓

材料：铁盒、布料、皮革、绳子。

工具：打孔器、剪刀、万能胶。

制作步骤：

（1）根据铁盒侧面大小裁剪出布艺，涂上胶，粘贴在铁盒表面（如图41-39）。

（2）根据铁盒的大小在旧皮革包上画出圆（如图41-40）。

 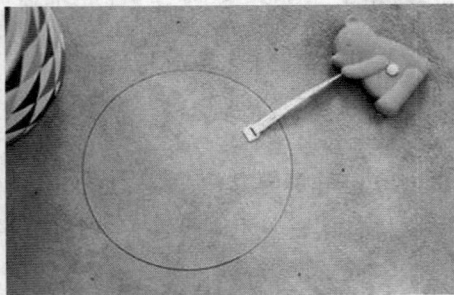

图 41-39   图 41-40

（3）以圆为中心，边缘多剪出2厘米，并在边缘打孔（如图41-41）。

（4）绳子穿过皮革的孔，鼓面制作完成（如图41-42）。

 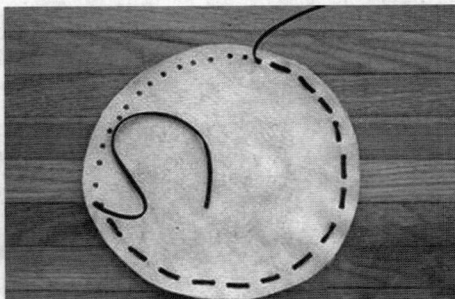

图 41-41   图 41-42

（5）把两个面用绳子以波纹状固定在一起（如图41-43）。

（6）铁盒废物利用制作小鼓完成，你可以用布艺包裹木棍制作成鼓棒（如图41-44）。

图 41-43

图 41-44

范例七：　小鱼装饰墙

材料：不同颜色的纸盘。

工具：胶、剪刀、颜料、记号笔。

制作步骤：

（1）纸盘涂上自己喜欢的颜色，等待颜色干燥，从圆形的纸盘的中心位置上切出一个三角形（如图 41-45）。

（2）从背面把剪下的三角形贴到缺口圆形的相对位置（如图 41-46）。

图 41-45

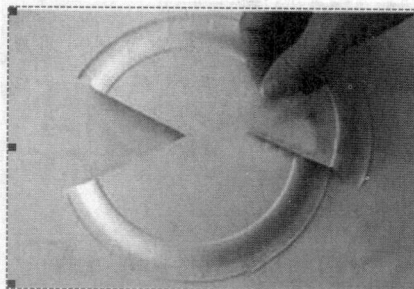

图 41-46

（3）用黑色记号笔画出鱼的眼睛（如图 41-47）。

（4）这样鱼的形状就出来了，只需要用彩纸再装饰一下，给鱼戴朵漂亮的花，或者一顶个性的帽子，最后把五颜六色的鱼粘在墙壁上，一次纸盘制作出五颜六色的小鱼装饰墙完成（如图 41-48、图 41-49）。

图 41-47   图 41-48

图 41-49

小·结

本章介绍了基本的可利用的废旧材料、废旧材料制作的特点以及废旧材料的基本制作技法。还重点介绍了几个利用废旧材料制作玩具、教具的范例。

关键术语

废旧材料   制作技法   特点

练习题

1. 利用一次性纸杯制作各种玩教具。
2. 利用牛奶盒制作各种玩教具。

建议的活动

分小组讨论，幼儿园室内室外环境创设中可以用到哪些废旧物品？

第四十二章　节日与装饰

一、节日教育的必要性和重要性

在全面推进素质教育的新形势下，怎样通过游戏、艺术、烹调、体育、文学等各种活动，利用幼儿园、家庭、社区、社会资源，"适当向儿童介绍我国各民族和世界其他国家、民族的文化，使其感知人类文化的多样性和差异性，培养理解、尊重、平等的态度"。《幼儿园工作规程》"总则"部分，也指明了幼儿园应对幼儿实施体、智、德、美全面发展的教育，促进其身心和谐发展。而中外重大节日恰恰是最好的突破口。

在我们日常生活中，有着许许多多的节日。而在这些重要的节日、纪念日中，都蕴藏着宝贵的不可估量的教育资源。节日是人类社会发展到一定阶段的产物，而节日活动则是民风习俗的最集中体现和重要组成部分。不同类型的节日的起源都是不同的，它的活动内容也是不断变化发展的。通过节日教育，我们可以看到不同民族历史发展的轨迹；可以看到各国各民族之间的相互交往及其传统友谊；可以体会到各国人民热爱祖国、热爱和平的真切之情；可以多方面领略各国人民丰富多彩的民族文化。但是只要是人为的东西，肯定是有缺陷的，节日文化也不例外。受历史条件和其他因素的影响，节日文化中也存在一些不科学、不健康的东西。这就需要我们教师、家长、和社会上其他人员（即幼儿园、家庭、社区、社会）一起精心筛选出有趣味性、有重要教育意义的节日，让幼儿学会尊重来自不同种族、民族、地区的儿童，学会能够公平对待具有不同宗教信仰、语言、文化的儿童，学会与他们一起分享快乐，应用直观形象的教育提高幼儿综合素质。

　　只有选择与幼儿直接经验相联系的内容，让幼儿自己动手、动脑、动眼、动口，自主的参与活动，只有这样才能被幼儿所接受、所理解、所掌握。教育是人际间的影响和互动，道德、智慧、意志、思考方式、情感的传递和暗示都是在这种互动和影响中发生。因此，节日教育需要幼儿园、家庭、社区、社会的参与（无论什么教育都是需要幼儿园、家庭、社区、社会的参与）。只有这样才能为幼儿创造出一个良好的成长环境空间。

二、幼儿园节日教育现状

（一）幼儿园利用节日资源的状况

　　中国是一个有着几千年灿烂文明史的国家，社会纪念性节日和民族传统节日颇多，那么，古今中外的主要节日在幼儿园里是否有所体现？庆贺的程度如何呢？

　　幼儿园欢庆的社会性纪念节日最多的是"国际儿童节""国际妇女节""元旦""国庆节""教师节""国际劳动节"，而"建军节""世界卫生日""世界环境日""世界水日""植树节""南京大屠杀纪念日"等却利用的很少，甚至为零。

　　幼儿园庆祝的民族传统节日最多的是"中秋节""元宵节""春节""清明节""端午节"。而"重阳节""冬至节""除夕""腊八节"则很少被利用。

　　幼儿园庆贺的生日最多的是"儿童生日"，而"教师生日"，特别是"家长生日"几乎成了被遗忘的角落，未被怎么庆贺。

　　幼儿园庆贺的西方传统节日主要是"圣诞节"，而"感恩节""情人节""母亲节""父亲节"的利用率则较低。

　　在幼儿园所有庆贺的节日中，少有我国少数民族特色的节日，也没有外国独特的节日，更没有宗教特色的节日。其实，只要有教育意义的、健康的节日都应该被吸取。例如，畲族的"三月三"、傣族的"泼水节"、黎族的"火把节"、蒙古族的"那达慕大会"、藏族的"雪顿节"、哈萨克族的"阿肯弹唱会"、侗族的"林王节"、景颇族的"吃新节"、锡伯族的"抹黑节"、土家族的"调年节"、傈僳族的"刀竿节"、瑶族的"达努节"、壮族的"歌圩节"、京族的"哈节"、白族的"三月节"、苗族的"龙船节"、西班牙巴伦西亚市的"玩偶节"、日本的"樱花节"、泰国的"宋干节"、新加坡和美国纽约的"食品节"、英国的"莎士比亚戏剧节"、秘鲁的"太阳节"、埃及的"尼罗河泛滥节"、葡萄牙里斯本和澳大利亚堪培拉的"城市节"、多哥的"摔跤节"、老挝的"塔銮节"、瑞士日内瓦的"登城节"、瑞典的"露西亚节"、德国和巴西的"狂欢节"……

(二)幼儿对我国传统节日的认知状况

幼儿对于我国传统节日的认知，从总体而言，是随着年龄的增长而提高，表现出明显的年龄差异。对不同的传统节日，幼儿的认知水平和喜欢程度也各不相同。知道元宵节是"吃元宵、提花灯"的人数比较多，而认识国庆节的就较少。造成这种结果的原因，与幼儿的心理特征有密切关系，也与家长的素质和教育程度有关。

由于幼儿对节日感受和喜爱程度多数是从具体形象的亲身感受出发的。像元宵节这样的节日，幼儿在幼儿园、家中往往自己动手包元宵，元宵节这一天便成了幼儿生活中极为有趣的节日，他们吃着自己包的不像样儿的元宵，表情是那么自豪和兴奋。幼儿除了吃元宵外，还玩花灯，这更在他们的脑海中留下深刻的印象。而国庆节那天，一般幼儿园多是组织唱歌、跳舞、绘画等庆祝活动，与其他节日较为雷同，故幼儿对国庆节这样蕴含着深刻政治内容的节日无法理解，因而很难留下深刻印象。值得注意的是，像圣诞节这样的西方传统节日，由于其鲜明的形象特征(圣诞树、圣诞卡、圣诞礼物)和丰富的文化内涵，同样在我国的幼儿园中风靡起来。

总之，对具有鲜明的形象特征且幼儿能积极参与的节日，幼儿的认知水平和喜欢程度都很高；对无特色的及幼儿很难主动参与的节日，幼儿印象不深，对其认识水平和喜欢程度就都很低。

三、幼儿园节日教育的建议

(一)可利用的社会资源

联合国教科文组织认为，"旅行也是一种教学方式"，"人的身体所处环境的变化可以使人的思想和行为发生变化"，"在学校教学计划中安排有组织的旅行"，可以帮助幼儿"发现自己所处地方环境以外的世界"，"实现认识体验到情感体验的转变"。因此，在幼儿园教育工作中，幼教工作者要有目的、有计划地开展参观、游览、远足等活动，让幼儿园置身于丰富多彩的文化景观和设施之中。

教师可以根据节日教育活动的安排需要，经常带幼儿到当地的各种博物馆、展览馆、历史名胜、体育馆、纪念馆、学校和政府机构等地方去参观，到儿童乐园去动手操作，到海底世界和动物园观看动物表演，到公园、街道、博览园、广场、社区等地方去散步参观，使幼儿能够通过自己的观察和探索，摄入量多质优的表象，丰富对地区、国家发展和世界文化的感性知识。

我国各地都拥有许多重要历史风貌特征的保护区、旅游名胜景点、著名夜景和经典建筑，这些也都应该成为幼儿园对幼儿进行节日教育的重要资源。以南京的幼儿园为例，在南京大屠杀纪念日（12 月 13 日）的时候去参观南京大屠杀纪念馆；在辛亥革命纪念日（10 月 10 日）去参观中山陵、总统府、梅园新村；孔子诞辰（9 月 26 日）时去参观朝天宫、夫子庙、江南贡院；全国助残日（5 月第三个星期日）和世界残疾人日（12 月 3 日）时去参观儿童福利院和特殊学校；世界动物日（10 月 4 日）参观红山森林动物园、海底世界、玄武湖飞禽世界；世界气象日（3 月 23 日）参观气象台、气象站、天文台；世界森林日（3 月 21 日）参观中山植物园、绿博园；国际奥林匹克日参观奥体中心、五台山体育中心、五环大厦……

（二）可利用的情感教育资源

节日教育也是对幼儿进行情感教育的途径。各种重要的节日、纪念日，都蕴藏着宝贵的教育资源，只要善于挖掘和利用，就能起到独特的效果。在庆祝"三八""五一""八一"的节日时，教师组织幼儿先后开展"好妈妈""劳动真光荣""拥军"等活动，培养幼儿对他人的爱心，使幼儿学会尊重从事不同职业的人的劳动成果；在欢度"父亲节"（6 月第三个星期日）、"母亲节"（5 月第二个星期日）的时候，指导幼儿画玫瑰花、折康乃馨，送给爸爸、妈妈，并做一件使爸爸、妈妈感到高兴的事；在"感恩节"（11 月第四个星期四）到来之际，教师告诉幼儿对父母要心存感激，指导幼儿学会用语言、动作、体姿、神态等不同的方式，向父母表示谢意。

（三）家庭节日教育建议

家长对幼儿进行节日教育也是极有必要的。《幼儿园工作规程》要求"幼儿园应主动与家长配合……共同担负教育幼儿的任务"；《家长教育行为规范（试行）》要求家长"重在教子做人，提高子女思想道德水平"，"和学校、社会密切联系，互相配合，保持教育的一致性"。幼儿园可以通过家园合作的各种途径，提高家长的节日教育意识。

第一，利用家庭节日对幼儿进行爱的情感教育。家庭的各种重要节日、纪念日，都蕴藏着宝贵的道德教育资源，家长应充分地加以利用，但现实并非如此。许多家长都很风光地为年幼的孩子庆贺生日，而把自己的生日、特别是祖父母的生日抛在了脑后。事实上，这并不是在爱孩子，而是在害孩子，易使孩子误认为只有自己才有生日，才应祝贺，才该享受别人的关爱，进而助长孩子的自我中心，催发孩子"唯我独尊"心态的萌芽。为此：家长要重视自己的生日，只有这样，才能使孩子意识到家庭中的所有成员都是平等的，他们和自己一样，也有生日，也应该庆祝，自己也要向他们表示爱意，从而使孩子明白过生日不是他们的专利和特权，学会站在别人的角度思考问题，尽早走出自我中心的小天地。

第二，利用"母亲节""重阳节"的独特时机，对孩子进行"孝"的教育，使孩子能铭记父母的养育之恩，报答长辈的辛勤劳作。例如，在"父亲节"来临之际，父亲可向孩子介绍自己的职业，告诉孩子自己是做什么工作的，是怎样工作的，还可以带孩子到自己工作的场所去观看，使孩子深切地体会到父亲工作的辛苦，学会关爱父亲；在"重阳节"到来之时，父母应让孩子知道人年龄越大，体力就会越弱，身体就会越差，为此，要给予老人更多的关心、照顾和帮助。因此，要让孩子看到父母给祖父母、外祖父母买花和长寿糕的情形，感受父母对自己父母的一片孝心。

第三，利用葬礼、婚典纪念日、祭日、"清明节"等特殊机会，对孩子进行"情"的教育，使孩子在欢乐祥和的气氛中感受到与亲人团聚的乐趣，也使孩子在悲伤痛苦的气氛中体会亲人离去的孤独，丰富孩子的感情世界，促进孩子情感的健全发展。如在祭奠祖辈的日子里，可以把相关的古诗如杜牧的《清明》(清明时节雨纷纷，路上行人欲断魂。借问酒家何处有，牧童遥指杏花村。)教给孩子，告诉孩子自己的悲伤情绪以及对已故亲人的怀念之情。在春节、元宵节、端午节和中秋节时，让孩子体会合家团圆的幸福和乐趣。

第四，在每个节日、双休日、纪念日、生日，都应让孩子学会自我服务，学会照顾、关心和体贴人，让孩子参与家务劳动。

四、节日手工装饰制作

(一)新年贺卡

贺卡是在重大节日、纪念日、生日互相赠送的具有纪念意义的精美艺术品，它能显示爱心，表达美好的祝愿，给我们增添欢乐、友谊和节日气氛，如果我们能够运用自己已掌握的图案基础知识，自己动手制作新年贺卡，不但能够节约资源，而且会使人更感亲切，更有意义。贺卡形式很多，有单页卡，折页卡；横式的，竖式的；平面的、立体的；心形的、树叶形的及不规则形的等。制作贺卡的要求构思巧妙、形式新颖、造型优美、工艺精致。

材料：彩色卡纸、手工纸、固体胶、铅笔、橡皮。

制作步骤：

1. 将彩色卡纸沿中线对齐、折好（如图 42-1）。

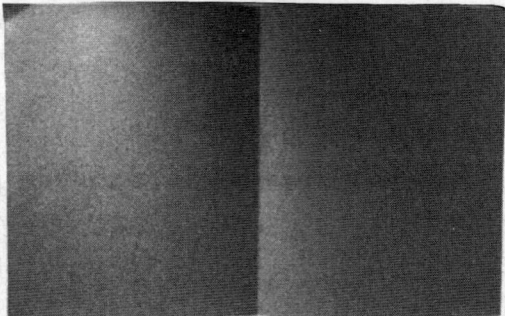

图 42-1

2. 用铅笔在白色手工纸上画出一个圆形。沿着已经画好的线用手轻轻撕出圆形。

3. 用同样的方法撕出另外一个稍小些的圆形（如图 42-2）。

4. 在拼贴雪人之前可以在雪人固定位置的地方用不同色的手工纸撕出不规则图形加以区别（如图 42-3）。

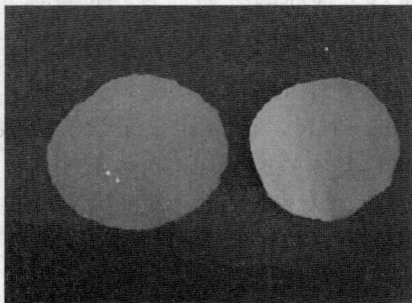

图 42-2

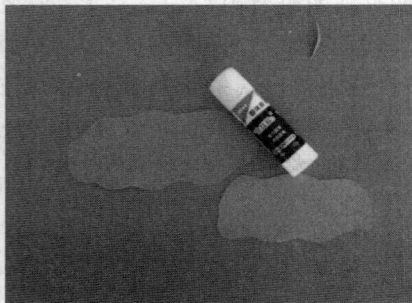

图 42-3

5. 将两个圆形如图示粘贴在一起，雪人的雏形就制作好了。

6. 同样的方法，为雪人制作出帽子加以装饰，可以选择自己喜欢的颜色来进行装饰（如图 42-4）。

7. 用彩笔将雪人的五官画出来，一个雪人就做好了（如图 42-5）。

图 42-4

图 42-5

8. 用同样的方法制作一个小雪人，给雪人加上不同颜色的装饰，看看什么颜色搭配出来更加漂亮。

9. 将刚才用来制作雪人剩下的白色手工纸撕成碎片，用固体胶粘在贺卡空白处，做成雪花（如图 42-6）。

图 42-6

（二）春节的鞭炮

鞭炮也叫爆竹，中国民间自古就有"开门爆竹"的习俗，在爆竹声中，碎红满地，称为"满堂红"。相传，古时候，有一种叫"年"的凶猛怪兽，每到腊月三十，便挨门窜，觅食人肉，残害生灵。有一年腊月三十晚上，"年"到了一个村庄，适逢两个牧童在比赛牛鞭子。"年"忽闻半空中响起了"啪啪"的鞭声，吓得望风而逃。它窜到另一个村庄，又迎头望到了一家门口晒着件大红衣裳，它不知其为何物，吓得赶紧掉头逃跑。后来它又来到了一个村庄，朝一户人家门里一瞧，只见里面灯火辉煌，刺得它头昏眼花，只好又溜了。人们由此推测"年"有怕响、怕红、怕光的弱点，便想到许多抵御它的方法，于是逐渐演化成今天过年的风俗。放鞭炮是源于驱除鬼怪的行为，但是今天人们过年放鞭炮是为了喜庆，因为鬼怪被赶跑了，晦气也被赶跑了。

材料：纸筒、硬纸板、红布、缎带、胶枪、剪刀。

制作步骤：

1. 准备好纸筒，用硬纸板剪两个大小合适的圆形盖（如图 42-7）。

2. 把圆形盖用胶棒粘到红布上，在圆的中心部分扎一个孔，做鞭炮的上盖，并把红布剪成如图状（如图 42-8）。

图 42-7　　　　　　　　　　　　　图 42-8

3. 把金色的缎带从孔穿进鞭炮的上盖，在线尾打个结儿，把上盖按在纸筒上（如图 42-9）。

4. 用胶枪把红布上的分片挨个粘在纸筒上，粘的时候要注意，胶枪温度比较高，一定要注意手哟（如图 42-10）。

5. 把上盖和下底都按图所示粘在纸筒上（如图 42-11）。

6. 把准备好的红布剪好，裹住纸筒粘好（如图 42-12）。

7. 把金色缎带剪下，安在"炮筒"上，用胶枪固守好（如图 42-13）。

8. 用金色缎带一个一个把它们连在一起（如图 42-14）。

图 42-9　　　　　　　　　　　　　图 42-10

图 42-11

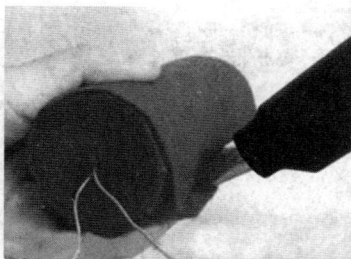

图 42-12

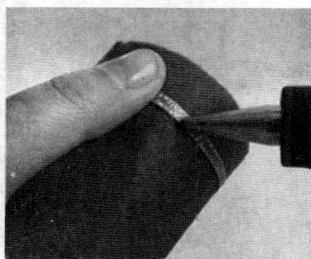

图 42-13

图 42-14

(三)元宵节花灯

正月十五元宵佳节，又称"灯节"，在这天观灯、赏灯是必不可少的节日活动内容。元宵节是中国的传统节日，早在 2000 多年前的西汉就有了。汉明帝提倡佛教，听说佛教有正月十五当天僧人观佛舍利、点灯敬佛的做法，就下令这一天夜晚在皇宫和寺庙里点灯敬佛，以后逐渐形成民间盛大的节日。该节经历了由宫廷到民间，由中原到全国的发展过程。汉武帝时，"太一神"的祭祀活动定在正月十五。司马迁创建"太初历"时，就已将元宵节确定为重大节日。

材料：剪刀、一次性纸杯 2 个以上、双面胶、绳子、常用绘画工具等。

制作步骤：

1. 先把纸杯剪成一条一条的，一般剪出 16 条，然后将纸杯每片纸条尾部修剪掉（如图 42-15）。

2. 再使用另外的一个纸杯，从靠近杯底处按杯子形状剪成一个圆形，再如上一个纸杯剪出 16 份。剪下的部分先保存好（如图 42-16）。

图 42-15   图 42-16

　　3．先将绳子穿过两个纸杯的中心，再将两个纸杯有序的组合在一起（如图 42-17）。

　　4．在白纸上画出两条装饰带，一条将其剪下粘贴于纸杯的连接处，另一条作为装饰（如图 42-18）。

　　5．上色，注意要将色彩上均匀（如图 42-19）。

　　6．将第二个纸杯剪下的部分上色，做成灯笼的流苏（如图 42-20）。

　　7．把流苏固定在灯笼尾部的绳子上。一个简单的灯笼就完成了（如图 42-21）。

　　8．为了让小灯笼更好看，给它画出漂亮的装饰，再将装饰剪下贴在灯笼上（如图 42-22）。

图 42-17   图 42-18

图 42-19

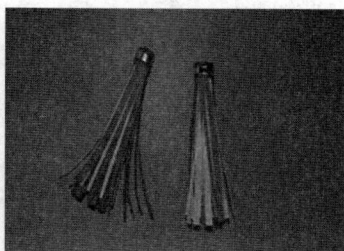

图 42-20

图 42-21

图 42-22

(四)端午节的粽子

每年五月初五，中国百姓家家都要浸糯米、洗粽叶、包粽子，其花色品种繁多。粽子还是一种节日往来的礼品。据传，端午节起始于屈原。传说战国时代，楚王宠信奸佞，放逐屈原，秦国趁机出兵攻占楚地，屈原眼见国破家亡，而自己又无力回天，悲愤之余，于农历五月初五抱巨石投汨罗江而死。楚地群众为搭救屈原，一直追寻到洞庭湖区，冒雨争先泛舟于洞庭湖上寻找。从此，每年五月初五，人们就荡舟江河以寄托对屈原之哀思；投米粽，以保全屈原遗体不受鱼龙之害；身挂艾香以招屈原之魂。从馅料看，北方多包小枣的北京枣粽；南方则有豆沙、鲜肉、火腿、蛋黄等多种馅料，其中以浙江嘉兴粽子为代表。吃粽子的风俗，千百年来在中国盛行不衰，而且流传到朝鲜、日本及东南亚诸国。现在，我们过端午节仍然免不了要吃几只粽子。小小的粽子，似乎已经成了中国传统的象征，在人们心中占据着一定的位置。

材料：彩线、硬纸、棉花、香药。

制作步骤：

1. 将硬纸裁成长条型，折出三角折痕(如图 42-23)。

2. 按折痕拼出粽子形状（如图 42-24）。

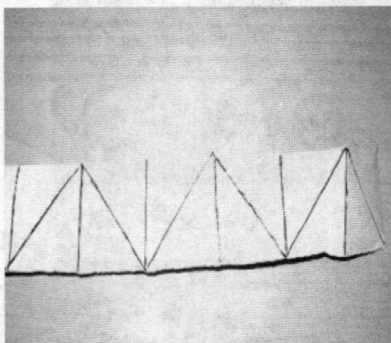

图 42-23　　　　　　　　　　　图 42-24

3. 将棉花裹着香药，放在里面，并按着折痕，将纸条一层层裹上（如图 42-25）。

4. 将彩线一端塞入粽子顶端的缝中，用左手拇指和中指捏住粽子上下两端，食指逆时针拨动粽子，右手将彩线依次缠在 1、2、3 三个角上（如图 42-26）。

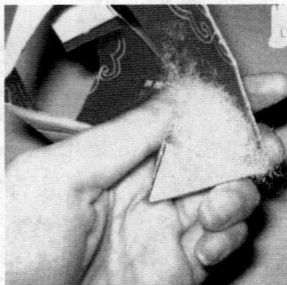

图 42-25　　　　　　　　　　　图 42-26

5. 按 4 的方法一直缠下去，缠够所需宽度，最后把线尾用针塞入粽子的缝里。注意每一圈彩线之间不要有空隙，也不要有交叉（如图 42-27）。

6. 将其他颜色的线依次缠上（如图 42-28）。

7. 将流苏装上。粽子的颜色可以根据自己的喜好搭配（如图 42-29）。

图 42-27　　　　　　　图 42-28　　　　　　　图 42-29

（五）中秋节的月饼

　　月饼是汉族人民喜爱的传统节日特色食品，月圆饼也圆，又是合家分吃，象征着团圆和睦，在中秋节这一天是必食之品。古代月饼被作为祭品于中秋节所食。据说中秋节吃月饼的习俗于唐朝开始。北宋之时，在宫廷内流行，但也流传到民间，当时俗称"小饼"和"月团"。发展至明朝则成为全民共同的饮食习俗。时至今日，品种更加繁多，风味因地各异。其中京式、苏式、广式、潮式等月饼广为我国南北各地的人们所喜食。

图 42-30

　　制作步骤（如图 42-30）：

　　1. 将白糖浆、碱水、生油、面粉一点点的融合，和成面团。面粉、白糖浆、碱水、生油的比例依次为5：4：1.4：1；其次，把和好的面揪成大小相同的小面团，并擀成一个个面饼待用。

　　2. 把豆沙捏成小圆饼，包入鸭蛋黄，裹紧成馅团。

　　3. 将馅团包入擀好的面饼内，揉成面球。

　　4. 准备一个木制的月饼模具，放入少许干面粉，将包好馅的面团放入模具中，压紧、压平，然后再将其从模具中扣出。

　　5. 把月饼放入烤盘内，用毛刷刷上一层调好的蛋汁再放入烤箱。烤箱的温度为 180 度，约烤 20 分钟左右，中间要取出一次，再刷一遍蛋汁，好吃的月饼就做成了。

（六）圣诞树

圣诞树是用灯烛和装饰品把枞树或洋松装点起来的常青树，作为圣诞节庆祝活动的一部分。近代圣诞树起源于德国。德国人于每年 12 月 24 日，即亚当和夏娃节，在家里布置一株枞树（伊甸园之树），将薄饼干挂在上面，象征圣饼（基督徒赎罪的标记）。近代改用各式小甜饼代替圣饼，还常加上象征基督的蜡烛。此外，室内还设有圣诞塔，是一木质的三角形结构，上有许多小架格放置基督雕像，塔身饰以常青树枝叶、蜡烛和一颗星。到 16 世纪，圣诞塔和伊甸园树合并为圣诞树。

材料：不同颜色的小棉球、柱形海绵、漂亮的装饰绳子、胶水。

制作步骤：

1. 在柱形海绵表面涂上绿色（如图 42-31）。

2. 等颜料干后，在海绵表面放上装饰绳（如图 42-32）。

 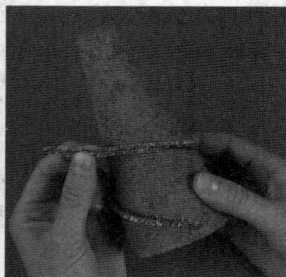

图 42-31　　　　　　　　　　图 42-32

3. 在圣诞树的表面增加不同颜色的海绵球（如图 42-33）。

4. 用装饰绳做五角星（如图 42-34）。

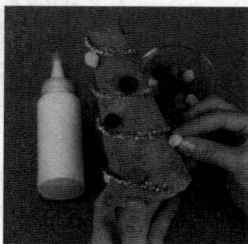  

图 42-33　　　　　　　图 42-34　　　　　　　图 42-35

5. 把五角星放在圣诞树的最上面的树尖上(如图 42-35)。

(七) 复活节的彩蛋

有关复活节的民间风俗,最为人所熟知的,非复活节彩蛋莫属了。蛋象征着丰盛与新生命,正好呼应基督复活的意涵,以彩蛋作为复活节的象征,也已有好几个世纪了。最早祝圣的食物是羔羊,后来多了油脂和火腿,到了12 世纪才有鸡蛋的出现,后来又有奶油、乳酪和面包等。传统的复活节彩蛋,多半涂上明亮的色彩,以表现春天的阳光;今天在欧美则有用糖、杏仁霜制作的人造蛋、巧克力蛋等,也十分普遍。此外,早期的复活蛋也被用来进行"滚蛋"的趣味竞赛,被当作亲友街坊彼此间的交换礼物。经过镂空雕琢与彩绘的复活蛋,也被用来馈赠情人或爱慕的对象。早在中世纪时期,在复活节送蛋给仆人是一项传统;在德国,彩蛋则会与其他复活节礼物一起被分送给孩童。不同的文化与国家,各自发展装饰复活节彩蛋的独特风格,有些后来也成为该国的精致艺术品。

材料:鸡蛋、各种形状的树叶、丝袜或旧蚊帐、紫色洋葱 6 个、醋 2汤勺。

制作步骤:

1. 用肥皂水清洗鸡蛋表面的油脂,把树叶贴在鸡蛋上(如图 42-36)。

2. 用丝袜把贴了树叶的鸡蛋包裹起来(如图 42-37)。

图 42-36

图 42-37

3. 把红色的洋葱皮和醋放入平底锅,加水煮沸。然后慢火煮约 30 分钟。加入鸡蛋(确保鸡蛋完全覆盖液体),煮 10～12 分钟(如图 42-38)。

图 42-38

(八)母亲节的花

在纤细青翠的花茎上，开出鲜艳美丽的花朵，花瓣紧凑而不易凋落，叶片秀长而不易卷曲，花朵雍容富丽，姿态高雅别致，色彩绚丽娇艳，更有那诱人的浓郁香气，甜醇幽雅，使人目迷心醉，这就是在母亲节赠给母亲的鲜花——康乃馨。大家都知道每年五月的第二个星期日是一个极有人情味的节日——母亲节。这天，细心、孝顺的子女都送一束康乃馨给生养自己的母亲，现在就让我们学学怎么制作康乃馨吧！

材料：粉红色的纸张、黄绿色的纸张、绿色的纸张、铅笔、胶带、胶水。

制作步骤：

1. 首先将正方形的纸裁成两个矩形，并将两个矩形沿着于中线垂直的方向剪开，但是不要完全剪开，大约距离边缘 1cm 便可。

2. 将矩形长边为法线缠绕铅笔，使得纸片成圆筒状（如图 42-39）。

3. 矩形被对折成更狭长的矩形后，沿着铅笔头进行缠绕（如图 42-40）。

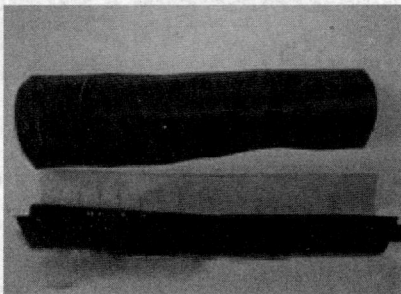

图 42-39

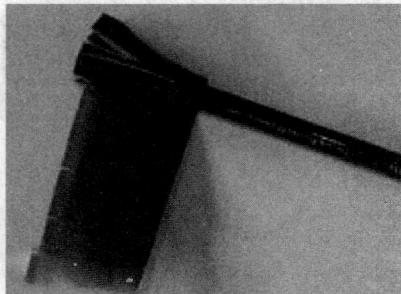

图 42-40

4. 在用胶带固定牢靠后，再用手调整好"花瓣"外形（如图 42-41）。

5. 将绿色的纸张裁成大约 2 厘米宽。缠绕好铅笔，并且在顶部和底部用胶水固定好（如图 42-42）。

图 42-41

图 42-42

6. 再用一小段绿纸来制作花萼部分（如图 42-43）。

7. 再将小段绿色纸张剪成叶子形状，用胶水粘着到"茎"上（如图 42-44）。

图 42-43

图 42-44

小·结

本章介绍了节日教育及其必要性和重要性，以及幼儿园在各个重大节日里制作的美术作品；最后是各个重大节日手工装饰制作的范例。

关键术语

幼儿园　节日教育　手工装饰

练习题

1. 制作一张父亲节送给父亲的卡片。

2. 制作端午节的彩粽。

3. 为幼儿园庆祝圣诞节设计制作各种手工作品，既烘托节日氛围，又可配合主题活动的进行。

建议的活动

组织一次节日饰品制作比赛。

第四十三章　幼儿园环境创设

《幼儿园教育指导纲要(试行)》明确指出："环境是重要的教育资源，应通过环境的创设和利用，有效地促进幼儿的发展。"《幼儿园工作规程》也特别强调："创设与教育相适应的良好环境，为幼儿提供活动表现的机会和条件。"这些都突出了环境的教育作用，它是幼儿园的办园宗旨和办园理念的集中体现，也是幼儿园课程实施的重要组成部分。

一、幼儿园环境的概念

一提起幼儿园的环境，我们立刻会想到：可爱的卡通墙面、充满童趣的滑梯、木马和一个个丰富多彩的区角，其实，幼儿园环境的内涵远远不止这些。这里讲的"环境"，主要指的是广义上的幼儿园环境，是幼儿园内幼儿身心发展所必须具备的一切物质条件和精神条件的总和，它由幼儿园的工作人员、幼儿、各种物资器材、人际环境以及各种信息要素，通过一定的文化习俗、教育观念所组织的一种教育的空间、范围和场所。这种空间、范围和场所既是物质的，又是人文的；既是开放的，又是相对封闭的；既有保育的性质，又有教育的性质，因此说，幼儿园环境包括物质环境和人文环境两大部分。

二、幼儿园环境创设的要求

(一)教育性

幼儿园的环境创设要围绕幼儿园的教育目标来进行，让其与本学期主题或单元主题保持一致性，真正从幼儿的兴趣、需要出发，针对各个年龄段幼儿的身心特点布置环境，要让每一块墙壁都变成一个"不说话的老师"，形象生动的让幼儿分清美丑，充分发挥环境的教育性。

(二)审美性

幼儿园环境装饰要按照对称、均衡、和谐等法则，力求色彩鲜明、结构合理、风格独特，培养幼儿良好的审美情趣，激发幼儿积极的情感体验。

(三)趣味性

幼儿园的环境布置要充分考虑到幼儿的年龄特点和心理特征，可以结合幼儿熟知的事物进行取材，运用夸张、拟人等手法进行形象塑造，使之充满趣味性，更能激发幼儿的情感共鸣，使之产生愉快的情趣。

(四)环境创设要体现主体性

环境的创设、布置应本着开放性原则，让幼儿参与进来，多听取幼儿的一些意见，并让幼儿做些力所能及的事情，这样在环境创设的过程中不仅能培养幼儿创作美的意识和一些相关的知识技能，还能让环境成为幼儿宣泄情感，展示自我的一个平台。

(五)环境创设要体现丰富性和动态性

环境创设不仅要结合不同幼儿身心发展阶段和特点，提供层次丰富的物质材料，以激发幼儿的探究热情。还要随幼儿身心发展的变化而变化，随课程内容、季节、节日的变化而变化，让幼儿对周围环境保持新鲜感，从而更能促使幼儿主动从环境中获得新知识和新体验。

(六)环境创设应体现经济性

环境创设一方面要最大限度地利用空间，可以把平面和立体布置结合起来。另一方面要本着节约的原则，可以充分利用无污染的废旧材料，如包装纸、各种塑料瓶、布头及就地取材的自然物等来装饰环境，争取少花钱，多办事。

三、幼儿园环境创设的范围及内容

幼儿园环境包括户外大环境和班级环境，户外大环境包括园区外墙面、内墙面、走廊过道、洗手间和细节修补等这些元素，组成了给来访者的第一印象，很重要。班级环境包括班级墙面、区域环境、心情墙、自然角、家园栏等。

(一)园区外墙面、内墙面

园区外墙面、内墙面整体色调和风格要统一、美观，要符合幼儿心理发展的需要。墙面环境创设首先要符合幼儿认知特点，以促进其身心健康发展。其次，园区外墙面、内墙面在美观统一的基础上要充分体现幼儿园的特色。最后，园区外墙面、内墙面要充分体现其教育功能。"环境是可以说话的"，"环境是我们的第三位教师"，环境的作用常常是潜移默化的，经过良好设计的环境往往可以起到暗示作用，可以起到诱发幼儿积极行为的作用，所以有时它的效果比教师的言传身教来得更实在。

(二)过道

过道是幼儿、家长必经的地方，在过道的布置上，特别要注意让环境与幼儿对话，同时也要引导家长参与，让过道环境与幼儿、家长积极互动起来。

(三)细节修补

细节修补，其实是一个细节文化。教师切不可因为好高骛远而忽略了身边的细节。不要只看到其细小、不足的一面，更要看到种种大事都依细节而存在；同时也要充分考虑到细节的个性，在平时工作中做个有心人，多积累素材，发挥创造性。比如洗手间也可以对幼儿进行教育，培养幼儿良好的洗手、入厕习惯，同时也可以渗透节约、谦让的细节(如图 43-1、图 43-2)。

图 43-1

图 43-2

(四)班级墙面创设

班级墙面创设是班级环境中最主要的，也是面积最大的一块内容，我们每个班级的教师要让走进班级的人，从班级的墙面创设一眼就能看出班级正在开展的主题活动，看出教师的教学积累的能力等，所以这是我们体现班级特色和教师特长的重要窗口。

第一，创设适合幼儿年龄特点的环境比如在造型上，应以简洁为主要表现手法，在内容上，要为幼儿创设熟悉的、符合心理要求的环境。

第二，墙饰在装饰美化的同时要成为幼儿展示自我的窗口，使幼儿不断成长和进步（如图43-3、图43-4）。

图 43-3

图 43-4

第三，墙面环境创设的动态化，我们应该根据幼儿兴趣、季节变化、节日活动等布置墙饰。

第四，环境与课程、教学、幼儿、家长之间的多元互动，实现"环境"与幼儿、教师近距离的对话（如图43-5）。

图 43-5

(五)区域环境

区域活动就是我们平时所说的"区角活动"，作为一种教育游戏，它重在创设一种宽松、和谐的环境，受到了幼儿的普遍欢迎。小班幼儿感知事物的经验少，动手能力较弱，多数幼儿不能单独活动。因此，区角数量不宜设置太多，也不宜太复杂，应以幼儿喜闻乐见的形式为主，如"娃娃家""故事角""饲养角"等。

中班幼儿已有了感知事物的初步经验，基本能够独立进行区角活动，角区数量要适当增加，以充分满足幼儿的好奇心和认知兴趣，可增设表演、美工、科学等内容的区角，如"音乐厅""手工角"和"科学角"等。

大班幼儿的语言表达、动手操作和逻辑思维等能力有了较大提高，这时，既要大量增设活动区角，又要适当增加难度，如：在科学区中增设"海底世界""宇宙探索""机械操作"等活动角；在棋类区中增设军棋、象棋、五子棋等。

四、环境创设与幼儿园的教育活动

第一，结合常规教育、爱国主义教育、科学知识教育、安全教育、环保教育等主题进行环境的创设。

第二，结合中心活动进行装饰，如结合"校风建设活动月""安全活动月"等中心活动进行。

第三，结合一年四季的变化来创设环境，使幼儿体验春、夏、秋、冬四季不同的景物特征和自然现象。

第四，结合不同的节日进行美化装饰，使幼儿了解不同节日的含义，在过节气氛中获取愉悦的心情。

小结

本章介绍了幼儿园环境的概念、特点以及创设的要求、幼儿园环境创设的范围及内容等。幼儿园的环境创设应该与幼儿园的教育活动相结合，要结合常规教育、爱国主义教育、科学知识教育、安全教育、环保教育等主题进行环境的创设；结合中心活动进行装饰，结合一年四季的变化来创设环境，结合不同的节日进行。

关键术语

环境创设　范围　内容　教育活动

练习题

1. 分小组，设计主题活动，并配上主题墙。
2. 利用废旧物品装饰走廊，使其既有装饰性，又有教育性。

建议的活动

参观一所幼儿园，分析幼儿园室内外环境创设的得与失。

参考文献

1. 李军，石秀茹：《舞蹈》，北京，人民教育出版社，1989。

2. 袁贵仁：《中国教师新百科·幼儿教育卷》，北京，中国大百科全书出版社，2013。

3. 教育部：《3～6岁儿童学习与发展指南》，2012。

4. 侯娟珍：《幼儿园手工活动实施现状及其改进策略——以运城地区为例》，《学前教育研究》，2009(8)。

5. 李金娜，赵霞：《学前儿童玩教具制作》，北京，科学出版社，2012。

6. 张念芸：《幼儿美术活动指导与设计》，北京，北京师范大学出版社，2012。

7. 李永永：《少儿美术名师课堂丛书》，重庆，重庆出版社，2011。

8. 金铁霖：《声乐教学艺术》，北京，人民音乐出版社，2008。

9. 李维渤：《世界声乐大师教学经验》，上海，上海音乐出版社，2005。

10. 徐沛东：《全国少儿歌唱考级作品集》，合肥，安徽文艺出版社，2005。